造船和修船人员培训丛书

与船东、验船师沟通技巧

Communicative Skills with Shipowners and Surveyors

张晓峰　编著

上海浦江教育出版社

图书在版编目(CIP)数据

与船东、验船师沟通技巧/张晓峰编著. —上海：上海浦江教育出版社有限公司，2015. 6
ISBN 978-7-81121-401-7

Ⅰ.①与… Ⅱ.①张… Ⅲ.①造船工业—英语 Ⅳ.①H31

中国版本图书馆 CIP 数据核字(2015)第 106750 号

上海浦江教育出版社出版
社址：上海海港大道 1550 号上海海事大学校内 邮政编码：201306
电话：(021)38284910(12)(发行) 38284923(总编室) 38284910(传真)
E-mail：cbs@shmtu.edu.cn URL：http://www.pujiangpress.cn
上海盛通时代印刷有限公司印装 上海浦江教育出版社发行
幅面尺寸：140 mm×203 mm 印张：8.875 字数：224 千字
2015 年 6 月第 1 版 2015 年 6 月第 1 次印刷
责任编辑：张 婕 封面设计：赵宏义
定价：45.00 元

前　言

自2008年冬天金融次贷危机爆发以来，航运界一下子跌入谷底，从此航运界一直在谷底徘徊，许多船东都在苦苦地挣扎，受到金融危机的严重影响，原来繁荣的造船业也陷入危机之中。我国大型国有船厂在航运繁荣时造船计划排到数年以后，这样长期的经营模式导致相关从业人员形成一种固化的思维模式与经营模式。但是由于目前航运界仍然在谷底徘徊，我国传统的造船业也受到了严重的挑战。原来等船东把造船业务送上门的理念需要扭转，要变成主动找那些经营好、期待扩大规模的国外船东。然而如何找船东，找船东说什么，在建造过程中如何与国外船东代表交流就变成非常重要的问题了。这个变"请进来"为"走出去"的战略需要造船、修船从业人员实现转变，这是一种质的转变，理念的转变。这样的转变只有通过培训才能做到。

笔者自2012年起就介入船厂的培训工作，根据目前船厂的"走出去"战略设计课程，设计教案，进行多批次的培训并收到良好的效果，帮助船厂赢得了客户。本丛书一共五册，第一册《与船东、验船师沟通技巧》是钥匙，主要解决理念问题，在编写中融合"商务礼仪""跨文化交际""思想与沟通"等多学科，而《造船实用英语》《修船实用英语》《海洋工程实用英语》《舾装实用英语》是业务提高之道，结合商务、船务，用英语语言进行表述。本教材可以针对造(修)船的营销、船舶设计、现场安全监督、质量监督与管理、船舶分段组装、船舶舾装等人员作为知识更新的教材，也可以作为新入职人员更新理念、强化业务的教材。本教材编写力争体现实用性，许多内容已经用于培训学员并得到他们的认可。期望该教材发挥出实用性、综合性、专业性的效果，并期望学员通过对这些课程的学习，把知识转化为经济效益，为船厂的发展做出贡献。

本套丛书打破传统的英语学习和教学模式，力求“学为所用、学有所用”，能在短期内帮助船厂的从业人员在沟通技巧、英语水平、行业知识等多方面取得很大的提高，以适应目前国内外造船与修船业的新形势、新要求。

张晓峰

2015 年春

于大连海事大学心海湖畔

目　录

第一篇　船东状况和运作方式

第二篇　国际海事组织与船旗国监督

第三篇　主要船级社及其运作方式

第一篇 船东状况和运作方式

Status and Operational Styles of Shipowners

本篇主要向造船行业相关人员介绍船东的状况，以帮助其在今后与船东交往中能够进行有效、有针对性的沟通。本篇分析问题的视角不是站在船东立场上对船东进行分析，而是站在与船东打交道的人的立场上。该分析对与船东相关的方面，比如船员管理公司相关人员、船舶物料供应商等都有启发。

在实际对船厂人员进行培训时发现大多数造(修)船人员不了解航运企业、航运文化、航运人特征，这样就不可能与航运企业相关人员进行有效的沟通。本篇就是介绍航运企业的运营、组织形式及船东的思想方法等，并提供大量的国外船东信息。

本篇包含三章：第一章“船东或者航运公司基本的运作方式”；第二章“船东的思考、言语和行为”；第三章“主流船东国家的文化与传统”。

第一章　船东或者航运公司基本的运作方式

Basic Operation Styles of Shipowners and Shipping Companies

船东是对船舶所有人(shipowner)的简称,也是造船和修船行业对船舶所有人的简称。在汉语中"东"字除了表示方位外,最主要的意思是表示"主人"。汉语中常见"东"字类型词有房东、股东、东道主、做东等。船东既表示一种称谓也表示一种属性,从字面意义上说代表了一种主导地位的属性。或者我们换一种思维方法,船东是构成航运业的主体,没有船东就没有船,没有船就谈不上造船,也没有船员和船员管理,也不可能存在港口服务,供应商的产品也就不可能卖给船上,航运业就不可能存在。

本章包含四小节:第一节"国内大型国有航运公司的营运模式与组织机构";第二节"国际典型船东的营运模式";第三节"受经济影响的造船和修船需求变化";第四节"船东要面对的各种检查和责罚文化"。

第一节　国内大型国有航运公司的营运模式与组织机构

Running Modes and Organizations of State-run Shipping Companies

我国的航运业真正发展和腾飞是建国后中国远洋公司和中国海运公司的建立。我国航运公司的建立模式参照了当时也是社会主义国家的苏联，属于国有企业，这样的企业是举全国之力参与航运市场竞争的。在二战后的冷战时期，靠这种国有的运作方式，在国际航运市场上赢得了地位，社会主义国有航运公司在承揽运输货源等航运业的环境方面击败了当时国际航运市场上资本主义世界的家族式企业，为国家创造了外汇，成为当时与资本主义世界或相连或相争的窗口。但是前苏联的航运业好景不长，在航运低迷时，采用压低运价等不计成本的运作手法，结果使经营上出现困难。尽管社会主义国有航运企业问题非常多，但是其能够体现社会主义特点，特别是在目前我国社会主义市场经济体制下，中国的国有航运企业正在全球航运业中发挥那些资本主义家族式企业无法实现的优势。

众所周知，我国规模最大的三个航运企业：中国海运（集团）总公司（在国内航运界简称中海）、中国远洋运输（集团）总公司（在国内航运界简称中远）、中国长江航运（集团）总公司（在国内航运界简称长航）。目前的中远和中海从运作模式来看也是上市的公司，基本运作方式与其他国家的船舶公司相似，有着鲜明的特色。我国的国营公司国有股份占主导地位，由于成功的运作、有效的监督，我国的航运公司在国际船东排名中无论是陆地产业还是船队规模及管理能力均位居前列。

一、中国海运（集团）总公司

中国海运（集团）总公司（对外发布的英文名称是 China Shipping）的建立应该追溯到新中国建设之初，在中国共产党的英明领导下，广州海运局和上海海运局相继成立，当时的船舶大多是国民党统治时期留下来的。当时，航运界爱国进步人士宣布起义，加上新中国解放时接管的部分招商局船只，就形成建国之初的广州海运局和上海海运局，当时的大连海运分局是在上海海运局的领导下运营的。新的中国海运集团总公司成立于 1997 年 7 月 1 日，总部设在上海，是以航运业为主业的跨国经营、跨行业、跨地区、跨所有制的特大型综合企业集团。现任公司董事长、党组书记许立荣，公司总经理张国发(http://www.cnshipping.com/col/col126/index.html，2015年1月28日)。“中海的企业标志由中国海运‘China Shipping’的第一个字母变形组合成一个‘中’字形，图形标志是蓝色，由中英文组合的图形，寓意中国海运是一个跨国界国际化经营的综合企业集团”(http://www.cnshipping.com/col/col33/index.html，2015年1月28日)。

中国海运(集团)总公司旗下实力雄厚的船东有很多，比如中海发展股份有限公司、中海集装箱运输有限公司、中海(海南)海盛船务股份有限公司(原名海南海盛船务实业股份有限公司)、中海大连客运公司、广州海运(集团)有限公司等。

二、中国远洋运输(集团)总公司

中国远洋运输(集团)总公司(对外发布的英文名称是COSCO，即China Ocean Shipping Company的缩写)成立于1961年4月27日，当时主要任务是突破美帝国主义对新中国的禁运与封锁，开拓属于中国自己的对外航运。1993年2月16日组建以中国远洋运输(集团)总公司为核心企业的中国远洋运输集团，总部设在北京。现任集团董事长、党组书记马泽华，总经理李云鹏。其企业标志是COSCO上方有圆形图案，白底蓝字，“在造型表现上突出反映了中远集团的行业特点和经营理念：基本色为蓝色，象征着中远集团与大海的不解之缘；全幅图案构思精巧，立意深刻，象征着中远集团这艘巨轮乘风破浪、锐意进取、走向世界的企业精神”(http://www.cosco.com/col/col402/index.html，2015年1月28日)。

中远旗下实力雄厚的船东有很多，比如大连远洋公司、中远散货运输(集团)有限公司、中远散货运输有限公司(原天远)、中远集装箱运输有限公司(原上远)、厦门远洋公司(杂货与干货运输)、中远航运公司(原广远)、青岛远洋运输有限公司(干货运输)、中远(香港)航运有限公司(散货运输)、中远(新加坡)有限公司(干货运输)、中远航运股份有限公司(杂货运输)、上海国际轮渡公司(客运)、烟台中韩轮渡有限公司(客运)、中日国际轮渡有限公司(客运)、厦门闽台轮渡有限公司(客运)等。

三、中国长江航运(集团)总公司

按照党中央国务院的航运战略发展布局,长江内水也应经济发展需要建立了一个航运集团公司,发展为主要延伸到长江、珠江水系的一个大型航运集团公司。“中国长江航运(集团)总公司(简称中国长航)是中国内河最大的骨干航运企业集团,有130多年历史,2009年1月与中国对外贸易集团总公司战略重组,成立中国外运长航集团有限公司”(http://zgchjt.sinotrans-csc.com/col/col1201/index.html,2015年1月30日)。现任公司党委书记王涛,总经理姚京汉。长航的企业标志由地球作为背景,在地球赤道上有白色的字“SINOTRANS&CSC”,“地球代表新集团着眼全球发展,服务全球客户,努力进入全球500强奋斗目标。地球蓝色象征安全、环保和健康;红色象征着中国,也代表了企业和员工的激情与活力”(http://zgchjt.sinotrans-csc.com/col/col1425/index.html,2015年1月30日)。

长航旗下船东很多,比如中石化长江燃料有限公司、上海长江轮船公司、南京长江油运公司、武汉长江轮船公司、重庆长江轮船公司、武汉长亚航运有限公司、珠海经济特区汇海航运公司等。

从上述公司的管理层设计方面与国外船东相比较,我们的运营模式和国外基本相同,比如都是上市公司,都是按市场规律办事,企业都有董事会和总经理(相当于国外的CEO),但是我们有许多国外船东比不了的优势,国内的船东高层都是通过民主监督机制产生的,并由中央人民政府任命,他们的使命感强,既有对企业的责任感,又有对社会的使命感。我国船东是社会主义市场经济体制下,在中国共产党正确领导下,充分发挥民主的新型管理集团,特别是在今天我国强化社会主义法制建设时代,这些优势对于保证航运国企这艘航船不偏离正确航向有着特别重要的意义。此外，我国船东还多了工会和团委等辅佐企业经营生存与发展并创造企业文化的机制，这种对船舶和船员人性化的关怀机制，不同于国外靠工会罢工闹事来调节雇主和雇员的关系。正是有着国家的支持和企业的良好运作，我国的国有航运企业不论是在航运繁荣期还是在市场低迷时期，都在全球运输市场上占据领先地位。

此外，由于我国造船水平先进，船厂南北分布比较合理，造船价格和服务水平在国际市场上具有竞争力，而且交船后开回母港时间短，可节约成本，加上有共同语言，沟通方便，无论是中远、中海还是长航都是我国造船业的最大的客户，形成"国轮国造"的局面，为我国造船事业的健康发展做出了很大贡献。正是依靠我国国营航运的重要支持，我国的造船行业连续多年在全球排名第二，仅次于韩国。

第二节 国际典型船东的营运模式
Running Modes of Typical International Shipowners

在第一节我们提到了国内航运公司，而此处则提到了另外一个重要概念——船东。广义上说二者完全相同，但是从狭义上说二者有明显区别。比如中国的国有航运公司，由于所有制为公有制，公司总裁相当于国外的首席执行官(Chief Executive Officer, CEO)，是聘任制的，体现出社会主义道德价值观和社会主义政治思想体系，不能过多强调个人的权力，具有国有企业文化内涵，因此更多地强调整体，强调个人利益服从集体利益，集体利益服从国家利益，称为公司并非强调其拥有者。而国外企业则大有不同，更多地强调其个体，因此我们借鉴了船东这个有个人色彩的词。

国外船东以及我国港澳台地区的大多数船东都是家族式企业，比如上世纪 80 年代《纽约时报》评出的船王包玉钢(第一船王)、董浩云(第二船王)、而利瓦诺斯(第三船王,希腊人)、奥纳西斯(第四船王,希腊人)、贝格森(第五船王)、沙兰(第六船王)、尼亚哥斯(第七船王)等。这样的船东的共性就是,都是白手起家,都是私营公司,都是上市公司,通过上市募集资金,公司有董事会,下设首席执行官(CEO)。各个公司的部门设置不尽相同,但是如果按照业务模块划分,一定得有以下部门:物流部门(logistics section),主要涉及承揽货物,是船东生意链上的最关键点,其中或许也包括租船业务;航运或者运务部门(shipping section),主要负责船舶的调度和调配;安全部门(safety section),主要监管船舶的安全,在我国很多小公司里被称为海监部,就是对船舶航行和运营安全起到监督作用;船员部(crewing department),负责雇佣船员,是直接与船员管理公司对接的部门;机务部(technical support department),是由轮机长、电子电气员、船长组成的部门,主要负责造船与修船业务,也是直接与造船企业对接的部门;安全管理体系运营部(SMS running department),因为船东按照《ISM 规则》必须有安全管理体系(ISM),该部门是负责运行 ISM 的,部门长一定是岸上指定人员(designated person ashore);此外必须要有办公室(standing office);还要有财务部(financial department),对公司使用资金进行预算,监控公司资金进出;其他重要部门就是公司决策层(administration layer),这些是由公司高层领导组成的委员会;董事会是由大股东组成的决策层,英语国家通常称为指导委员会(steering committee);此外就是股东大会。

然而国外航运企业私有成分多。优点是决策快,效率高,从想法到实施周期短;但缺点是容易犯错误,比较冒进,决策失误事故屡屡发生。这些船东将是未来几年国际航运大环境不景气的情况下我国造(修)船业务要开发和拓展业务的重要市场,因为其决策周期短、效率高,只要及时沟通,特别容易在其某船舶种类赢利高峰期内因他们火速决定造新船时而顺利争取到造船订单。

一、集装箱船船东

集装箱船按照目前造船趋势是越来越大，现在最大的集装箱船已经接近20 000个标准箱，而且记录很快将被刷新。目前我国的中远上海集装箱公司和中海上海集装箱公司分别是全世界排名第五和第六的公司，前三家公司分别是Maersk Sea-Land（马士基海陆）、Evergreen Marine（长荣海运）、CMA CGM（达飞）。集装箱的船东比较容易统计，因为在目前的国际市场集装箱运输经营中，集装箱船队多数为班轮（liner）。

丹麦的轮船公司Maersk Sea-Land（马士基海陆），航运界简称Maersk（马士基），是全球最大最有实力的集装箱公司。2005年又并购当时全球第三大班轮公司P&O Nedlloyd（铁行渣华），成为集装箱运输领域无法超越的真正的巨无霸。其主要经营特色是“马士基物流”的成功。而且，马士基由于业务发展每年都需要建造一批新船，我国的造船企业不妨认真关注该企业的集装箱船建造情况。

中国香港地区的集装箱轮船公司是全球最密集的，有东方海外货柜（OOCL）、德翔航运有限公司（T. S. LINES）、朝阳航运（香港）有限公司（Chao Yang Shipping Lines）、环球船务（Uni-World Shipping Limited）、泛太平洋航运（Trans-Pacific Lines Limited）、浩达船务（Fair Wind Shipping）、金星轮船（Gold Star）、京汉海运（Co Heung）等。

中国台湾的集装箱轮船公司有长荣（Evergreen Marine）、立荣（Uniglory Marine Corp）、阳明（Yangming Marine Transport）、万海（Wan Hai Lines Limited）、亿通（Yi Tong Lines），正利（Cheng Lie Navigation Co.）等。

日本的集装箱轮船公司有NYK Line（日本邮船公司）、Mitsubi Osaka Lines（商船三井）、Kawasaki Kisen Kaisha（即“K”Line，川崎汽船）等。

法国的集装箱轮船公司有 CMA CGM（达飞·法航总，简称达飞，目前在全球集装箱公司中排名第三）和 Delmas Armement（达贸）。

英国的集装箱轮船公司有 P&O Nedlloyd（铁行渣华），为英国的 P&O（铁行）与荷兰（Netherlands）的 Nedlloyd（渣华）合并而成，目前并入马士基集团。

德国的集装箱轮船公司有 Hapag-Lloyd AG（即 Hapag Lloyd Container Lines，赫伯罗特货柜航运有限公司或称哈帕格·劳埃德）、Hamburg SUD（汉堡南方，或称汉堡南美）、Senator Lines GmbH（德国胜利，韩进取得其控股权）。

新加坡的集装箱轮船公司有APL NOL（总统·海皇）、PIL（太平船务）、Samudera Shipping Line（萨姆达拉船务公司）等。

韩国的集装箱船东数量也非常多，比如 Hanjin Shipping（韩进海运）、Cho Yang Shipping Co. Limited（朝阳海运）、Hyundai Merchant Marine（现代商船）、Korea Marine Transport Co. Limited（高丽海运株式会社，缩写为 KMTC）、Dongnama Shipping Company Limited（东拿马海运株式会社）、Heung-A Shipping（兴亚海运株式会社）、SINOKOR（由中外运与长锦商船株式会社合资成立）、Pan Ocean Shipping（泛洋商船株式会社）。

瑞士集装箱船东不多，但是 Mediteranean Shipping Company（地中海航运，缩写为 MSC）全球著名。

俄罗斯的一个集装箱船东是 Far Easten Steamship Co.（远东船务，缩写为 FESCO），也是俄罗斯最大的船东，总部位于远东地区的海参崴。

以色列也有知名的集装箱船东，比如 OFER。

中南美国家近年不断崛起，也出现很多集装箱船东，目前我国中远船务等已经成功地与南美船东建立了联络。比如：墨西哥的 TMM Lines Limited（天美轮船公司，缩写为 TMM）；智利 Compania Sud Americana De Vapores S. A.（智利南美轮船公司，缩写为

CSAV)和 Compania Chilena De Navegation Interoceanica S. A.(智利国航，缩写为 CCNI);阿根廷 CLAN(南美邮船);等等。

亚洲国家还有伊朗的集装箱船东 Islamic Republic of Iran Shipping Lines(伊朗伊斯兰共和国航运公司，缩写为 IRISL)、泰国 Regional Ctnr Lines(宏海，缩写为 RCL)、科威特的集装箱船东 United Arab Shipping Co(阿拉伯联合航运，缩写为 UASC)、马来西亚的集装箱船东 Malaysia International Shipping Corporation Berhad(马来西亚国际航运公司，缩写为 MISC)等。

二、散货船船东

散货船船东总结起来比较困难的原因是公司也像其货物一样，比较散。多数运输散货的船都是不定班轮(tramp)，而且散货船运输市场与经济成正相关，也可以说散货船市场的繁荣与否是航运界的晴雨表。我们通常可以通过观察波罗的海干散货指数(Baltic Dry Index，BDI)了解散货运输行情，也就能推知对于散货船的需求。可以说，在金融危机以后，散货市场曾经出现一小段的繁荣，然后又徘徊于谷底。全球排名靠前的除了中远的散货运输公司和中海集团的散货运输外，其他还包括日本的 Mitsubi Osaka Lines(商船三井)、NYK Line(日本邮船公司)、Kawasaki Kisen Kaisha(川崎汽船)，英国的 Zodiac Maritime Agencies，韩国的 Hanjin Shipping(韩进海运)、Korea Line(大韩海运)等。

三、油船船东

油船的航海规律性很强，航线也比较固定，一般由中东开往欧洲、美洲、东亚。大油船船东也比较容易总结，比如说 Teekay Shipping(加拿大 TK 航运)、NYK Line(日本邮船公司)、Chrina Overseas Company(美国可里纳海外公司)、Zodiac Maritime Agencies(英国 Zodiac 航运公司)、Intra-Oil Supplies Bhd(马来西亚国际航运)、Angelicoussis Shipping Group(ASG)(希腊

Angelicoussis 航运集团)、National Iranian Tanker Company(伊朗国家油船公司)、Ocean Tankers(新加坡海洋油船)。

但是值得一提的是，油船的需求通常除了经济外还与政治、军事有密切关系，特别是近年来，在油价看跌的趋势下，陆地对天然气的使用开发以及机动车辆使用天然气、电能，加之石油能源日益枯竭，使建造 VLCC 甚至 ULCC 的风险加大，相信不久的将来市场将不再需求油船，而 LNG 船会随着人们对石油需求的减少而增加，因此目前造船业会越来越关注 LNG 船舶的建造。

第三节　受经济影响的造船和修船需求变化

The Change of Needs of Shipbuilding and Shiprepair in Response to the Economic Factors

众所周知，经济不景气，造船业自然就非常萧条，船东在捉襟见肘的资金和微薄的利润中苦苦挣扎，造船量就非常少，而一些老旧船只仍然在航运市场中运营，因此造船量下降，但修船量急剧增加。

笔者不从常规的经济角度对造船加以分析，而是从逆向思维的角度去分析造船需求。我们知道船不造，但是货运的生意仍然要进行，大部分的货物还是要由海上运输，这样就对造船市场提出了挑战。我国过去的顶级船厂，由于技术雄厚、质量保证、按时交船得到了国内外船东的信任，因此订单源源不断，造船时间表排到几年以后是常有的事。但是金融危机爆发后，市场长期处于低迷状态，造船业长期低迷，我国船东也受此影响。其实不乏个别新兴国外船东由于经营某种船舶而看好市场，比如说金融危机刚刚显现时受影响最大的是散货船，而那时的油船没有受到太大的影响，油船船东可能会有拓展业务的需求，也就有了造船的需求。由于我国造船业营销人员长期以来获得消息的渠道窄，信息来源少，信息不及时，又缺乏判断力，因此许多国外顶尖船东的造船业务被韩国、日本船厂揽下，比如近年来航运市场持续升温的豪华邮轮。邮轮船东急需造新船以满足日益升温的邮轮旅游市场，而我国船厂对此反应很冷淡。此外，目前先进技术运用加快，比如电力推进船舶、以太阳能为动力的船舶，国外正在加紧这方面的开发。电力推进船舶节省能源，造成海洋污染的可能性小；以太阳能作为动力的船舶由于刚刚起步连专门名称都没有，只能借用 sailor 一词命名为 solar-sailor。在目前经济不景气的背景下，靠先进技术进行市场开拓是非常重要的。市场不景气，实际上不是没有机会，而是优胜劣汰的洗牌过程。只要船厂抓准了方向，摸透了船东所思、所想，自身转变意识、转变观念，照样能在保住国内客户的同时，开拓国际市场。

此外，很多造船厂在抱怨由于航运危机船东造船数量已经越来越少，其实造船数量少的同时也带来了修船行业的繁荣，船东很多本该退役的船舶在超期服役，由于老船问题很多，自然会带来很大的修船市场。这真是应了俗话，"上帝在关闭了一扇门的同时，肯定会打开一扇窗"，因此造船人应该学会多重思考、换位思考、逆向思考。

在航运低谷期，除了有较强的信念及上述理念外，不要落入大众式航运低谷期的悲观思维，不要按照常规出牌。

除经济影响方面外还要看各国政策和策略，比如美国目前正在开发墨西哥湾的海上油田，美国是全球最大的用油国家，美国一旦减少或者停止对海湾和中东石油的依赖，那么全球的原油船队必然会陷入萧条，而墨西哥湾的油田开发又会给海洋工程建造带来生机。

第四节　船东要面对的各种检查和责罚文化

The Inspections and Blame Culture Which the Shipowners Confront

在以前的培训中，许多造船学员误解了船东，把其苛刻的要求归咎于船东"我出钱造船，你们就得听我的，你们就得干好"的想法，笔者认为这不是最主要的原因。船东在造船人的面前是"恶婆婆"，但是他们在运营船舶的时候就是“小媳妇”了，原因就是航海业的责罚文化。

所谓的责罚文化是区别于目前主流的赏识文化的一种文化，船舶行业就是典型的应用责罚文化的行业，其船舶在营运中做得好没有各方的表扬，除了船东自己作为管理的手段给予奖励外，其他各方最大的“奖赏”就是列入白名单(white list)，就是可能在检查频度与程度上要少于被列入黑名单(black list)的，除此别无他赏。船舶不论到哪，都要被检疫局(quarantine office)、海关(customs office)、移民局(immigration office)、船级社(classification society)、船旗国(flag State)、港口国(port State)、行业组织(industry organization)等所检查或者监控(见图1)，因此不论是船舶的维护、操作、体系文件实施、船舶安全做法(软件)，还是大到船体，小到一个阀门、螺栓的缺陷，都有可能给船方带来麻烦，因此船东对建造过程的苛刻要求就可想而知了。正是由于这种文化导致船东的冷峻、不好沟通，也正是这种责罚文化构成航运业有序地运转，因为这种责罚文化带来的好处之一是使海上污染降低到最小程度，好处之二是督促造船者在造船之初就努力将造船质量达到最优化。

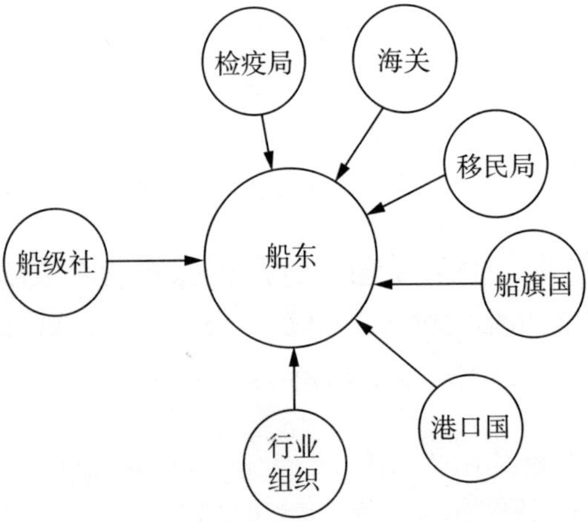

图1　各检查方施加作用给船东示意

第二章　船东的思考、言语和行为

Thoughts, Utterance, Behaviours of Shipowners

本章要剖析一下船东的思考、言语、行为，这些行为因素非常值得研究，此处提到的船东不是单指船舶拥有者一个人，而是包括他（她）的代表，我们通常称为船东代表（shipowner's representative），作为一个利益群体，在与他们打交道的过程中我们从他们身上能够发现相同或者相似的东西，这些东西不随年龄、国籍、性别而变化，本章就是把日常看到的船东和船东代表的表现和做法的共性东西提炼出来，根据结果推断其原因，从而总结出其所思、所说、所做的深层原因。

本章分三节：第一节"从事何种工作能升任为船东"；第二节"高级船员和普通船员的行为特征"；第三节"船东的思维方式和处事态度"。

第一节　从事何种工作能升任为船东

How to Be Promoted to Be Shipowners

本节将论述船东们过去的工作是什么，过去的工作对现在的工作是否构成影响。

笔者发现船东大多数是由船长或者轮机长经过长期磨练而成的，极少部分是普通船员或者船舶非甲板、轮机的船员磨练而成的，没有航海背景的船东简直凤毛麟角。

就算说船东本人或许有一些其他行当的经历或者背景，由于

"天时、地利、人和"而成为船东,他们也不可能因为出身非航运界而雇佣外行人员帮助其管理船舶。因此作为船东代表,必须是资深的航海人士,也就是说,大多数的船东代表曾经是高级船员,他们至少是大副、大管轮,多数是船长或者轮机长。

笔者观察过非常多的船东代表作面试官,许多年来只有一个英国液化天然气(Liquefied Natural Gas, LNG)运输公司的面试官没有船员背景,其余都是船长或者轮机长。

这一点给我们一个启示,就是只要认真地研究船员特别是船长和轮机长的性格特点,就可以知道船东和船东代表所想、所说、所做的普遍规律的一半,也就是说一个人的说话、办事、态度与其从事的职业有很大的关联。然后再研究人的性格特点,这样就可以总结出船东和船东代表的普遍规律,我们掌握这些规律就能知道在与这些人打交道时应该如何说话。

第二节　高级船员和普通船员的行为特征
Characteristics of Senior Officers and Ratings' Behaviours

船上的人员从级别上可以分三类,即船长(船东代表)、高级船员(或者说是持证船员)、普通船员(通俗地说就是船上的工人)。

一、船长和轮机长的行为特征及对比

船长(口语称呼为 Captain,书面语或者法律名词是 Shipmaster 或 Master,渔船或小船上被称为 Skipper,有时候船上的年轻船员背地称呼其为 the Old Man)是船东代表(shipowner's representative),船长代表船东的利益,是船东派驻在船上的职员。船长不是船员(crew/crewmembers),船员群体中没有船长,这说明船长的地位非常特殊。船长在船上有着至高无上的权力、非凡的意志、超强的耐心、渊博的知识、雷厉风行的作风、超强的应变力,在大事情上能

够冷静并果断地作出决策，能够应对各种关系，比如租家、货主，能够懂得什么时候向船东及时报告，能够自如地应对港口国、船旗国、船级社、检验检疫、移民局、海关、港口国监督、港口装卸方等各方检查。一个合格的船长上下顺心，船舶管理井井有条；一个不合格船长上下闹心，船上船员分帮结派，工作推诿，船舶事故频发。而绝大多数优秀的船长后来都下陆地成了船东或者船东代表。

船长是否有共性的弱点呢？笔者曾经和某地海事局一位官员聊过此话题，他做远洋船长时间不长就从事海事监督工作了。笔者于1993—2001年从事船长和船舶驾驶人员的GMDSS英语培训，接触过数百个船长，笔者总结的船长的共有性格缺陷就是不善于和他人合作，越是水平高的船长越清高，尽管很多人不直接表露，但从其言语、态度、动作等方面都能体现出来，有的性格直率的人则公开阐明这种观点。为什么？这是环境造成的。笔者总结为，在船上这个"小王国"中，能够管他（她）或者制约其权力的人见不到，即使联络最多也是打电话、发电子邮件、发传真。他（她）能天天看到的人都是被他（她）所管的，他（她）是真正的独裁者（dictator）。加上为了保证船上的应急需要，船上强调绝对服从，而没有民主机制。现在多数船东对船长的评价好坏取决于船舶管理水平、是否有事故、是否被港口国滞留这样的硬指标，而对于如何管理的、船长是否有性格方面的缺陷等通常没有过多的研究。这从机制上导致船长骄横和专断的心态。

轮机长（Chief Engineer，船长则简称他为Chief）具有哪些行为特征呢？同样是高级船员，船上除了船长外最高的领导就是轮机长了，他们的性格及行为特征和船长相同吗？

笔者在从事外派船员英语培训时接触过很多轮机长，尽管数量没有船长多，但是其数量足以总结轮机长的基本特征。与船长比较，轮机长是有内秀的人。大多数船长通常在与外界接触时都是侃侃而谈的，言语犀利，言语中其知识结构如同相声演员式的杂货铺，"上知天文地理，下晓鸡毛蒜皮"，说起话来妙语连珠。而轮机长与船长不同，大多寡言少语，但思维相当缜密，惜辞如金，发表意见通常是经过深思熟虑，滴水不漏，而且有一定的深度。笔者在船上也见过国外的轮机长，多数语言流畅，语言中语法错误甚少，说话掷地有声，分量十足。轮机长比较安静，会一个人在办公室坐着思考，如果我们拿两个人物比较，船长更像是外交家，而轮机长更像一个学者。这也与轮机部的工作有关。轮机部的工作，说简单些就是“管、修、养、护”，换一种说法就是拆与装，这些工作都讲究匹配，讲究精益求精，因此轮机长的思维缜密和其工作性质分不开。但肯定会有人反驳：驾驶员也需要缜密呀？如果有疏漏，就会导致搁浅、碰撞等事故。笔者却不这么认为，你听过船舶定位要精确到以毫米计算吗？但是管子和阀门的匹配就是要精确到毫米甚至更小。因此船长更像是具有文科思维的工科人，思维发散，考虑问题点多，而点的连线少；轮机长则通常是思维点少，但串成的线长而多，是典型的工科专业代表。多数轮机长的缺点就是缺乏像船长那样的大将风度，因此多数轮机长都不能成为一把手的船东，而在航运界作副手，或者是部门领导。但是，造船行业的人会发现，在和船东监造人员打交道时，如果这个人做过轮机长，那么他(她)提的意见绝对是说到点子上了，而且由于这样的人员对工艺等非常熟悉，因此不要试图糊弄他们。

二、其他高级船员工作、性格分析

众所周知，在造船的监造者中很难看到大副、大管轮以下的船员，但是在船舶修理与改装时一定会见到很多高级船员，因此笔者此处需要花费笔墨对船上的高级船员进行工作和性格方面的刻画。

大副(Chief Officer, Chief Mate，船长可以称呼他为 Mate)是船上的高级船员，从年纪来看，大多数属于年富力强的，他(她)是甲板部的领导，当船长不在船时，他(她)自动接替船长的工作，大副是除了船长外甲板部的最高领导，也是除了船长和轮机长外船上的最高领导。除了上述工作和职责外，大副还负责货物的积载、监督货物的绑扎与系固，除轮机部分管的船舶日常维修与保养工作外，大副在航行中还要承担 0400－0800，1600－2000（值班时间都是指船舶航行地的当地时间）的航行值班。大副通常能够做到忍辱负重，既能够接受船长的面对面批评，又能与轮机部密切合作，大副是一个承上启下的不可或缺的人物，因此造船和修船人员在与大副打交道时，一定要细致，任何问题都要注重细节，因为从年龄上来说通常大副要年轻一些，总结能力、领导能力不见得突出，但是其洞察能力一定很强，许多工作做得不好的地方会被大副一眼看穿。

大管轮（Second Engineer，东南亚航运界称呼为 First Engineer，轮机长简称其为 Second）是除了轮机长之外轮机部的最高领导，对于许多国外船东而言，大管轮是轮机部的执行领导，轮机长只是一个技术顾问的角色。大管轮也是除了船长、轮机长、大副以外最后一个船舶的高级领导。大管轮和前三个人并称为管理级船员，从船员管理的角度俗称为“四巨头”（Top Four）。大管轮负责维护船长最重要的设备——主推进装置（main propulsion plant），大管轮在航行时还要进行航行值班，时间是 0400－0800，1600－2000。此外大管轮还负责安排其他普通船员值班，安排大修工作的策划，负责轮机部的安排等细微工作。大管轮从年龄上看通常和大副差不多，都属于年富力强的人，但从性格上看，大管轮通常比大副还要温和，由于工作性质决定他们比大副还要细致、认真，话语比大副少很多，属于惜字如金型的，同时大管轮对上司的尊重程度是甲板部船员不可及的，因此在修船中与大管轮打交道时更要细致，和船舶轮机部人员讲话通常不是由沟通技巧取信于客户的，而是由自己重视造船细节而赢得客户尊重的。

在大副和大管轮之下的高级船员就是二副（Second Officer，Second Mate，船长和大副称其为 Second）、三副（Third Officer，Third Mate，船长、大副、二副称其为 Third）、二管轮（Third

Engineer，轮机长和大管轮称呼其为 Third，东南亚航运界称呼为 Second Engineer）和三管轮（Fourth Engineer，轮机长、大管轮、二管轮称呼其为 Fourth，东南亚航运界称呼为 Third Engineer），此外就是新增的非最低安全配员的电子电气员（Electro Technical Officer，ETO），电子电气员实质上是电报员、电机员的复合与再生。

二副是船上的操作级人员中最长的一个，按照《STCW 公约》的理念，属于操作级持证船员，主管船上的助航仪器的维护、海图作业，同时要承担 0000－0400，1200－1600 的值班工作。二副通常年龄在 30 岁上下，年富力强，但是经常值大夜班搞得其生活不规律，休息不好，同时二副大都毕业时间不久，离开校门 3 到 5 年，涉世不深，处事比较单纯。因此与二副打交道相对比较简单，不要顾虑太多。

三副是船上甲板部最低的高级船员，按照《STCW 公约》，属于操作级持证船员，主要负责船上的救生设施（Life Saving Appliance，LSA）和消防设施（Fire Fighting Appliance，FFA 或者 Fire Fighting Equipment，FFE），在航行时值 0800－1200，2000－2400 班。三副是刚出校门经过船上一年见习而升职的大中专学生，因此处事能力不强，学生气很浓，但是有时可能年轻气盛，造船人与其打交道可能比二副还容易，只是不要点着他（她）年轻的火气就好。

二管轮是轮机部操作级中级别最高的，其年龄与二副相似，按照《STCW 公约》的理念，也属于操作级的持证船员。其值班时间也与二副相同，不同的是工作性质。二管轮一个非常重要的任务就是主管船上第二个重要设备——副机（auxiliary engine），又称发电机。二管轮通常比较内敛、腼腆，符合主流轮机人员的性格特征，但是观察力很强，造船人与二管轮打交道也不需要太多的城府。

三管轮是轮机部最低的高级船员，按照《STCW 公约》，属于操作级的持证船员，其主要职责是负责船上的辅机（auxiliary machinery），包括泵、辅锅炉、防污染设备等杂项。由于这些设备都与船舶安全航行有直接关联，所以其负责的工作都是在轮机长的监督与指导下，通常是轮机长动嘴动脑，他们动手动腿，因此三管轮比较听话，此外在航行时三管轮值0800－1200，2000－2400班，与三副相同。他们都是刚刚出校门不久在船上见习一年后扶正的年轻人，也是书卷气很浓，造船人和他们打交道也是比较容易的。电子电气员系《STCW公约》马尼拉修正案实施以后在船上配备的非强制性配员。该配员在船上主管所有与电气有关的设备和装置。正如前文所述，该配员要对船上强电进行维护（该职责是原电机员的工作）和对弱电系统进行维护（该职责是原报务员的职责），此外该配员还要对船舶局域网络和设备进行维护。该配员可以说是万能电老轨，其思维缜密，对网络配电传输非常熟悉，而且多数为富有经验人员，他们可以通过布线颜色立即判断出造修船人员的水平和工作质量，属于认真、细致、博学的电气工程师，因此在与其的交往中要认真、慎重。

第三节　船东的思维方式和处事态度
Thinking and Dealing Methods of Shipowners

船东究竟是什么想法，处事态度如何，如果吹毛求疵地说是分析不了的，因为不同性格的人、有不同经历的人、有不同家庭背景的人、受过不同教育的人、来自不同地域的人其思想和处事方法大有不同，但是他们都有共同点，都是船东或者船东代表，代表船东的利益。因此从这点出发我们还是可以对船东作分析的。

笔者同学中有很多人现在是船东。尽管目前航运界处于低谷时期，经营比较困难，但是每次聚会时，哪怕参加人者还有更富有者，最后埋单者一定是船东，或许他身上还背负很多的债。为什么会这样？因为国外船东在教育船员安全知识时都会附带说一句至理名言，“Shipowners always pay the end”，大概意思就是不论是谁犯的错，谁欠的账，都由船东埋单。

如果让笔者找词汇形容船东，那就是大气。所谓的大气。就是心中拥有五湖四海，还有负责的理念，这一点正是他们的职业特点造就的。船要四处游弋，四海为家，船东的心系在自己的船上，船东无时无刻不挂念自己的船舶，哪怕是一条船或者两条船的小船东。因此船东是全世界心最累的职业，他们一天 24 小时都在工作，晚上即使睡着了，也有手机替他值班，一有电话不管睡梦有多香都会爬起，看看是否是船方打来的。

除了大气和责任心之外，就是包容心。船东通常懂得灵活处事，能够以包容心对待与他(她)打交道的方面，因此造船人员应该记住，与船东打交道即使是最不利于造船人的时候，船东也会有解决问题的折中方法或者替代方案(Plan B)，因为船舶的航行以及与各方面人打交道已经让船东学会了如何化解问题，如何另辟新径解决问题。

船东还是苛刻的。正如我们在责罚文化中分析的那样，他的船下水后要面临各种检查，也包括恶劣和极端天气的考验，他们不可能对造船人放松要求，毕竟是他们出钱造船，造船的目的就是要搞运输，要盈利，没有合格的质量是不可能实现盈利的。

此外，船东或者其代表又是船长或者轮机长出身，也带有做船员时的行为特征，比如前一节分析的船长比较霸道，不听造船人的解释，就是按照自己想法说出来，让造船人去执行，所以国外船东在与造船方争吵中经常说，“Is the money from your pocket?”(是你出钱吗?)“Just, say, yes or no. Don't explain why you can't do.”(说你干不干吧? 别解释为什么不能干。)这些心态就是比较主观的具体体现，其实造船人研究了造船规范、通常做法都会发现船东提的大部分要求是没有道理的，但是他们还要坚持，主要原因就如上文分析的那样。

船东所从事的行业是一个高风险的行业。如果经营得当，可能短时间内，船东就能吸纳很多资金，变成大船东。但是同样，如果营运船舶种类转型决策失误，也可能在短时间内把刚刚赚到手的钱赔个精光。现在相当多的船东都是负债累累。

另外，由于航运持续低迷，船东赚钱异常困难，他们现在比航运繁荣时更珍惜造船，长期在市场谷底也影响了其做事的心态。我们不妨换位思考一下，如果把造船业长期放置于市场底部，你的处世心态是否也会有所改变？当然会的，至少你会更珍惜你的造(修)船客户。

再者，船东也清楚现在的造船市场正由以造船方为主导的市场转变为由船东为主导的市场，过去造船业提到的"全心全意为客户服务"是形式上的，而现在提这个话是发自肺腑的，得罪客户就会丢掉市场，这也是为什么近年来造船中船东要求增多，而且要求改变设计的情况增多，造船业利润减少。

做船长或者轮机长时，他们通常是提出目标，而如何实现目标是执行人的事情，他们不需要考虑细节，他们只关心什么时候完成，完成了还是没有完成，为什么没有完成。怎么完成是执行人的事，这种心态也或多或少地带入到与造(修)船人打交道上。有许多方案的修改是无道理的，比如说某船东代表提出生活区房间高度再小一点，好省出空间加一层，但他忽略了《海事劳工公约》对舱室高度最低标准的明确规定。

第三章　主流船东国家的文化与传统

Cultures and Traditions of the Nationalities Which Most Shipowners Are From

正如前面谈论过的，船东来自于不同的国家，每个国家都有着不同的传统、文化，而这些会在船东的处事中体现出来，因此了解这些国家传统、文化、习惯等，既能帮助造船人正确了解船东，又能更好地帮助造船人稳妥、恰当地与船东及其代表打交道。

本章所讲述国家的选取主要是看多数船东和船东代表来自的国家或地区以及大船东所在的国家或地区。

本章分五节：第一节“东西方文化、思维、表现等差异浅谈”；第二节“欧洲地域船东较多的国家简介”；第三节“亚洲地域船东较多的国家和地区简介”；第四节“美洲地域船东较多的国家简介”；第五节“大洋洲地域船东较多的国家简介”。

第一节　东西方文化、思维、表现等差异浅谈

General Discussion on Differences of Culture, Thinking and Behaviour Between Easterners and Westerners

东西方文化差异非常多，如果要详细谈，几百页的篇幅也未必能够描述尽，这里只说一些浅显的结论性的东西。

第一，东方人思维比较模糊，笼统，如同中国古诗词、中国画一样讲究意境。而西方人思维比较具体，讲究实际，刻画要求写实与深刻，就像西方的歌剧与油画，那种写实美与东方意境美不一样。

第二，东方人比较羞涩，西方人比较大方。西方人在遇见生人的场合不怯场，通常能够做到自来熟，而东方人很难做到，所以参加大型聚会觉得尴尬而无所适从的往往是东方人。

第三，处事手段上，西方人讲究鲜明，东方人讲究折中，这一点最明显的就是中国的“折中主义”思想对周边国家的影响。因此在很多场合，西方人表示不认同时通常是旗帜鲜明地公开反对、反驳，而东方人爱面子，通常是不做声表示反对，或者办事随大流，不做“首领”式的人物，有一种服从大多数的感觉。

第四，西方人思想方法中讲究泾渭分明，界限观点非常明确，比如说，船舶在浮是船（ship, vessel 等），但船沉没了就不是船了，是 wreck（沉船），可是中文中船沉了也是船，叫“沉船”，中心词是船，而沉只是修饰语。西方人对鸡在鸡笼里活着时叫鸡（chick, chicken, hen, rooster 等），死后其身体部件就没有活性了，鸡腿叫 drum stick（鼓棒），而不叫 chick leg，这也是避免吃饭时联想血腥屠杀的场面，或者说是一种虚伪。这充分说明，西方人思考问题比较简单，讲究泾渭分明，有一定的界限。因此西方人在很多场合都有界限（deadline）一说，超过界限，无论如何其观念就发生变化了。比如说，某某产品保质期是 2015 年 6 月 1 日，这个产品在 2015 年 5 月 31 日晚上 11 点 59 分还可以购买并使用，而过了 12 点，这个东西就是垃圾要处理掉了，并不能说仅仅过了两分钟还可以用。

第五，西方人办事死板，不懂得变通，而东方人办事有灵活性。我们在西方见得比较多的是，半夜街上空无一人，路上又没有监控探头，司机照样遵守交通规则，不闯红灯。

第六，东方人讲究通用，就是说许多事物可以采用统一规律，有一种对东方人而言是“放之四海而皆准”的规律。比如我们中国人使用的筷子就如此，吃什么饭都可以用这一对竹棍或者木棍。而西方人则强调特殊，就是一种事物用一种规律，很少有通用的，比如他们的餐具就有不同的刀、不同的叉，等等。仔细观察他们吃螃蟹或者吃龙虾，简直太麻烦了，有钩子、钳子、锤子，各种稀奇古怪的工具都用上了。

第七，东方人说事情重点往往是藏匿于中间或者最后，而西方人喜欢开门见山。他们经常说的一句有哲理的话就是“First thing, first”，对于这一点笔者有很深的体会，有时候按照东方人的逻辑思维与西方人打交道会导致他们理解的与我们要求的非常不同，结果是事情没有按照原来想的那样办成。

第八，东方人讲究话语简洁明了，但是寓意深刻，这一点最典型的代表就是新中国的缔造者伟大领袖毛主席了，毛主席讲话都是诙谐幽默、深入浅出、富有哲理，比如，“墙头芦苇，头重脚轻根底浅；山间竹笋，嘴尖皮厚腹中空”。用一句简单的话来比喻见风使舵而不学无术的人，简短而内涵非常深刻。而西方人讲究语体复杂，但是逻辑却是非常简单的。我们知道，中文的语形非常松散，而西方语言，以英语为例，结构复杂，但透视逻辑却像小学生 1＋1＝2 一样的简单。因此与西方人(除政治人物外)打交道时，其思想单一，怎么想的就怎么说的，通常没有弦外之音，不用揣摩他们内心真实的想法。

第九，东方人对人对事情下结论通常容易“主观”，而西方人对人对事下结论通常基于“客观”事实的基础。比如说，日常生活中我们经常听到国人说“某某某不是好人”，或者“某某某是好人”，而西方人很少用这样的话去界定一个人，他们通常会用一些形容词来描述而非界定，因此西方人不到万不得已，很少轻易下结论。

第十，东方人更容易记住人际交往中的“小疙瘩”，而西方人更容易健忘，比如汉语中说“君子报仇，十年不晚”，这些说法其实就是说不要轻易与人吵架或者结下梁子，而西方人非常随性，脾气说来就来，说发火就发火，而脾气过了后像没有发生过一样，东方人通常不会忘记得那样快。笔者就在实际生活中与外国朋友因为业务或者学术问题争吵过多次，但是冷静下来后彼此都忘记了。

第十一，东方人好面子，通常和朋友相交涉及如借钱或者帮助朋友之事时不计较，但是西方人即使是朋友也“先小人，后君子”，不留情面。比如和笔者多年交往的加拿大籍朋友 Lorne Tenhove，一次笔者写好了一篇英语论文让他修改润色一下，当然是要付费给他的，论文本身不长，而且他和笔者有多年交情，笔者在 2008 年到 2010 年间出版的书的录音多数是他做的，要是中国人肯定没有问题，就是举手之劳的事情，但他马上说，You should give me RMB 300 Yuan and I will then edit it for you（你先给我 300 元，我再给你修改），说这个话的时候笔者作为听众都觉得不好意思。西方人有时候对朋友做的事情不满意，就在大庭广众下实话实说，完全不顾及朋友的感受，仿佛是仇人一样，但实际上这不过是他们一种直言不讳的个性。

第十二，东西方敬畏或者忌讳的数字不同。比如说，西方信奉基督教的世界非常讨厌 13，因为耶稣第 13 个弟子 Judas（犹大）出卖了耶稣，还有一种说法就是耶稣受难日前夜的最后晚餐（last supper）参加者正好 13 个人，第二天耶稣受难（crucification）；此外西方还非常不喜欢 666 这个数字，而这恰恰是中国人的吉祥数字。日本人不喜欢“9”和“4”，在日语中谐音“苦”和“死”，中国人崇尚 8（发财）或者 10（十全十美），非常不喜欢 250（象征无能者）和 14（谐音“要死”），许多游泳馆没有 4（谐音“死”）这个数字，随着网络流行语的传播，中国人也慢慢讨厌“2”（意思为“二百五”的简略）这个数字了。此外由于耶稣受难日是星期五，信基督教的西方人对星期五比较反感。因此，在西方世界船厂，如果碰上周五同时又是 13 日，船舶绝不可以试航或者交船。西方信奉基督教或者天主教的人普遍喜欢 7 这个数字，象征着圆满，比如一周有 7 天，天有 7 层等。

第十三，对讨厌的人与事反应不同。我们经常看见西方学术会议、议会激烈地辩论争吵甚至到动手的地步。按照东方人的理解这是会闹掰的，出大事了，其实这是正常的反应。如果是搞学术研究的，除了靠剽窃或者水平太差被外国学者攻击外，多数的学术攻击恰恰说明你的学术在他们心中有了反应，说明你做得好。西方世界对人最大的侮辱是不理睬，无论你对他（她）说什么，做什么，怎么示好，他（她）好像一切与他无关，不闻不问，不听不评论，对你漠视，好像你不存在一样。这恰恰说明关系闹僵了，这比我们国人撕破脸皮吵架还要严重。

第十四，东西方文字差异。文字差异导致人们思维习惯的差异。中国是使用象形文字的国家，我们的汉字对周边的国家比如朝鲜、日本、古越南（现代越南采用拼音代字）、古西夏王国（当今的宁夏）等产生影响，古汉字书写习惯从右向左、从上到下，所以中国人还有周边国家对时间的思考习惯是自上而下的，比如中文中常说“上下五千年”“祖宗在上”“上古时期”“上个星期天”“下个月”，这些都说明东方人对时间是纵向思维的。而西方人对时间是横向思维的，first 在前，last 在后，是一种横向数轴式的时间观念。

第十五，西方人讲究语形表述语义，东方人注重词表述语义。西方语言中名词多有单复数之说，而中文、日文中就没有；西方语言多有时态，而中文或日语都是借助副词或者其他标记表示时态的变化。在西方语言中，主语从句、宾语从句、介词短语、插入成分、同位语等变化非常多，而中文体现是意境，靠选词、押韵、松散的句子结构体现出一种意境来。

第十六，西方人通常不轻易给人承诺，但是如果承诺，真的是“一诺千金”，就算有再大的困难也必须兑现诺言，然而很多东方国家的商人，喜欢随意承诺，承诺后就忘到了九霄云外，结果被西方世界瞧不起。其实就是如何看待承诺的理念区别，西方人把承诺当作上帝给予的帮助人的目标，通常承诺事情要兑现都是不大容易的，有时候为了兑现承诺颇费周折，可能还要搭上人情和钱财等，所以说西方人不乱许诺，而东方人承诺通常是受当时环境等因素刺激，在感情冲动的前提下做出冲动性的决定，通常决定后又后悔，这就是为什么很多东方式的承诺无法兑现的原因。

第十七，西方人和东方人在公共场合的表现不同。西方人在公共场合会考虑别人的感受，爱惜“安静环境”与爱惜自己一样，不大声说话，如在等待飞机时，他们就自己看书，自己打电脑，从不大呼小叫，但是国人却不如此，甚至会在公共场合打扑克。

第十八，结交朋友的关系网不同。东方人关系复杂，因此“关系”一词在英语中不翻译成 relationship，而音译成 kuansi，原因是以中国为代表的东方人的关系网比较复杂。笔者认识的西方朋友中就有这样的事，比如 A 认识了另外单位的 B 和同样在 B 单位的 C，A 和 B，A 和 C 都是朋友关系，分别是两个体育俱乐部的朋友，结果过了好几年一个偶然机会下 B 和 C 才知道他们认识同一个外单位的人，结果相安无事。这要在国内，肯定早早就知道，而且最后的结局肯定是有一对关系破裂，并可能结仇。西方人的人际交往是单线的，而中国人的是交织的网。

第十九，心态不同。西方人多数是生活在自己爱好的世界中，富有富的活法，穷有穷的活法，很少攀比；东方人通常活在比较甚至是攀比中，所以经常“羡慕、忌妒、恨”。比方说，房东（注：笔者初到瑞典，由于大学在 Gammalia 的外籍教师专家楼没有空余房间，学院安排暂住在同是大学教师的 Anders 家里）的一双年纪相仿的孙女，一个吃饭多，一个吃饭少，笔者的中国朋友劝吃饭少的，“看人家吃得多香”，被房东打住了。他说在欧洲，大人教育孩子绝对不可以与某某某比较，因为比较是会害人的，人要活在自己的世界里，不要活在别人的眼睛中或者评价中。

第二十，对老年人的尊敬不同。这一点体现出东方人特别是中国人的美德。东方文化讲究尊敬师长、尊敬老师、孝敬长辈，紧邻的日韩也非常注意这一点，企业中通常早参加工作的人工资要比同级别的晚参加工作的人高。而西方人进企业无长幼之分，多数西方青年人对自己长辈尽的孝道没有东方人多。

综上所述，不论是东方人还是西方人，我们都要以一种包容心去对待，以一种允许别人存在的方式对待，这样才能帮助造（修）船从业人员成功地赢得客户的好评与尊重，在赢得经济效益的同时更赢得社会效应。

第二节　欧洲地域船东较多的国家简介
Brief Introductions to the Europe's Nationalities Which Most Shipowners Are From

一、英国

在培训中笔者都会让学员用词语来形容心目中的英国人，我们得到如下描述词：古板、好面子、自大、传统、足球、酗酒等。

如果用词语描绘英国，达成共识的有古堡、庄园、壁炉、泰晤士河、乡村、苏格兰酒（red label, black label）、航运、日不落帝国、英制度量衡体系。

但笔者接触的英国人不完全认同，他们还认为英国人有幽默感、酷爱娱乐、多民族融合。

他们的国旗就体现了多民族融合，我们通常说的英国"米"字旗是有寓意的，St. George's Cross（代表英格兰）是一个矩形，白色的底加上红色的十字，St. Andrew's Cross（代表苏格兰）也是一个矩形，底部是蓝色的，对角线是白色的，这两个图案合成一个"米"字，再加上一个 St. Patrick's Cross（代表北爱尔兰），还是一个矩形，白色的底，红色的对角线，将这些旗帜合一，就是英国，全称是 United Kingdom of the Great Britain and North Ireland（大不列颠及北爱尔兰联合王国）。旗帜中包含 England（英格兰）、Scotland（苏格兰）、Welsh（威尔士）和北爱尔兰（North Ireland）。

英国人非常绅士，交往中好面子，特别爱把 interesting 放在嘴边，比如说，自己丢了东西，在外人面前会装作若无其事的样子，说"That's interesting"。如果朋友做的东西自己不欣赏，通常和东方人差不多，不直接批评，而是淡淡地说一句"Interesting"。这里的"interesting"可不是"感兴趣"的含义了，基本相当于其内心在说

rubbish(什么玩意?)。

上世纪末有人在讲授跨文化交际时曾经设计这样一个情形的问卷：假如你丢了一英镑，你的反应是什么？从英国征集到的答案就是典型的英国人反应，耸耸肩并自言自语，“That's interesting”，然后走开了。

英国人对足球的喜好是全世界著名的，特别是不少绅士在啤酒等酒精的作用下表现得近乎疯狂，与白天上班时的绅士风度判若两人，连笔者的英国朋友自己都说“Gentleman in the day, devil at night”(白天是绅士，晚上是魔鬼)，在英国很多夫妻分道扬镳的直接诱因就是两个人分别支持不同的球队。

英国人注重传统，比如现在全世界多用电暖气或者暖气系统，很多英国家庭也不用壁炉，但是建房子仍然建造壁炉，以表现文化传承。此外英国的英尺 foot 其实来自英国国王的脚的长度，因此很多非英联邦国家是不用英制的。英国人心目中仍然有日不落帝国的梦想，因此很多场合都要显现英国的主导地位，尽管那个曾经的日不落帝国早已衰落。

英国是目前拥有船东数量最多的国家，现将对外有造船业务的船东罗列如下：Able UK Limited, Adsteam Humber Limited, Adsteam Medway, Anchor Marine Transportation, Anglo-Eastern Management (UK) Limited, ASCO – Aberdeen Supply Co, ASP Seascot Ship Management Limited, ASP Ship Management London, Atlantic Marine UK, Weir (Andrew), Barber Ship Management (UK) Limited, BG Group PLC, Bibby Harrison Management Services, Bibby Line Limited (Liverpool), Bidcorp Plc, Boyd Line Management Services, BP Marine Limited, Briggs Marine Contractors, WCT Offshore Limited, Caledonian MacBrayne Limited, Condor Marine Services, Corus, Cory Bros, Cory Environmental Limited, North Star Shipping (Aberdeen) Limited, Crescent Marine Services Limited, Dart Line Limited, Dean & Dyball Marine Limited,

Delta Marine Personnel Limited, Seastaff International Limited, Eletson Maritime Limited, EuroFeeders Limited, Eurofin International Limited, EuroShip Services Limited, Fairwind Shipping Limited, Festival (UK) Limited, Falmouth Oil Services Limited, Olsen & Fred (Ipswich), Everard & Sons Management Limited, Fugro-UDI, Gardline Surveys Limited, Gardline Shipping Limited, Gearbulk (UK) Limited, Geest Line, Gillie & Blair Limited, Global Marine Systems Limited, Hanson Aggregates Marine Limited, Hanson Civil & Marine Limited, Charente Limited, Harris & Dixon Shipbrokers, Headway Recruitment Limited, Heyn & Sons Limited, Holyhead Towing Company Limited, HR Shipping Services Limited, Humber Work Boats, Island Cruises, International Shipping Partners (UK), Inchcape Shipping Svcs London, Fisher & Sons Plc, James, James Fisher Tankships Limited, Gardner (J&A), JobPower, Knight JP Limited, Knight JP (Paranam) Limited, Jubilee Sailing Trus, K Line (Europe)-London, Kye Marine Limited, Lapthorn & Company Limited, R, Maritime Craft Services Clyde, Matchtech Group Plc, Mayflower Energy, Maritime & Coastguard Agency, Middle East Nav Aids, Mersey Docks & Harbour Company, Mersey Ferries Limited, Carmet Tug Company Limited, Nomis Shipping Limited, Norbulk Shipping (UK) Limited, Norse Merchant Ferries, NorthLink Orkney-Shetland, BUE Marine Limited, OBC Hay, Oceanic Maritime Limited, Venice Simplon-Orient-Express, OT Africa Line, Parc, Pentland Ferries Limited, Petredec Limited, Bermuda, P&O Nedlloyd Limited, P&O North Sea Ferries Limited, P&O North Sea Ferries Limited, P&O EF (Portsmouth) Limited, P&O Scottish Ferries Limited, P&O Stena Line Limited, Thales GeoSolutions Group

Limited, Roevin Management Services Limited, Royal Olympic Cruises Inc, Safmarine UK Limite, Saga Shipping Company Limited, Scotline Limited, Freight Express Seacon (Rye), Sea Containers Services Limited, Seacraft Management Services, Sealife Crewing Services Limited, Shell International-STASCO, Shell Group London, Smit International (UK), Nat Env Research Council, SpeedFerries Limited, Star Reefers, Stelmar Tankers (UK) Limited, Stena Line Limited, StenTex (UK) Limited, Stolt-Nielsen Trans Group Limited, Stolt Offshore MS Limited, Svitzer Marine Limited, Swan Hellenic Limited, Tarquin Gas Carriers Limited, Thames Luxury Charters Limited, Corp of Trinity House, UK Dredging, United Marine Dredging Limited, Victoria Steamship Company Limited, Viking Recruitment Limited, Viking Standby Limited, Vogt & Maguire, Vosper Thornycroft (UK), V Ships UK Limited, VT Marine Services, Walk The Plank Developments,等等。

英国周边国家还有许多有国际影响力的船东。比如爱尔兰共和国的著名船东：C2C Shipping Lines Limited, Commissioners of Irish Lights, Irish Dredging Company Limited, Irish Ferries, Lough Foyle Ferry Company Limited, Irish Marine Institute, Shannon Ferry Ltd, Swansea Cork Ferries,等等。再比如西班牙王国的国际著名船东：BALEARIA, ACSM Agencia Maritima SL, CEPSA, EuroFerrys SA, Gumersindo Junquera SA, SERTOSA, Ibernor SL, MACOGASA, Maritima Fullman SL, Remolcanosa, Repsol, Trasmediterranea-Cia, Tradewind Tankers SL 等等。以及葡萄牙王国的著名船东：Portline, Luso-nautis Nav., SOPONATA, Argo Empresa de Recrutamento e, T&M Agentes de Navegacao Lda, TRANSTEJO, Translink,等等。

二、德国

如果用词语形容德国和德国人，应该有严谨、思想、科技、工业、音乐、啤酒、古板等。

德国人的个性从其足球队表现就可以略见一斑，他们有超强的耐力和毅力，通常不善于变通，硬打硬撞，多用直线的简单思维，但是他们有着一股不服输的精神，而且所向披靡，足球场上被喻为“德国战车”，其实平时德国人也像其足球队一样刚强。

人口成分中主要是德意志人，还有少数丹麦人、吉普赛人和索布族人。有750万外籍人，占人口总数的9%，主要是土耳其人及东欧国家公民，通用德语。居民中33.7%的人信奉基督教新教，33.2%的人信奉罗马天主教。

德国人富有创造力，历史上有许多的思想家、哲学家，比如说马克思主义创始人马克思和恩格斯，都是德国人，还有黑格尔(Livilhelm Friedrich Hegel)、康德(Immanuel Kant)、尼采(Friedrich W. Nietzsche)、海德格尔(Martin Heidegger)、叔本华(Arthur Schopenhauer)等等，此外德国还有很多发明创造，为人类历史进步做出了很大的贡献。尽管二战时期的纳粹德国给人类带来巨大的灾难，但德国人能够正视历史，深刻反省，赢得了全世界的尊敬。同时，这个话题也是与德国人交谈的禁忌话题之一。

(1) 办事严谨古板，重视穿衣戴帽：德国人非常注重规则和纪律，干什么都十分认真。凡是有明文规定的，德国人都会自觉遵守；凡是明确禁止的，德国人绝不会去碰它。在一些人的眼中，许多情况下，德国人近乎呆板，缺乏灵活性，甚至有点儿不通人情。德国人很讲究清洁和整齐，也很重视服装穿戴。工作时就穿工作服，下班回到家里可以穿得随便些，但只要有客来访或外出活动，就一定会穿戴整洁。看戏、听歌剧时，女士要穿长裙，男士要穿礼服，至少要穿深色的服装。参加社会活动或正式宴会更是如此。

还是那个设计丢钱场景并收集可能反应的问题，假如德国人丢了一个马克（现在德国用欧元了），典型的德国人会有什么反应呢？从德国收集的最集中的答案是，德国人会计算可能的基点（datum），然后一个平方英寸一个平方英寸用放大镜找。这个自嘲式笑话无疑说明德国人办事属于过于严谨型的。

（2）绝对恪守时间，特别喜欢清静：德国人非常守时，约定好的时间，无特殊情况，绝不轻易变动。德国人应邀到别人家做客或者是外出拜访朋友，都会按时到达，不会让主人浪费时间干等或者不得不提前招待客人，否则的话，就是不礼貌。如有特殊原因无法准时赴约时，都会向朋友表示歉意，并请求原谅。

德国人多喜欢清静的生活，除特殊场合外，不大喜欢喧闹。比方说，许多人虽在城里上班，但却把家安在乡村或者城市附近的小镇，图的就是一个清静。就是那些住在城里的人，也十分注意住宅周围有无噪声。例如，晚上 8 时至第二天早晨 8 时不可以演奏乐器，绝对不可以大声喧哗。如果晚上要搞聚会活动，事先要向邻居讲明情况，请求他们谅解，并尽可能安排在周末，尽可能不大声喧闹，否则，受干扰的邻居会十分恼怒，可能会当面提出抗议，个别人甚至会请警察出面干预，在实在忍无可忍情况下还会把邻居告上法庭。

（3）待人诚恳，注重礼仪：通常来讲，同德国人打交道没有太多的麻烦。多数情况下，他们都比较干脆。凡是他们能办的，他们都会马上告诉你“可以办”；凡是他们办不到的，他们也会明确告诉你“不行”，很少摆架子，或者给人以模棱两可的答复。当然，人际关系和努力的程度对办事也绝非没有影响。两人相遇时，不管认识不认识，也不管在路上或者办公室、宾馆、电梯等地方，都相互打招呼，问声“你好”。开门时，身后有人通常需要考虑不要马上关紧，好给身后人留方便（顺便提一句，这一良好习惯在欧洲大多数国家都有）。朋友见面以握手为礼，告别时亦如此。十分要好的、长时间未见的朋友相见或长期分开时，不论同性或异性都可以相互拥抱。在正式场合，仍有男子对女子行吻手礼，但多做个吻手的样子，不必非要吻到手背上。在交往过程中，大多数人往往用“你”以及姓氏之前冠以“先生”或“女士”（也作“夫人”讲）作为尊称。如果尊称为两个以上，他们也不厌其烦地罗列出，比如船长、博士、教授（Dear Capt. Dr. Prof.）。只有亲朋好友和年轻人之间互相用“你”以及名字称呼。对女性，不管其婚否或长幼，都可以称“某女士”，但对已婚妇女应以其夫姓称之。

送礼在德国也很受重视。应邀去别人家做客时，一般都带礼物。大部分人带束鲜花，也有一些男性客人带瓶葡萄酒。在欢迎客人（如车站、机场等场所）、探望病人时，也多送鲜花。在祝贺他人生日、节日或者婚嫁等时，可寄送贺卡。如送贺礼，则以实用和有意义为原则，而不是以价格高低论轻重。所送之礼物都要事先用礼品纸包好。许多人在收到礼后会马上打开观看，并向送礼人表示感谢。

在德国及其他西方国家，女士在许多场合下都受到优先照顾，体现了“Lady First”精神。如进门、进电梯、上车等，都是女士优先。男士要帮女士开轿车门、挂衣服、让座位等。女士对此只说声“谢谢”，她们不会感到不好意思，或者戒备对方有骚扰的企图。在与人交谈时，德国人很注意尊重对方，不询问人家的私事（如不问女性的年龄，不问对方的收入等），也不拿在场的人开玩笑。就餐谈话时，不隔着餐桌与坐得较远的人交谈，怕影响别人的情绪。咀嚼时一定要合上双唇，不能露齿。

德国的船东不比英国少多少，而且与我国船员管理公司、造（修）船行业打交道的比英国航运企业多得多。下列德国船东在国外有过造（修）船经历：EMS Reederei AG，Ahrenkiel ShipManagement GmbH，Aida Cruises Ltd，Alianca Deutschland，Alpha Ship GmbH，Alexander von Humboldt，Baum & Co GmbH & Co KG，BBC Chartering & Logistic，Schulte Group，Bernhard，Bohlen & Doyen Verwaltungs，BRISE Schiffahrts-GmbH，Federal

Maritime（Hydro），Bugsier，Reederei-Brem haven，Carsten Rehder Schiffsmakler，Chemikalien Seetransport GmbH，Columbus Seereisen，Condock Befrachtungs GmbH，MTC Marine Trade Consulting，Dohle Schiffahrts-Peter，Dr Peters GmbH & Co KG，Eckelmann Group，Erka-Shipping GmbH，Jacob GmbH & Co KG，Ernst，Ernst Russ GmbH & Co，ER Schiffahrt GmbH & Cie KG，Fairplay Schleppdampfschiffs，Finnlines Deutschland AG，Fisser & V Doornum GmbH & Co，Flender Werft AG，Freese KG，Heinz & Kai，GEFO – Oeltransporte GmbH，Emsstrom mbH，GGT MS，Glahr & Co GmbH，Hamburg Süd，Hansa Mare Reederei GmbH，Hansa Treuhand AG & Co，Hanseatic Lloyd Chartering Gmb，Hanse Bereederung GmbH，Hapag-Lloyd AG，Harms Bergung Transport，Harmstorf-Reederei Alnwick，Harren & Ptnr Schiffs，Hirdes-Heinrich，IMS Marine Services GmbH，Interorient Nav Hamburg，Jungerhans-Reederei，Laeisz Schiffahrts-F，Laeisz GmbH – Reederei F，Lubeca Marine Germany，Magellan Chartering Service，Marine Service GmbH，MPC Marine Trading GmbH，MPC Steamship GmbH，MarConsult & Thode Schiffahrt，Woerden-Tom，Nimmrich & Prahm Reederei GmbH，Nordcapital，Norddeutsche Reederei Schuldt，NRG Norddeutsche Reederei，Oesterreich Lloyd（Germany），Oldendorff Carriers GmbH & Co，Oldenburg-Portugiesische，Opielok Reederei GmbH & Co KG，Orion Schiffahrts-Gesellschaft，Petersen & Alpers，Poseidon Schiffahrt GmbH，Pregel Chartering GmbH，Pro Line Ltd & Co GmbH，Oetker，Rudolf A，Gerdes Schiffahrts GmbH，Triton Schiffahrts GmbH，Schulte-Thomas，Warrings，Reederei，Wilhelmshaven Helgoland Linie，RF Reedereigemeinschaft，Rhein-Maas-und-See，Rickmers Reederei，Rickmers-Linie GmbH，Russochart Shipping GmbH，Salamon AG，Schoeller Holdings，Senator Lines GmbH，

Shell Deutsche, BD Shipsnavo GmbH, Sloman Neptun Schiffahrts AG, Stuewe & Co, Tietjen-Wilhelm, Transchart Schiffahrts GmbH, Transocean Tours, T&S Transport & Service, Unterweser Reederei GmbH, Vega Reederei Friedrich Dauber, River Liner Befrachtungs, Wessels Befrachtungs, WESCO Shipping GmbH, Moller & Co-Walther, Meerpahl & Meyer,等等。

三、法国

如果用词语来描述法国,应该是浪漫、葡萄酒、美食、自由、文化、法语优越感等等。

浪漫(Romantic)这一词语本身就来自于法语。法国根据考证人对政治人物性丑闻的特别宽容。即使美国是强调所谓的"性自由"的国家,前总统克林顿与莱温斯基的丑闻也被炒得沸沸扬扬。然而法国很多政治人物如前总统萨科齐休妻取年轻女模特的事,却没有受到法国民众的指责,这一点显示出法国人对此方面的宽容。

还是那个丢钱的假设,看看典型的法国式反应。假如法国人丢了一法郎(现在法国用欧元了),典型法国人有什么反应?回答比较多的是惋惜:完了,给情人买花的钱丢了,不幸中的不幸,情人节丢的,不幸中的万幸,不是情人节。这一回答,充分反映出法国人的浪漫。

法国的葡萄酒是全世界著名的。葡萄酒分高中低档,在全球热卖。法国的美食也是全球著名的,英语中几乎所有的重要的菜名都是法文,这就是为什么我们到了英语国家很难看懂其菜谱。

法国人对法语区文化的自尊体现在许多方面,比如,我们上街时,如果需要帮助,和法国人说英语"Excuse me, can you speak English?"很可能得到的回答是"No, I can't."交流就无法正常进行了。笔者的经验是一定要学一句法语,比如说"Bonjour",然后再跟上英语,这样你就可以得到满意的帮助了。一次笔者在巴黎街头用这个办法，得到帮助后那位中年男子用英语说，“Why didn't you learn French? It is the most beautiful language.”由此可以略见一斑。法国和英国的分歧体现在好多方面，比如说，英国是采用英制的主导国家，现在英联邦和过去有过英国殖民统治的国家或者地区仍然用英制，据说 Foot（英尺）是英王查理一世的脚长，而 1790 年 10 月 27 日和 1791 年 3 月 19 日，法国科学学会研究报告建议采用十进制，并建议采用地球表面北极到南极的经度线的千万分之一为一个 metre（来自于希腊语“测量”一词，现在翻译成公尺或者米），从此法国主导公制（metric system）。英国是左侧通行，而法国则是右侧通行。国际时间协会（BIH）总部设在法国，规定 1981 起，世界时间不再使用 GMT（Greenwich Mean Time，格林尼治平时），而改成 UTC（Universal Time Coordinated，协调世界时）。万国邮联大会总部设在法国，会议上规定，凡是法文书写的地址，不论收信人在全球哪个角落必须保证投递到，而英语的信封则不享受此优惠。国际电信联盟（CCIR）总部也设在法国，目前国际电信中遇险、紧急、安全通信标识也都使用法语，分别是 m'aider（同英语的 mayday），panpan，securité（同英语 security）。而且法国公开立法限制法文中英语外来语。显然法语在几百年前影响了英语，现在英语又反过来影响法语。在北欧时，笔者发现说法语的人有自己的朋友圈子，很少与说英语的人交往。

在欧洲之外的人看来，英国人和法国人之争其实是兄弟相争，两国有着相似的文明与语汇，英语中大约 30%词汇来自法语，菜名 80%是法语，而现代法语受英语影响很大。近年来法国与英国在国际事务上都保持一致。这说明百姓之间无矛盾可言。他们所谓的“矛盾”更像我国说相声的“砸挂”（所谓的砸挂是指相声演员以相声界好友为戏谑对象来揭短，而且多数短处是真实的，也有虚构的短处），所谓“矛盾”反映出文明的多样性而不是敌我矛盾。

法国的船东不多，但是由于达飞公司的存在，我们仍然把法国纳入我们的展示国家中。法国在国外有造船的船东罗列如下：Setaf-Saget，Brittany Ferries，Brostrom Tankers Sas，Cargo Maritime，CCSTI Lorient，Gironde & Conseil General de la，CGG，CMA CGM，CMN，Delmas Armement，IFREMER，Iris Catamarans，Louis-Dreyfus Armateurs，Les Abeilles SA，MIT Chartering SA，NTA France，Petromarine SA，Seacor Marine（West Africa），Armoricaine & Cie de Nav，Shell International Petroleum Company，TotalFinaElf，Dockwise Yacht Tspt France，Mobil Oil Francaise，等等。

四、北欧五国

北欧包括冰岛、丹麦、挪威、瑞典、芬兰等国，大部分在斯堪的纳维亚半岛。北欧这几个国家有非常多的相似点。

第一就是国旗。五国国旗中都有十字，比如：瑞典的国旗是蓝底黄十字；丹麦国旗是红底白十字；芬兰国旗是白底蓝十字；挪威国旗是红底蓝十字，蓝十字带白边；冰岛国旗是蓝底红十字，红十字带白边。前三个国家的国旗是一种样式，只不过底与十字颜色不同，而后两个国家的国旗是一种样式，只不过是底与十字颜色不同。这都说明北欧这些国家基本都信仰基督教。

第二就是语言相似。除了芬兰语外(芬兰国内瑞典语是第二语言)，其他四种语言非常相近，这些语言都是一千多年前由一种日耳曼语系的北方语言分化而来的。这些国家通用英语，且崇尚英式英语，一个经典的笑话就是美国老师告诉笔者的，他刚到于默奥不久，学生就问他这样一个问题，“Should I follow your English or the correct English?”(我是学你的英语还是学正确的英语?)显然在瑞典人和多数北欧人心目中英国式的英语才是正确的英语。语言相似性可以举个例子，笔者在汉堡参加学术会议回旅馆途中迷路，路上遇到一个丹麦人，笔者用英语问到笔者所住的旅馆如何走，他恰巧知道，就指示笔者如何走。笔者抱着试试看的想法，随口用瑞典语说了句“Tack så mycket”（同英语“Thank you very much”），他可兴奋了，回说“You speak very good Danish”，此外笔者还用下列的瑞典语向冰岛人、挪威人、丹麦人、芬兰人（芬兰语与其他国家语言明显差异，但是瑞典语是他们使用最多的外语）打招呼，他们都能够听懂。A：Hur må r du?（同 How are you?）B：Det är bra. Tack och du?（同 That's fine. Thanks, and you?）A：Jag är bra också. Tack.（同 I am also fine. Thanks.）因为千年以前他们本来就使用相同的语言，但即使这样，他们决不承认是一种语言。

第三性格相似。笔者在瑞典留学期间非常深刻的感受就是北欧人比较安静，就算是身高 1 米 9 以上的大小伙子也非常腼腆，通常在多国留学生群体里扮演听众的角色，但非常善于思考，有一种冷峻的阳刚之美。也许大多数人性格是这样吧。笔者在瑞典时发现许多刚刚出生的婴儿都不大哭闹，安安静静地躺在童车里。他们远离世界是非区，如伊拉克、叙利亚、索马里、乌克兰等战乱烽火都烧不到他们美丽的家园。由于地理位置等原因，北欧人与世无争，过着悠闲的生活。他们通常也不会主动关心人，但如果有人相求，他们可以放下自己的事去帮助需要帮助的人。

第四个相似，很多人（也包括女性）爱酗酒。笔者在多地看过他们周六、周日在酒吧等场合酗酒的场面。

第五个相似就是外柔内刚，表面谦虚但骨子里自大。在与他们的交谈中发现他们对过去北欧繁荣时期的王国很是羡慕和眷恋。

第六个相似，有自己国家的钱币。除了芬兰使用欧元外，其余国家都有本国货币，就是克朗。

第七个相似，就是不论男女，看上去很粗旷，而内心很细致。还是那个丢钱话题的问卷调查，看看北欧人的集中反应：征集到的最集中答案竟然是“这不可能吧？我们从来不丢钱。医药有政府，吃饭无更大的奢望，要那么多钱干什么？”这一方面说明他们办事非常细致，另一方面说明他们对钱有着自己的理解。

第八是饮食相似。北欧人饮食讲究原味，通常就是油和盐，不大愿意吃辛辣食品，比较忌讳黑色食品，比如中国的木耳。主食都是面包，爱吃胡萝卜，都有类似中国臭豆腐一样的食品——臭鱼。

第九个相似就是外表冷漠。我们在北欧留学人都有非常深刻的感受，就是他们的外表与他们的天气一样冷漠，如果你在瑞典恐怕永远不会有人主动关心你过得是否幸福、是否需要帮忙，如果你需要他们帮忙一定要主动提出。

第十个相似就是里程计量。笔者曾经沿着于默奥河沿河而上意欲参观当地人说的古代石刻文明，当地人说离这里很远，至少需要一里，笔者走了大约两个小时，仍然没有走到头，笔者怀疑听错了，后来问瑞典人，得到答案是北欧人说一里是指十英里，这个计量方法相信只是北欧的特色吧。

北欧的社会体制中有社会主义的成分，因此对很多问题与中国人有着相似性，有着正义感。比如 2004 年美国大选，当时美国总统小布什寻求连任。我们在茶歇时都和美国外教讲，由于美国太重要了，美国总统选举不应该由美国选，而应该由全世界人民选。2003 年 3 月 20 日，以美国为首的联合部队发动了旨在推翻伊拉克萨达姆政权的战争，接着伊拉克炮火不断，人民饱受战乱之苦。北欧人非常有同情心，他们非常憎恨这场战争。当时的美国总统就是小布什，很多北欧人对他非常反感。当美国宣布小布什竞选连任后，我们的老师纷纷向那位美籍同事表示遗憾，他们都说真的不希望小布什再当总统，这样地球上很多地方又无安宁之日。再比如有传说在二战期间，希特勒向丹麦王国施压要求他们迫害犹太人却遭到丹麦的严辞拒绝，因此纳粹德国记恨并入侵丹麦。从很多事例上笔者都能体会到北欧人外冷内热的善良。

说起他们的自大，那与美国人不一样。美国人自大在外表，是一种咄咄逼人式的，到哪里国旗挂在包上，事事都要发感慨，与美国比照，“In America...”等等。北欧的自大，仿佛若干年前笔者看到的一首中国人显示自大的打油诗，“天下文章数浙江，浙江文章数诸暨，诸暨文章数我乡，我乡文章数我弟，我帮我弟改文章”。

这个打油诗中没有一句是自大的，但是仔细品读，这与北欧人的风格非常相似。

北欧人见面打招呼非常简单，重要节日或者朋友之间长时间不见面相遇时用拥抱的方式。初次受邀到别人家拜访时一定要带礼物，礼物未必很贵，只是用于表达心意。

北欧人着装非常随意，人与人之间的称呼无论职位高低、长幼一律称呼名字。除了正规场合外，一般不称呼如教授、博士之类的头衔。人与人相处讲究平等。

有人把他们称之为 Viking（海盗）是错误的。海盗的年代距今久远，现在的北欧根本没有海盗。北欧治安好，犯罪率低，为人处世不极端，凡事讲究民主、平等。

如果找词语形容北欧应该是：冷峻、安静、自然、细腻、节奏缓慢、套头帽子、雪山、雪人、河流、滑雪、诺贝尔、北极、红色小木屋、三文鱼、酗酒、漫长冬夜、极光、极昼、松鼠、松树、驯鹿。

现在北欧对国际航海有影响的国家主要有丹麦、挪威、芬兰。

(一) 丹麦王国

丹麦王国（The Kingdom of Denmark）是古丹麦王国的中心，后来分化成瑞典、丹麦、挪威等国家。丹麦北接瑞典、挪威，南接德国，西临北海，东临波罗的海，位于欧洲北部、日德兰半岛上。海岸线长 7 314 km，地势低平，平均海拔约30 m，属温带海洋性气候，平均气温 1 月 2.4 ℃，8 月 14.6 ℃，年均降水量约 860 mm。

丹麦首都是哥本哈根（Copenhagen，Koebenhavn），人口 50.2 万（2005 年 1 月）。语言是丹麦语，英语是通用语，货币是丹麦克朗。

在历史上瑞典曾经是丹麦王国的殖民地之一，而瑞典是通过几次战争才走向独立的。偶尔和瑞典人聊天时发现他们与丹麦人的看法有很大的不同，少数人彼此存在误解。与英国和法国一样，丹麦和瑞典的矛盾也是兄弟之争，一是两个国家语言极其相似，二是有着非常相近的文化和民众性格。

丹麦的船东很多，与中国造船和船员市场有联系的也非常多，下列航运企业是和国际接轨的丹麦船东：Cleemann Shipping ApS，Aalborg Portland AS，Alba Shipping Ltd AS，Alpina Shipping Services，Alpina Ship Management ApS，Baltimar AS，Bjerrum & Jensen ApS，Bornholmstrafikken AS，BR Marine AS，Juhl & Ehrhorn，Clipper Denmark AS，Clipper Elite Carriers，Danena AS，Dannebrog Rederi AS，DFDS AS，DIFKO-Dansk Investerings，Norden AS，Elite Rederi AS，Elsam AS，ESVAGT，Danish Govt (Navigation)，Franck & Tobiesen AS，Frederiksvaerk Shipping ApS，Haraship Crew Management，Herning Shipping AS，ID Shipping，Andersen & Co ApS，Janus，Lauritzen AS，Poulsen Shipping-J，Jydsk Dykkerfirma ApS，Kangamiut Seafood AS，Laeso，Faergeselskabet，Lauritzen Bulkers AS，Lauritzen Kosan AS，Moller-AP，Maersk Sealand，Maersk Supply Service，Nordana Line AS，Nordtank Shipping AS，Ocean Prawns AS，Danielsen，Rederiet Otto，Madsen Rederi AS，Peter，Ravnsborg Faergefart，Rohde Nielsen AS，Sigas Kosan AS，Svendborg Besigt AS，Svitzer，AS EM Z，Tarraco Line，T&C AS，Thor Chartering AS，TORM AS，Transmarine Management ApS，TESMA Denmark AS，Tschudi & Eitzen Bulkers，Uni-Tankers AS，Volgotanker Marine Services AS，Wind Shipping ApS，等等。

（二）挪威王国

挪威王国（The Kingdom of Norway）东与瑞典接壤，西临北海，北为北冰洋，南望丹麦。人口475.274万（2008年估计数），96%为挪威人，外国移民约占4.6%。有萨米族约3万人，主要分布在北部。官方语言为挪威语，挪威语又分东西两个分支，是一种与丹麦语、瑞典语极其相似的语言，主要特点是说话时上升调，而问句则为下降调。英语为通用语。90%的居民信奉国教——基督教路德宗。挪威首都是奥斯陆（Oslo），市区人口约53万（2005年

1月统计）。奥斯陆是挪威的政治中心，也是金融、商业和工业中心。它的造船业在世界造船业中占有突出地位，堪称“海洋之都”，许多船务公司都设于此。

货币是挪威克朗(krone)，在国际汇市写成 NOK，在北欧写成 Nkr，在挪威境内则是 kr。1挪威克朗等于100欧雷(Ore)，有面额50欧雷和1,5,10,20克朗的硬币及50,100,200,500,1 000克朗的纸币。挪威的船东与中国合作非常多，以下船东在造船或者船员外派方面对外有合作：Nordic Black Theatre, Klaveness-Torvald, Viking Supply Ships AS, Vista Ship Management AS, Aasen Shipping AS, Aboitiz Jebsen Bergen AS, Aker Geo Petroleum Svcs, All-Transport AS, Barber Ship Management AS-Norway, Belden Shipping, Bergesen DY ASA, Bergshav Management AS, Birger Gran AS, Blom Marine AS, Taubatkompaniet AS, Borgestad ASA, Brand Polaris ASA, Bukser og Berging AS, Chriship AS, Color Line ASA, Continental Ship Management AS, Dolphin AS, DSND Subsea AS, Eidesvik AS, Farstad Shipping ASA, Fjellstrand AS, Olsen-Fred & Co, Fugro Geoteam AS, Green Chartering AS, Hagland Shipping AS, Fjord Line AS, Ditlev-Simonsen & Co AS, Hoegh Fleet Services AS, Hoegh & Co ASA, Leif, Holvik-Jan E, Hardanger Sunnhordlandske, HUAL AS, Norwegian Govt (IMR), IUM Shipmanagement AS, Iver Ships AS, Jahre Dahl Bergesen AS, Jebsen-Kristian Gerhard, LMG Marin AS, Sunbay Management AS, L'Orsa AS - Arnulf, Lys-Line AS, Maritime Management, Moss Maritime AS, Navion ASA, Nomadic Management, Stavangerske Linjefart As, Nordic Maritime Services, Nor Marine AS, Wani Shipping AS, Ocean Rig ASA, Odfjell ASA, Odfjell Drilling, Ostensjo Rederi AS, Polar Ship Management AS, Polyar Tankers AS, ProSafe Rigs AS, Stiftelsen Skoleskipet Cr, Red Band AS, Rogaland Trafikkselskap, Saga Forest Carriers, WesternGeco Fleet

Management, Royal Seafood AS, Skaugen-I M, Norgas Carriers AS, Norgas Carriers AS, Skude Offshore AS, Star Reefers (Norway), Star Shipping AS, Stolt Offshore AS, Teekay Shipping (Norway), TGS Nopec Geophysical Co ASA, Tschudi & Eitzen AS, UECC (Norway) AS, Wallenius Wilhelmsen (Norway), WABO ASA, Waterfront Shipping AS, Western Bulk Carriers AS, Wilhelmsen Lines AS, Wilson AS, Wilhelmsen ASA - Wilh, 等等。

(三) 芬兰

芬兰(Finland)位于欧洲北部,与瑞典、挪威、俄罗斯接壤,南临芬兰湾,西濒波的尼亚湾。海岸线长 1 100 km,内陆水域面积占全国面积的 10%,有岛屿约 17.9 万个,湖泊约 18.8 万个,有"千湖之国"之称。全国 1/3 的土地在北极圈内,属温带海洋性气候,平均气温冬季-14 ℃~3 ℃,夏季 13 ℃~17 ℃,年平均降雨 600 毫米。其也是欧盟成员之一。

芬兰最早的居民为拉普人,故芬兰又称拉普兰,芬兰人迁入后,建立了芬兰大公国。12 世纪后半期被瑞典统治。1809 年俄瑞战争后并入帝俄,成为大公国。1917 年 12 月芬兰共和国宣布独立。

笔者接触过的芬兰人比其他四国更加低调,更加谦虚,更加务实。他们的政府也非常高效,工作人员清政廉洁。此外,芬兰是圣诞老人的发祥地。在国外接触过的芬兰人对中国人有好感,没有一种骨子里很高傲的架子。此外芬兰有全球闻名的船用主机的工厂,生产品牌叫 Wärtsilä(瓦锡兰),与德国的 MAN B&W(曼机)齐名。芬兰的国际化船东不多,下列芬兰航运企业有造船需求:Hakans Ltd, Alfons, Birka Line ABP, Rettig OY AB, Bore, Crystal Pool Ltd, Engship, Rederi AB, Railship OY AB, Finnlines Plc Group Ship Management, Finnlines Plc, Fortum Oil & Gas OY, Godby Shipping AB, Kristina Cruises OY Ltd, Alands Landskapsstyrelse, SeaWind Line OY AB, Silja Line OYJ, Transfennica, Birka Cargo

AB Ltd，Viking Line AB，等等。

（四）冰岛和瑞典

冰岛有国际影响力的船东不多，比如 EIMSKIP-Iceland，Herjolfur HF，Hradfrystistod Thorshafnar，Nesskip HF，Samskip HF，Thorbjorn Fiskanes HF 等，这些船东多是中小船东。

瑞典王国的船东很多，但多数是小型船东，这些船东无论是与中国的船舶管理公司还是与中国的造（修）船行业接触都不是很多，是造（修）船行业未来发展的潜在市场。这些船东有 Wallenius Wilhelmsen Lines，Atlantic Cont Line Sweden，ACL Ship Management AB，Ahlmark Lines AB，Alvtank，Rederi AB，Intership Ltd，B&N Nordsjofrakt AB（Skarhamn），Brostrom Tankers AB，Brostrom AB，Concordia Maritime AB，Donsotank AB，Furetank Rederi AB，Gorthon Lines AB，Hasting Agency AB，Lundh & Co AB-Ivar，Jonsson Trading AB－Lars，Kalmar Hamn，Lauritzen Cool AB，MTM Management AB，Nynas Petroleum AB，Paltrans Shipping AB，Roda Bolaget AB，Jonsson Novabolagen AB，OSM Sea Partner AB，Marine Trading AB，Silja Line AB－Sweden，Swedish Maritime AB，Swedish Orient Line AB，SRAB Shipping AB，Stena Bulk AB，Stena AB，Stena Line AB，SRF Vandrarhem af Chapman，Swedia Rederi AB，Thun AB，Erik，Vadero Tank AB，Rederi 等。

五、荷兰

荷兰（Holland），又称 Netherland（尼德兰）王国，位于欧洲西偏北部，如果用词语形容荷兰和荷兰人（Dutch），下列几个词语一定是得到大家共识的：高效率、“非常理”、人高马大、港口发达、人口密集、生硬、强悍、直率、海堤、风车、郁金香、爱听恭维话。

荷兰是著名的亚欧大陆桥的欧洲始发点。其也是世界有名的“低地之国”（低洼之国），很多土地是通过填海而得到的。与德国、比利时接壤，是欧盟成员国之一，也是北约、联合国、世界贸易组织等国际组织的成员。荷兰为主体民族，主要分布在荷兰北部和中部地区，另有部分散居在美国、加拿大、奥地利、比利时和德国，属欧罗巴人种。使用荷兰语，属印欧语系日耳曼语族。大多信奉基督教的加尔文派，北部地区有一些人信奉天主教。荷兰的人口密度高达 407.5 人/km^2。荷兰首都设在阿姆斯特丹。阿姆斯特丹和鹿特丹两大港口全球闻名，但是其中央政府、国王居住办公地、所有的政府机关与外国使馆、最高法院和许多组织都在海牙。

荷兰强调自由，法律对犯罪处罚比较宽松，如在毒品犯罪、性交易和堕胎的法律管制上对犯罪人员量刑比较宽松。荷兰是全球第一个同性婚姻与安乐死合法化的国家。

荷兰在历史上是航运极为发达的国家，有"海上马车夫"之称，后来被英国打败，失去了海上霸主地位。由于与荷兰有交战历史，有关荷兰人的许多负面词汇就在英语中出现了，比如 Dutch women（荡妇，这是少数英国人的偏见称谓，但是随着时代的进步，该词的本意在慢慢消失，即便如此，为了避免被荷兰人误解，建议提到荷兰女性时最好使用 female Dutch），Dutch treat，go Dutch（AA 制），Dutchman（遇到麻烦，这个词语其实还不算特别没有礼貌的提法，目前对荷兰人不敬的语义在慢慢消失，但是即便如此，要表述男性荷兰人时用 male Dutch 比较好），Dutch roll（船上消防皮龙带反向盘法），总之，属于"非常理"的那种。荷兰的船东很多，但与中国合作的比德国、丹麦、挪威少很多，因此荷兰造船存在着巨大的市场潜力。下列的荷兰船东有造船需求：Flinter Groningen BV，Terschellinger Stoomboot，Seacor Marine (Europe) BV，Amasus Chartering BV，Veder Rederijzaken BV，Armawa Shipping & Trading，Arpa Shipping BV，Azalea Maritime BV，Ballast Ham Dredging BV，Big Lift Shipping BV，Columbia Ship Management BV，Crownbreeze Shipping BV，Onego Shipping & Chartering BV，Danser Container Line BV，Dockwise Shipping BV，Fairmount Marine BV，Cape Verde

National Shipping Line, Frisian Sailing Co, Gen Chart BV, Greenpeace Nederland, Heerema Marine Contractors, Holwerda Shipmanagement BV, ITC Shipping BV, Boele Dredging Contractors BV, JR Ship Management BV, Cooperatie Kamar Bulk-Transpor, Koole Tanktransport BV, KOTUG International BV, Mammoet Van Oord Windmills, Mercurius Scheepvaart BV, Flagship Management Co BV, Musing BV, Nile Dutch Africa Line BV, Netherlands Sea Research, Norfolkline, Orient Shipping Rotterdam BV, Orient Shipping Rotterdam BV, P&O Nedlloyd BV, Poseidon Chartering BV, Redwise Maritime Services, De Kaap BV, Scheepswerf, Seatrade Groningen, Shell Tankers BV, Shell Exploration BV, Smit Transport & Heavylift BV, Smit Harbour Towage Company, Smit International, Spliethoff, Bermuda Container Line(N), Stena Line Holland BV, Stieglis Maritime International, Stolt-Nielsen (SNITS), Stolt-Nielsen Trans Group BV, Wijsmuller Salvage BV, de Bruinvis, Rederij, World Wise Marine Brokers BV, Upstream Marine BV, Van Uden Maritime BV, Vertom Scheepvaart, Van Oord ACZ BV, Theodora Tankers, Vopak Shipping BV, Vroon BV, West Africa Logistics, Wagenborg Shipping BV, Wijnne & Barends, Wijsmuller Marine Services BV, Wijsmuller Bros, Wijsmuller BV, Rederij Gebr, Wind Shipping, Workfox BV, Fairmount Marine BV,等等。

顺便一提,荷兰周边国家比利时有国际影响力的航运企业有 Ahlers NV, CMB NV, Bocimar NV, Dredging International NV, Exmar NV, Fast Lines Belgium NV, Flanders Navigation, INOK NV, Inchcape Shipping Service-Antwerp, Jan de Nul BV, Lalemant NV, Portlink NV, Safmarine Container Lines, Seatrade Reefer Chartering, Tecto NV - Belgium, URS Towage & Salvage Union 等。

六、俄罗斯

俄罗斯位于中国的北部，横跨亚欧两个大陆，西接波罗的海的芬兰湾，西南靠黑海，北临北冰洋，东临太平洋，通过白令海峡和美国的阿拉斯加相望，与中国、蒙古、朝鲜、挪威、芬兰、波兰、爱沙尼亚、拉脱维亚、立陶宛、白俄罗斯、乌克兰、格鲁吉亚、阿塞拜疆、哈萨克斯坦等多个国家接壤。

俄语是官方语言，此外俄罗斯境内还有30多种其他语言。宗教主要是基督教的东正教分支。

如果用一些词汇来形容俄罗斯和俄罗斯人，我们的共识是下列词汇：北极悍熊、冰天雪地、酗酒成瘾、直率坦荡、身材高大、粗犷顽强、豪爽豁达、情绪急躁、自尊心强、慷慨大方。

比如说顽强，在二次世界大战时，靠前苏联军民众志成城顽强地保卫社会主义重要城市斯大林格勒（现名伏尔加格勒，英语名Volgograd）和列宁格勒（现名圣彼得堡，英语名St. Petersburg）的保卫战，迎来二次世界大战的转折。而与乌克兰发生危机遭到西方世界制裁时，普京总统体现了不折腰、不服输的硬汉形象。这些性格俄罗斯人身上都有。由于中俄关系日益密切，俄罗斯造船的潜在市场非常大，下列俄罗斯船东在国际上有造船需求：Volga-Don Joint Stock Shipping，Barber Manning Ltd，Admiral Marine Management Ltd，Neva-Hugen Company Limited，Northern Shipping Co，Ardis Company Limited，Petroship，Active Marine Fishery Base，Cetus Company Limited，Dalmorneftegeofizika，Arkhangelsk Commercial Port，Altomar Shipping Company Limited，Far East Marine Co，FESCO Russia，Galyon Ltd，Geotech Personnel Murmansk，Marine Arctic Geological，Marinex，Novo Crewing Tour- Russia，Neva-Hugen Ltd，Port Fleet Ltd - St Petersburg，Primorsk Shipping Co，Onego Shipping & Chartering BV，Nakhodka Shiprepair Yard，RIMSCO，Valmars Ltd，Morskoy Express Ltd，Sinilga Ltd，

Sovmortrans Petersburg, JSC Sovfracht, Volga-Don Joint Stock Shipping, Volgotanker AMS, Azov & Black Sea JSC Volgotank, World Chartering Ltd, Far East Marine Exploration,等等。

七、乌克兰

乌克兰在北纬44°～52°之间,位于欧洲东部,东邻俄罗斯,北接白俄罗斯,西面与波兰、斯洛伐克接壤,西南靠匈牙利和罗马尼亚,南临黑海和亚速海,海岸线长约1 000 km,大部分地区属东欧平原。官方语言为乌克兰语,通用俄语。

如果用词语形容乌克兰人,达成共识的有东方思维、精明算计、乱象丛生,外表相似于俄罗斯。

由于20世纪八九十年代乌克兰人做船员的非常多,很多做到了船长、轮机长职务,而这些人目前是船东代表,代表船东与船厂打交道。作者本人和乌克兰人接触也是在留学期间,总体印象是和俄罗斯人差不多,但是心计更多,典型的长着西方人模样而思维是东方人的人群。近年来由于乌克兰国内局势复杂,到过乌克兰的船员对其港口和港口国监督检查及其他官员对船舶苛刻检查、靠罚款变相赚钱的方式颇有微词。鉴于目前乌克兰的情况,中国的船厂基本无法与其船东沟通洽谈业务,且他们自己有较高的造(修)船水平和很过硬的船厂,中国航母"辽宁"号就是乌克兰船厂建造的。下列乌克兰船东在国际上有一定的影响:Alkyon Limited, Alpha Marina Limited, Alpha Navigation Odessa, Cometas Shipping Company Limited, Egida Agency, First Ukrainian International,Global Consulting Limited, Iason Maritime Venture, International Maritime Manning, Yuzhny Shipping Agency INFLOT, Inmarco Maritime Co, Odessa Intermarine Agency, LBG Co, Lemistral Ship Management - Ukraine, Marine Pro Service, Nautilus Marine Agency, Odessa Marine Management, Orion Shipping, Eugenia Pride Limited, Maritime Ag, Poseidon,Seleznev & Company

Limited, Sherin & Co Consulting, South Marine Services Limited, South Star Limited, Kherson Maritime College, Totus Maritime Agency, UKRFerry, Agency UVERS Limited, Seacover Limited,等等。

八、希腊

希腊共和国(希腊英文为 Greece,希腊人英文为 Greek)是一个实行议会共和制制度的欧洲国家,位于欧洲东南部的巴尔干半岛南端,北部与保加利亚、马其顿、阿尔巴尼亚接壤,东北与土耳其的欧洲部分接壤,西南濒爱奥尼亚海,东临爱琴海,南隔地中海与非洲大陆相望。

希腊被誉为西方文明的发源地,拥有悠久的历史,并对三大洲的历史发展有过较大影响。

如果用词语形容希腊,达成共识的是古典、传统、爱琴海、奥运会、旅游景点、经济困境。

近年来在国人面前出镜率比较高的就是其经济困境,也就是债务危机。有不少中国造(修)船人不看好希腊船东,这是完全错误的想法。希腊船东都是私人运营的。20 世纪是希腊船东发展的鼎盛时期,20 世纪 80 年代《纽约时报》评出的七大船王中有两个是希腊人。希腊船东也是在中国改革开放后最早雇佣中国船员的船东。由于历史悠久,希腊人的思维方式方法与中国人、埃及人比较相近,被欧洲大陆其他国家人戏称为“欧洲的中国人”“欧洲的埃及人”。下列希腊船东以各种各样的方式保持和东方国家的联络:Hellespont Steamship Corp, Meadway Shipping & Trading Inc, Neorion New SA Syros SY, Hind Maritime Enterprises SA, SMC Inc, Aegean Marine Petroleum, Agoudimos Lines Shipping Co, Alpha Tankers & Freighters, ANEK Lines, Cosmatos-JE, Avin International SA, Callitsis Shipping Agencies, Centrofin Management Inc, Ceres Hellenic Shipping, Chartworld Shipping Corp, Combine Marine Inc, Corner Shipping Company Limited,

Dalex Shipping Co SA, Danaos Shipping Company Limited, Hellas Flying Dolphins SA, Eletson Corp, Elvictor Limited, Empros Lines Shipping Co, Enterprises Shipping & Trdg SA, Epsilon Hellas (Overseas) Limited, Sirios Shipmanagement SA, Fairdeal Group Management SA, Festival Cruises, Franco Compania Naviera SA, Gigilinis Shipping-M, Glentmar Cia Mar, Global Maritime Group Inc, Gourdomichalis Maritime SA, Hellas Marine Services Limited, Hellespont Steamship Corp, Intl Maritime Centre-Greece, Imperium Shipmanagement SA, Iolcos Hellenic Maritime, Melmar Shipping Agency, LMZ-Transoil Shipmanagers SA, Marachart Shipping Company Limited, Marbrokers SA, Matsas Salvage & Towage, Minerva Marine Inc, Niovis Shipping Co SA, Nomikos Transworld Mtme Ag, Oceanbulk Maritime SA, Pacific & Atlantic Corp, Pioneer Tankers Shipping Corp, Pleiades Shipping Agents, Ariston Navigation Corp, Royal Olympia Cruises, Safety Management Overseas SA, Salamis Lines (Hellas) Limited, Samos Steamship Co, Sealink Trading & Shipping SA, Sea Pioneer Shipping Corp, Tristar Shipping, Spanos Maritime & Trading, Stelmar Tankers (Management), Stelmar Shipping Limited, SuperFast Ferries SA, Target Marine SA, Tsakos Energy Navigation, Thenamaris (Ships Management), Transmar Shipping Co SA Panama, Tsakos Shipping & Trading SA, Tsavliris (Hellas) Maritime SA, Tsavliris Salvage (International) Limited, Brave Maritime Corp Inc, Vrontados SA, V-Ships Greece Limited, Hellastir Shipping Enterprise, Zouros Shipping Co, Arctic Umiaq Line AS, L'Express des Iles SA, 等等。

顺便一提,希腊周边国家意大利有很多全球著名的船东,比如: Augustea Ship Management Srl, Bottiglieri di Navigazione

SpA, B Navi SpA, Coeclerici Armatori SpA, IFA Srl, Costa Crociere, Costa Container Lines SpA, Cosulich SpA, Fratelli, D'Amico Soc di Nav per Azioni, Moby Lines Srl, EneRmaR Trasporti Isole Sarde, Gastaldi & Co SpA-Genoa, Grimaldi Group Genoa, Grimaldi Group Naples, Happy Lines, Hugo Trumpy SpA-Genoa, International Manning Services, Intermare SpA, La Dragaggi Srl, Marnavi SpA, Messina-Ignazio, Napoletani Srl-Rimorchiatori, Riuniti SpA-Rimorchiatori, Riuniti Genova-Rimorchiatori, Finarge Armam-ento Genovese, SAIPEM SpA, Samer & Co Shipping Srl, SERS-Esercizio Rimorchi e Salv, Strade Blu Srl, Premuda SpA, Premuda Gestioni Srl,等等。

九、罗马尼亚

罗马尼亚是目前欧洲国家中船员最多的国家,很多船长或轮机长上岸后被船东雇用做了船东代表,因此此处需要对罗马尼亚进行描述。

罗马尼亚位于东南欧巴尔干半岛东北部,北和东北与乌克兰、摩尔多瓦接壤,西北与匈牙利为邻,西南与塞尔维亚相界,南依保加利亚,东南临黑海。

对罗马尼亚人进行描述得到认同的是:谦虚谨慎、强调集体、英俊、东方思维、保守含蓄、温和有礼、缺少笑容、待人客气、斯拉夫族。

对于罗马尼亚这个国家,外界印象最深刻的就是美丽的蓝色多瑙河流过其全境。

罗马尼亚人一般以面食为主食,有时也以土豆作为主食,土豆烧牛肉是他们的家常菜肴,各种香肠是他们的特产。罗马尼亚人对盐有特别的好感和嗜好,他们不论吃什么东西,常蘸些盐和胡椒,因此,在接待罗马尼亚客人时,如果在餐桌上提供盐、胡椒、大蒜,他们会特别高兴,认为这是对他们的了解和尊重。他们一般都不太爱吃鱼和海味食品，也不爱吃清淡的米饭。

罗马尼亚这个国家有许许多多的传统礼节。比如，男女见面时总是先由男方向女方打招呼，然后才由女方向男方打招呼。一群男女出门时，总是男子礼让女士先行，男士照顾女士已经成了一种社会风尚。在农村或山区迎接贵宾时，人们总是先送上整块新鲜的大面包，端上放盐的盘子，请客人掰下面包蘸盐吃（据说面包和盐是人生最需要的东西），接着还要请客人饮木桶之酒，这些都是当地人民招待贵宾的传统礼仪。

目前与东方合作的罗马尼亚船东非常少，对于造船业而言存在巨大的潜在市场。下列罗马尼亚船东在国际上有一定的影响力：Andreea Trading 96，Bright Balkan Shipping Service，Diamond Shipping & Trading Age，IMRA Limited-Constanta，Mihei Shipping & Trading，Miray Management，Navlomar SA-Bucharest，Navmar Inc，Navlomar SA-Constantza，Octogon Shipping & Services，Poseidon Shipping Limited，Sammarina Shipping & Trdg Limited，Sangennaro Srl，等等。

罗马尼亚周边国家也有许多船东世界闻名，比如波兰，有Baltimex Limited，CHIPOLBROK - Gdynia，Morska Agencja-Gdynia，Maritime Manpower Supply Limited，Marine Service Poland，Swinoujscie，Port Handlowy，Pol Crewing Limited，Polfracht Shipbroking，Pol-Levant，Polska Zegluga Morska，Polish Steamship-Tanker，Polsteam Shipping Agency Limited，PRCiP Gdansk，Polish Ship Salvage Co，Ship-Service SA，Zaklad Uslug Zeglugowych Co，Unity Line 等；再比如克罗地亚，有Atlantska Plovidba，Brodospas Offshore，Globtik Express Agency，Independent Marine Agent Limited，Iva Shipping Agency Limited，Rapska Plovidba dd，Split Ship Management Limited，Techmar doo，Tankerska Plovidba 等。

第三节　亚洲地域船东较多的国家和地区简介
Brief Introductions to Asia's Nationalities and Regions Which Most Shipowners Are From

一、印度

“印度”梵文的意思是月亮，中文名称是唐代高僧玄奘所著《大唐西域记》中的译法，此前曾称为天竺。

印度的航运业非常兴旺，在全世界船队中印度人作为船员的数量几乎比中国人多一倍，且非常多的印度人都做到了船上高级职务，比如船长和轮机长。在许多国际大航运企业中都有印度人，比如说丹麦马士基公司，高层有很多印度人在为其经营，还有如香港的大船东 Pacific Basin，就是印度人建立起来的。

如果用词语形容印度人，下列词汇是所有与他们打交道的人的共识：聪明伶俐、擅长文笔、八面玲珑、等级森严、语言天赋、大国姿态、东方文明、忠诚事业、重男轻女、神秘面纱。

比如说古印度等级制度，分为 Brahmanism（婆罗门，相当于王侯将相），Kshatriya（刹帝利，相当于奴隶主），Vaisya（吠舍，相当于平民），Sudra（首陀罗，相当于奴隶）。此外印度人重男轻女是全世界闻名的，姑娘出嫁通常娘家陪嫁要很丰厚。

印度很奇特，比如耍蛇、肚皮舞、瑜伽、神秘药等。

在香港许多金店的看门人就是印度人，他们做事除了聪明外还有忠诚的一面。应该提到的是印度人的聪明是全世界出名的，他们当前有着大国的崛起梦，软件行业处于国际领先地位。

印度人多信印度教，严禁吃牛肉，也不吃猪肉，信奉锡克教的印度人严禁饮酒。印度人认为左手是不洁的，与印度人共餐时忌用左手递食或敬茶。吃饭时也只用右手，除非你使用刀叉。印度菜上菜程序是先上开胃菜，接着是汤，然后是享誉世界的印度烧烤、咖喱和土烤面包，最后伴随甜点。印度的主食是饼和炒饭，吃的顺序是先吃饼后吃炒饭。印度的米饭用叫作 Basmati 的米做成，世界有名。这种米形状细长，味道浓香，是由印度的气候决定的，半年干燥，半年湿润。印度菜的吃法也很特别，东西合璧，既用刀叉餐盘，又是大家点菜一起吃。虽然在许多正式的场合印度人用刀叉吃饭，但私下里他们还是习惯于用手抓饭，也正是因为这一习惯，印度菜大部分为糊状，这样便于用手抓饼或米饭拌着吃。通常的吃法是这样，拿咖喱与饭揉成一团，然后放进嘴里。印度人的拇指、食指和中指生来似乎就特别灵活，在指不触口唇、手不沾饭的优美姿态下，香喷喷的咖喱饭便已在齿间留香了。盛菜的器具多为精致陶瓷器皿，也有芭蕉叶、香蕉叶等植物叶子，很漂亮。饮水是从上面滴下来用嘴接。印度人喝茶的方法别具一格，一般都是把茶斟入盘中，用舌头舔饮。传统习惯于分餐制，多系席地围坐，不习惯用刀叉和筷子，一般用手抓食。

印度船员在处理公事中还体现出极其精明的一面，他们驾驭人际关系的能力非常强。由于印度曾经是英国的殖民地，受到当时英国的影响，印度的航运业非常发达，在国际舞台上有话语权，国际海事组织许多重要官员都是印度人。下列印度航运公司有国际影响：Udya Shipping Pvt Limited-India，Aoltech Services，Arcadia Shipping Limited，Ashapura Shipping Limited，Barber Ship Management (India) Pvt，Chennai Port Trust，Convidence Shipping Co Pvt Limited，Race Shipping & Transport Co，Dolphin Offshore Ent (India)，Essar Shipping Limited，Gati Limited，Great Eastern Shipping Company Limited，HAL Offshore，IMS Ship Management，Leo Shipping Pvt Limited，Mazagon Dock Limited，Mercator Lines Limited，Marine Mgmt Services Pvt Limited，Mormugao Port Trust，Oil & Natural Gas Corp Limited，Oyster Shipmanagement Pvt Limited，Pacific Shipmanagement，Panama Marine Services Pvt Limited，Penron

Shipping Mumbai, Saigal SeaTrade (P) Limited, SAI Shipping Co (Pvt) Limited, Shreyas Shipping Limited, Thames Maritime Pvt Limited, Tolani Shipping Company Limited, Tolani Bulk Carriers Limited, Transatlantic Shipmanagement, Varun Shipping Company Limited, Salg-aocar & Brother Limited, West Asia Maritime Limited, Worldwide Ship Management Limited,等等。

二、菲律宾

目前在国际航运市场中近四成是菲律宾人,尽管多数菲律宾船员都是中低职位的船员,但是在造(修)船业经常能够看到菲律宾人。

在相当长的历史时期内,菲律宾曾是西班牙的殖民地,因此,菲律宾文化具有明显的西班牙文化的特色。菲律宾的音乐,即使是民族音乐家的优秀作品,其曲调、节奏、旋律及感情色彩也往往与西班牙音乐有许多相似之处。

菲律宾人的思维模式还是非常典型的东方模式。笔者在对大连造船厂进行多元文化教学时,曾经聘请过美国人、英国人、澳大利亚人、加拿大人、菲律宾人进行教学,西方国家的人都答应得非常痛快,只问时间、地点、给多少钱、如何付钱、教学需要准备什么,一一搞清楚后就排定了时间,唯有菲律宾学者含糊其词,反复问这是不是大连海事大学的课程内容之一,而不是用西方人"When, What, How, Why, Who or Whom"的提问方式,其问题看上去与培训无关,但属于典型的东方人害羞式问题,是想要钱而又前怕狼后怕虎的东方人思维方式。

菲律宾国民经济的主要支柱是劳务输出,如船员和家政服务等劳务输出。菲律宾人非常随和,容易与他国人相处。菲律宾人自我满足心非常强,不论贫富人人都生活在快乐之中,很少出现菲律宾船员在船上由于嫉富嫌贫而导致的恶性事件,也很少出现菲律宾人不服从管理的事件。

菲律宾自身就是一个多民族融合的国家，有 90 多个民族，主要民族有比萨扬人、他加禄人、伊洛克人、比科尔人、卡加延人等，共占全国人口的 85%以上，少数民族有华人、印度尼西亚人、阿拉伯人、印度人、西班牙人和美国人，还有为数不多的土著民族。居民约 85%信奉天主教，5%信奉伊斯兰教，少数人信奉独立教和基督教新教，土著居民多信奉原始宗教，华人多信奉佛教，也就是说在宗教信仰上也是多种宗教融合的。因此，菲律宾人在从事船员等职业时能够很好地与其他国家人相处，得到很好的评价。比萨扬人是菲律宾最大的民族，约有 2 180 万人，占全国总人口的 42%，主要分布在萨马岛、保各岛、宿务岛、内格罗斯岛和帕奈岛。由于多民族融合，菲律宾人英语语言优势非常突出，几乎人人会英语，这使得菲律宾在劳务输出中占重要地位。菲律宾人姓氏比较多的是西班牙姓氏，原因是殖民地时期，1849 年 11 月 11 日，西班牙驻菲律宾总督克拉维里亚(Narciso Clavería)要求当时菲律宾人普遍采用西班牙姓氏，因此我们可以看到西班牙式的姓氏，如 Gongzales(冈萨雷斯)、Rodriguez(罗德里格斯)、Augustin(奥格斯丁)、Santos(桑托斯)等。

菲律宾群岛上的阿埃塔人的祖先是菲律宾最早的居民。其次是约公元前 3000 年至公元前 1000 年自亚洲大陆由水路迁到菲律宾的原始马来人，他们带来了新石器文化。新马来人从公元前 200 年到公元 16 世纪分批迁入菲律宾，他们带来了金属工具和拼音字母，是后来比萨扬人、他加禄人、伊洛克人的祖先。总之，在史前时期的矮种人、马来人的混合中逐渐形成了今天菲律宾的众多民族。在这些民族的发展过程中又移入了华人、印度人、阿拉伯人等其他地区的亚洲人，此后又与欧洲白种人相互通婚，吸收了其他民族以及人种的成分。

菲律宾人的主食是大米、玉米。农民在煮饭前才舂米。米饭放在瓦缸或竹筒里煮，用手抓饭进食。菲律宾人最喜欢吃的是椰子汁煮木薯、椰子汁煮饭，然后用香蕉叶包饭。玉米作为食物，先晒干磨成粉，然后做成各种食品。城市中上层人士大多吃西餐。菲律宾穆斯林人的主食是大米，有时也吃玉米和薯粉，佐以蔬菜和水果等。按照伊斯兰教教规，他们不吃猪肉，不喝烈性酒。他们和马来人一样喜欢吃鱼，不喝牛奶。烹调很简单，喜欢使用刺激性的调味品。咀嚼槟榔的习惯在菲律宾穆斯林人中非常流行。

在菲律宾，接受礼物是有讲究的。当你邀请菲律宾客人到家做客时，客人来时送的礼物是不能当众打开的，否则被视为对客人的不礼貌，尤其是那些送礼不多的，客人会认为你在当众羞辱他，是在比较客人们送的礼物的厚薄，看重的是礼物的贵贱，而不是送礼这一行为。同样你也不能接受一件当众打开的礼物。通常的做法是，随手接过礼物，不声不响地把它放在一边，并显得很不在乎的样子。等下次再见到送礼人时，你可以当面致谢，同时讲出那件礼品是什么，这似乎与中国人的收礼方式相似。人们日常见面无论男女都握手，男人之间也有拍肩膀的习惯。

菲律宾人民热情好客，每当宾客到来，都由年轻姑娘向来客献上茉莉花环，客人级别越高，花环越大。茉莉花是菲律宾的国花，这种花色泽洁白，香气四溢，沁人心脾，它象征着菲律宾人民的纯洁、热情。茉莉花每年 5 月盛开。菲律宾人民用茉莉花环敬献来宾，表示着纯洁的友谊。

鉴于目前菲律宾的国民现状和对华人的态度，菲律宾的航运企业很少会寻求在中国造(修)船，尽管菲律宾也有好多有影响力的船东，但在此不再费篇幅罗列其船东。

三、韩国

大韩民国(Republic of Korea, ROK)又称南韩、南朝鲜(请注意区别，相对的是北朝鲜，称为朝鲜民主主义共和国，英文为 Democratic People's Republic of Korea, DPRK)。韩国成立于 1948 年 8 月 15 日，国名来源于古代朝鲜半岛南部的三韩部落(辰韩、马韩、弁韩),英文名 Korea 源于古名“高丽”。

韩国历史上多为中原王朝属国,隋唐时多次与中原政权交战。明代时是中国属国。1910 年被日本吞并,朝鲜战争后独立。1950 年爆发朝鲜战争,南北分裂,北方社会主义国家称朝鲜,南方资本主义国家称韩国。

如果找出词汇形容韩国人,共识的词汇有:文明礼貌、尊敬师长、男人健康、女性妩媚、男尊女卑、守旧刻板、爱吃辣椒、擅长喝酒、民族团结、经济发达、造船第一、节奏超快。人口中主要为高丽人,占全国民族总人口的 99%,是一个民族比较单一的国家。通用韩语,其基本句式是主语+宾语+动词的模式。民族服饰为“韩服”(Hanbok)。

膳食中多以咸辣为主,如韩国辣白菜、韩国烤肉等。韩国还以高丽参而著名。

韩国人常见的姓氏有朴、李、罗、金、高、徐、柳等。

韩国目前的造船业居世界领先,主要得益于其良好的营销与沟通机制,加上韩国船级社发挥的积极作用,以及其先进的造船技术作为基本保障。目前我国造船有针对韩国市场的业务,但是由于韩国造船业的存在,我们得到的韩国航运企业的造船订单数量非常少。下列韩国航运企业在国际市场上颇有影响:Cho Yang Shipping Company Limited, Dongnama Shipping Company Limited, Dooyang Line Company Limited, Daewoo Marine Company Limited, Daeyang Shipping Company Limited, Gearbulk Svcs Japan-Korea, Hanjin Shipping-Seoul, Hyundai Heavy Industries, Hyundai Merchant Marine, JSM International Limited, Korea Asset Management Corp, Korea Marine Transport Co, Korea Line Corp, Luckystar Shipping Company Limited, Nam Sung Shipping Company Limited, Pan Ocean Shipping Company Limited, Dong Young Shipping, POS Shipmanagement Company Limited, Samho Shipping Company Limited, Samsun Agency Company Limited, Seyang

Shipping Company Limited, Dooyang Ship Management, Saehan Marine Company Limited, Saehan Marine Company Limited, SK Shipping Company Limited, Sunwoo Merchant Marine Company Limited, Taiyoung Shipping Company Limited, Korea Marine Pollution-KMPRC,等等。

四、日本

日本(Japan)位于亚洲东部、太平洋西北部,是一个高度发达的资本主义国家,其国名为“日出之国”之意,领土由本州、四国、九州、北海道四大岛及 7 200 多个小岛组成。日本以和族为主体民族,通用日语,总人口为 1.26 亿。

如果我们用词语描绘日本人,一定会对下列几个词达成共识:礼节过度、谨小慎微、精明算计、善于经商、尊敬长者、东方思维、善于运用、聪明智慧、信念超强、工作勤奋、喝酒无度、小家之气、善于忘本、思想狭隘。

还是那个丢钱的调查问卷,假设日本人丢了一日元,会有什么反应?得到最多的答案是,我们更勤奋工作,把丢的钱赚回来。这一点说明,日本人心目中工作放在第一位。的确,日本人与人见面除了客套礼貌外,道别时说得最多的话就是“がんばて”(意为加油,发音为 gan ba dai)。

公元 3 世纪中叶,其境内出现较大的国家“大和国”。公元 645 年,日本向中国唐朝学习,连文字都是从唐朝学习来的并加以改进。大型设备比如汽车、轮船,小的如卡拉 OK、微波炉,虽然都不是日本人发明的,但是日本人可以借用并做到最好。

日本人之间打招呼,基本上是以鞠躬来表示的。站着的时候,双脚合拢、直立,弯腰低头,从一般性行礼到上身至 90°鞠躬。鞠躬的弯曲程度是晚辈大于长辈,就是 90°鞠躬的通常是年轻人。根据礼节轻重程度的不同,低头的角度是各种各样的。在铺着“たたみ”(榻榻米)的房间里,必须要坐着行礼。以“正坐”的姿势上身弯下，两手放在前面着地然后低头。一般日本人行礼致意是互不接触身体的，传统上没有握手的习惯。日本人有时候也握手，但大多是在有外国人等特殊场合。

招手：把手掌朝下轻轻地放开，手腕从前方朝自己一边来回摆动几次。这种方式没有性别、年龄的限制，都能使用。但对地位、辈份高的人这样招手是失礼的，要尽量避免。

日本人的礼节较多，民族敬老，外表谦虚，讲究实际，富有经商头脑。在船上日本人对下属要求不很苛刻，有礼貌，也希望下属对其表现得有礼貌。

万岁：这是在比赛中获胜或碰上好运时，举手表示高兴的动作。多数情况是，大家一起同时欢呼"万岁"，以表示庆贺幸运和祝愿幸福的心情。

日本人的姓氏放在名字的前面，姓氏非常多，如山田、田中、松下、小林等与地名或场所有关的姓，还有如东方朔日、八月一日等与时间有关的姓。

但值得一提的是，目前日本政府和右翼对于侵华历史进行抵赖和不认账的做法，以及钓鱼岛事件严重伤害了中国人民的感情，对航运界也构成影响，比如，据悉 2010 年日本海员工会参与建设的中国海员大连培训中心，目前日资已经退出。

日本比较有影响的大船东非常多，多数都与中国航运企业有合作，下列是日本在国际上有重要影响的船东：Solar Shipping & Trading, Azuma Shipping Company Limited, Daio Kaiun Company Limited, Asahi Tanker Company Limited, Fairfield Japan Limited, Fukada Salvage & Marine Works, Gearbulk Pool Limited-Japan, Hitachi Zosen Corp, Munakata Kaiun Company Limited, Interocean Shipping Corp, Inchcape Shipping Svcs (Japan), Kansai Tech Corp, Keymax Maritime Co, K Line-Kawasaki Kisen Kaisha, Marubeni Corp, Mitsui Eng & Shipbuilding, MOL, Nissho Iwai Corp, Nippon Steel Shipping,

NYK Line, Sea-Com Corp, Showa Shell Sempaku, Stolt-Nielsen Trans Group, Sumitomo Corp, Tokyo Electric Power Company, Toa Corp, Tosoh Logistics Corp, Toyofuji Shipping Company Limited,等等。

五、新加坡

新加坡位于印度洋和太平洋的转折点,在马六甲海峡北侧,是航船的中转地,因此新加坡的航运业非常发达,航运企业也非常多。同时,新加坡是一个石油的集散地。

选取词汇描述新加坡和新加坡人:花园国家、法律奇严、遵纪守法、多个民族、华人之家、四季如夏、一雨如秋、航运中转、船舶众多、融汇中西、多种语言。

在新加坡华语(就是汉语)、英语、印度语等都通用。新加坡人作为国外船东代表的很少,但在新加坡做船东或者船东代表的人非常多,新加坡由于也是以华人的世界为主的社会,思考问题与我国人有很多的相似性。未来造船业扩展核心之一就是新加坡。目前新加坡船东在雇用大量中国船员的同时也雇用中国的船东代表,并与中国企业有着很好的往来,比如上海森海船员管理有限公司就与新加坡 Ocean Tankers 有着很特殊的合作关系,通过中国的船员管理公司建立造船业务联系也是造船业开拓客户的一种新模式。新加坡有国际影响力的船东罗列如下:Keppel Smit Towage Pte Limited, Tai Chong Cheang (Singapore), Anglo-Eastern (S) Pte, Agensea Pte Limited, Amsbach Marine (S) Pte Limited, ASP Ship Management Singapore, Austen Maritime Services Pte, Belden Shipping Pte Limited, Chuan Hup Agencies Pte Limited, Singaport Cleanseas Pte Limited, Clipper Elite Carriers-Asia, Executive Ship Management Pte, Gulf Agency (Singapore) Pte, Hong Lam Marine Pte Limited, IMC Shipping Co Pte Limited, Inchcape Shipping Svcs (S) Pte, Jesselton

Shipping, Keppel Smit Towage Pte Limited, Keppel T&T, Sembawang Kimtrans (S), Labroy Shipping Pte Limited, Seaspec Marine Services Pte, Minmetals Shipping (Singapore), Maritime (Pte) Limited, MTM Ship Management Pte Limited, Nautek Marine Pte Limited, Neptune Orient Lines, Nordic Maritime Pte Limited, Nortrans Shipping Pte Limited, Pan-United Shipping Pte Limited, Pacific Carriers Pte Limited, Prestige Marine Services Pte, President Marine Pte Limited, PSA Marine (Pte) Limited, Semb Corp Logistics Limited, Semco Salvage & Marine Pte Limited, Salvin Far East Pte Limited, Prisco (Singapore), Huap Choon Chemical & Shipping, Smit Singapore Pte Limited, Star Cruises (Pte) Limited, Stolt-Nielsen Tspt Grp Pte, NYK Stolt Ship Management, Swire Pacific Offshore (Pte), Teekay Shipping (Singapore) Pt, Thome Ship Management Pte Limited, Tschudi & Eitzen Ship Management(Sg), V Ships (Asia) Pte Limited, Wallem Shipping (Sng) Pte, Wijsmuller Marine-Singapore, 等等。

以下是新加坡周边两个国家马来西亚和印度尼西亚的船东，这些船东都可以通过新加坡船东和他们建立联系。

马来西亚有国际影响力的船东有：Kuantan Port Authority, Barber Ship Management Sdn Bhd, Bestari Marine Sdn Bhd, GMV Ship Management Sdn Bhd, Gulfship Agencies, Intra-Oil Supplies Bhd, Jardine Shipping Agc-P. Kelang, Macnalink Ship Management SB, MISC, Malaysian Merchant Marine, MRM-Maritime Resource (M), Nazaki (Malaysia) Sdn Bhd, Northport (Malaysia) Bhd (NMB), Star Cruises Administration Services,等等。

印度尼西亚有国际影响力的船东有：Belvamas Maritim Indontama PT, Berlian Laju Tanker, PT, Djakarta Lloyd-PT,

Gearbulk AG-Indonesia, Gesuri Lloyd-PT, PT Pelita Anugerah Bahari, PERTAMINA Tongkang, PT, Equinox-PT Perusahaan Pel,等等。

六、海湾地区和阿拉伯世界

该地区船员的数量不多,但是船东很多,很多船东和中国造船业有接触,比如伊朗等国家多次在我国造船。

这个地区有波斯(伊朗)人、阿拉伯(约旦、叙利亚、土耳其、沙特、阿联酋、科威特、阿曼、巴林、巴勒斯坦等)人、以色列(以色列国)人、黎巴嫩(伊斯兰教和基督教融合区)人。

这个地区多数国家是靠石油生存的,非常富有,多数国家有着共同的宗教信仰,就是伊斯兰教。

目前信奉伊斯兰教的国家除了阿拉伯人外,还有其他民族,主要分布在中东、中亚、南亚、东南亚的许多国家。他们待客热情,如果请人吃饭一定很丰盛,但不奢侈。

信奉伊斯兰教者吃饭之前要向真主"安拉"祷告,感谢真主赐予食物。请客时西餐和阿拉伯特色餐都有。主食有面包、阿拉伯大饼、米饭,菜既有汤、牛肉、鸡肉,也有蔬菜沙拉以及传统的阿拉伯泡菜和霍姆斯酱等,餐后是甜点、冰淇淋、水果、咖啡和茶等。在阿拉伯国家,平常人家请客,主菜原料主要是鱼虾及牛羊肉。阿拉伯人吃饭用手抓着吃,注意手抓饭一定要用右手。请客吃饭的时候,也为客人准备刀、叉、勺子。日常妆饰中,男人大多数是穿白袍(kandula),围白色的头巾,带头箍,阿拉伯妇女通常穿黑袍(abaea),蒙黑面纱。

(一) 常用阿拉伯名或姓①

Abbas,阿巴斯;Abdul,阿卜杜勒;Abdullah,阿卜杜拉;

---

① 阿拉伯人的姓氏主要取自于其祖父或者曾祖父的名。

Abiad,阿比阿德;Abidin,阿比丁;Abshir,阿卜希尔;Adam,阿达姆;Adil,阿迪勒;Ahamed,艾哈迈德(意为“可赞扬的”);Ain,艾因;Aisha,艾莎;Allah,阿拉;Amir,阿米尔;Ashraf,阿什拉夫;Azhar,爱资哈尔;Aziz,阿齐兹;Bandak,班达克;Bandar,班达尔;Dalal,达拉勒;Da'ud,达乌德;Din,丁(汉译时和前面一组名字连写,不加隔点);Ebrahim,易卜拉欣;Emir,埃米尔;Fahd,法赫德;Faisal,费萨尔;Farid,法里德;Farooq,法鲁克;Fatima,法蒂玛;Hassan,哈桑;Husain,侯赛因;Imad,伊马德;Ismail,伊斯梅尔;Mansur,曼苏尔;Mujahid,穆贾希德;Nasr,纳斯尔;Nayef,纳伊夫;Qansuh,坎苏;Qasim,卡西姆;Salah,萨拉赫;Salem,萨利姆;sadam,萨达姆;Saud,沙特;Shams, 沙姆斯;Sulayman,苏莱曼(所罗门的阿拉伯语形式,意为“完美的”);Sultan,苏丹;Mhamad,马哈茂德(意为“被赞扬的”);Michaal,米沙勒;Mirza,米尔扎;Murad,穆拉德;Taj,塔杰;Umar,奥马尔;Wali,瓦利;Walid,瓦利德;Yasar,亚萨尔;Yasir,亚西尔;Yazid,耶齐德;Yusuf,优素福(约瑟的阿拉伯语形式);Zahir,查希尔;Zain,扎因;Zakariya,扎卡里亚。

(二) 以色列

以色列是一个信奉犹太教的国家,以色列基本都是犹太人,犹太人的基本特点是聪明、有生意头脑、感恩,但缺点是大多数犹太商人不大热心公益事业。我国国民政府在二战时期曾经为犹太人提供过签证便利,犹太人对此念念不忘。犹太人开设的集装箱公司 OFER 与我国的船员管理公司有良好的业务往来。

(三) 船东介绍

伊朗有国际影响的船东有Irano-Hind Shipping Company Limited, IRISL-Iran Shipping Lines, National Iranian Tanker Co, Valfajre-8 Shipping Co SA 等。

沙特阿拉伯有国际影响的船东有Al Blagha Group, Al-Hammam-Hadi H, HUAL Middle East, Marine Services-Jeddah,

NSCSA，Saudi Ports Authority 等。

土耳其有国际影响的船东有 Atun Limited，A&S，BASCO Shipping & Trdg SA，Bati Shipping & Trading SA，Bilgili Denizcilik，Dentek Technical Services，Dunya Denizcilik ve Ticaret，Ganmar Deniz ve Ticaret AS，Duzgit Vapur Hizmetleri，Grup Shipping & Trading Company Limited，Metro Shipping & Trading，OrionAsya Shipping & Trading，Orion Shipmanagement I&T，Palmali Group，Sanmar Denizcilik Makina Limited，Turkiye Denizcilik Isletmeleri，Tango M Marine Limited，Toros Denizcilik，Tuzla Shipyard，Ursa Maritime & Trading Co，Zihni Denizcilik ve Ticaret AS 等。

阿联酋在国际上有影响的船东有 Fujairah Marine Services，Abu Dhabi National Oil Co，Albwardy Marine Engineering，Al Hilal Shipping Agency LLC，Dubai Drydocks，ECOREF，Emirates Marine Services LLC，Emirates National Oil Co，ETA-Ascon Group-UAE，Gulf Oil Co LLC，Lamnalco Sharjah Limited，Nico International UAE，Olympic Gulf Tankers Company Limited，Oasis Ship Management LLC，Seabulk Offshore（Dubai），Sharaf Shipping Agency LLC，Shell Iran Offshore Limited，Intl Tanker Management Limited 等。

巴林在国际上有影响的船东有 Al Jazeera Shipping 和 Inchcape Shipping Sevices-Bahrai 等。

卡塔尔在国际上有影响的船东有 Qatar Navigation（QSC），Qatar National Navigation，Qatar Shipping Company 等。

科威特在国际上有影响的船东有 Kuwait Oil Tanker 和 United Arab Shipping Company 等。

约旦在国际上有影响的船东有 Arab Bridge Marine Company 和 Arab Ship Management Company（ASM）等。

以色列在国际上富有影响的船东有 Argo Coral Maritime

(Israel) L, Mano Maritime Limited, Zim Israel Navigation Company Limited, OFER(在塞浦路斯注册)等。

七、南亚国家

南亚国家是以巴基斯坦、缅甸、印度、泰国、斯里兰卡等为中心的国家,印度也属于南亚国家,但印度对国际航运影响很大,所以在本书中印度单独列标题论述。

南亚国家大多数人信奉佛教,少数信奉伊斯兰教。

南亚人的共同性格可以用下列词汇描述:谨小慎微、腼腆和善、多数贫困、教育匮乏。因此,作为船东除了印度一枝独秀外,南亚国家的人数很少,但是在修船中作为监理的南亚人还有一些。目前南亚船东在我国船厂造船的数量比较少,下面把比较有影响力的船东罗列一下。

孟加拉国有国际影响力的船东是 Majestic Shipping Limited。斯里兰卡有影响力的船东有 Ceyline Shipping Limited, McLarens Shipping Limited, Sri Lanka Shipping Company Limited。泰国有国际影响力的船东有 SeaLink Shipping & Chartering, Golden Arrow Marine SA, PTT Exploration & Production, Regional Container Lines, Siam Cruise Company Limited, Unithai Line Plc Limited 等。巴基斯坦有国际影响力的船东有 Eastern Sea Transport (Pvt)和 PNSC 等。

八、中国港台地区

香港 1997 年回归祖国怀抱以来,在香港特区政府的领导下,一直保持着繁荣与稳定,航运业在全球经济不景气的今天也有着突飞猛进的增长。

尽管台湾和大陆没有实现统一,但是两岸有着共同的祖先,有着相同的语言,因此生活习惯、价值观都类似,都是中华文明大家庭中的一员。多年来台湾船东和大陆合作很好,台湾集装箱船东长荣海运等均在大陆船厂有造船，因此即便航运经济不景气，台湾船东仍然是大陆船厂重点联络的客户。

香港地区有国际影响的船东很多，比如：Anglo-Eastern Ship Manag-ement Limited，Barber Ship Management - Hong Kong，Chellaram Shipping（HK）Ltd，Hong Kong Ming Wah，China Navigation（HK），COSCO（HK）Shipping Company Limited，CSAV（Hong Kong），Eurasia Group of Companies，Exmar Kosan，Hongkong & Yaumati Ferry，Fleet Management Ltd，Gearbulk AG-Hong Kong，Gurkha International Manpower，Hongkong Salvage & Towage，McRink Surveyors Company Limited，Arbross Ship Management Company Limited，OOCL，OSM Maritime Services Ltd，Park Island Transport Company Limited，Santana Shipping Services Ltd，South China Towing Company Limited，Sunscot & Company Limited，Univan Ship Management-Hong Kong，Vermilion Overseas -VOM，Wallem Shipmanagement-HK，Worlder Shipping Ltd，等等。

台湾地区有国际影响的船东有 Chinese Petroleum Corp，China Steel Corp，Evergreen Marine-Taiwan，U-Ming Marine Transport Corp，Hsin Chien Marine Company Limited，Ta-Ho Maritime Corp，Uniglory Marine Corp，Wan Hai Lines Limited，Yangming Marine Transport 等。

第四节 美洲地域船东较多的国家简介

Brief Introductions to the America's Nationalities Which Most Shipowners Are From

一、美国与加拿大

美国，全称美利坚合众国（The United States of America），是由华盛顿哥伦比亚特区、50 个州、波多黎各自由联邦及关岛等众多海外领土组成的联邦共和立宪制国家。其主体部分位于北美洲中部，通用英语，是一个移民国家。

如果用词汇形容美国和美国人，达成共识的一定有：开放发达、上帝选民、民主自由、三权分立、纳税意识、热情奔放、霸权主义、国际警察、追求个性、思想独立、各州独立、炫耀国旗。

笔者对美国人的感知就是与北欧人刚好相反的性格，他们外表热情，如果你刚刚认识一个美国人，你肯定不会尴尬，他们的热情马上就能感染你，仿佛一见如故，临道别还跟你说，“Give me a call”（给我打电话），但是你真的走进他们的生活他们会躲闪你，觉得你干扰了他们的生活。

还是那个对于丢失一美元的调查，征集典型美国人的反应，最多的答案是，他们会打电话给警察，说：“I am a tax payer，sir. Now I lost one dollar. Please help me with investigation. This is my phone number. Please call me if you find it. Thanks.”（我是纳税人，现在我丢了一美元，请协助我调查，这是我的电话，如果你发现了请给我打电话，谢谢！）

从这个例子说明美国人非常强调权利，非常强调自我价值，把民主权利利用到极至。

目前美国的船东在全球有影响力的很少，20 世纪 80 年代的美国总统轮船公司重组并到新加坡注册，但是目前由于没有拟开采本国石油，其海洋工程建设需要全世界著名船厂的参与。

加拿大人的个性特征与美国极其相似，但是没有美国那样开放和热情奔放，其本身是英联邦国家，还有一些英联邦的特征，这就是为什么加拿大人有开放和保守的一面的原因。与美国相比，加拿大对航运业更重视，航运业更加发达。

加拿大很多船东比如 OOCL（Canada），Gearbulk Shipping Canada 都是国外大航运公司在加拿大建立的子公司。其有国际影响力的船东包括：British Columbia Ferry Service，Atlantic Cont Line Canada，Algoma Central Marine，Atlantic Towing

Limited, Canship Limited, Canship Ugland Limited, CP Ships Inc, Canada Steamship Lines Inc, Elevateurs des Trois-Rivieres, Fednav International, Gearbulk Shipping Canada, Great Circle Marine Svcs Inc, Verreault Navigation, Ocean Group Inc, Husky Energy Inc, Imperial Oil, Island Tug & Barge Limited, Kent Line Limited, Kent Line International Limited, Marine Atlantic Inc, Secunda Marine Services, Paterson & Sons, NM, McAsphalt Marine Transport, North America Steamships Limited, Northumberland Ferries Limited, Northern Transportation, Oceanex 1997 Inc, OOCL (Canada), Pacific Commerce Line Inc, Hathorn Marine Personnel, Provmar Fuels Inc, Purvis Marine Limited, Seaboard International, Seaspan International, Teekay Shipping (Canada), Trans Hex International Limited, Laval Universite, Valles Steamship Canada, V Ships Canada Inc, Seaspan Ship Management, Kingcome Navigation Company Limited,等等。

二、拉丁美洲

我们通常说到拉丁美洲包括广义和狭义的拉丁美洲。狭义的拉丁美洲就是中美洲，广义的拉丁美洲指凡是说拉丁语的美洲国家。什么是拉丁语(Latin)？拉丁语是欧洲的一种古老语言，目前已经消亡，现在只在教会中使用，但是拉丁语有四个派生语言，分别是法语(French)、意大利语(Italian)、西班牙语(Spanish)、葡萄牙语(Portuguese)。目前中美洲和南美洲的国家大多数都说西班牙语，有少数说葡萄牙语，因此被称为拉丁美洲。中美洲国家是指墨西哥以南、哥伦比亚以北的美洲大陆中部地区。其东临加勒比海，西濒太平洋，是连接南美洲和北美洲的狭长陆地，包括危地马拉、伯利兹、萨尔瓦多、洪都拉斯、尼加拉瓜、哥斯达黎加和巴拿马等 7 个国家。南美洲国家联盟包括南美大陆上的国家，有玻利维亚、哥伦比亚、厄瓜多尔、秘鲁、阿根廷、巴西、乌拉圭、巴拉圭、委内瑞拉、智利、圭亚那、苏里南。在南美洲，除了巴西说葡萄牙语、圭亚那官方语言是英语、苏里南官方语言是荷兰语外，其余国家都说西班牙语。

拉丁美洲地区和人的个性可以用下列词语描述：交朋友、乐天派、贫民窟、热烈狂欢、忧伤歌曲、苍天山鹰、自然风光、丛林蟒蛇、足球天堂。

拉丁美洲近年来经济崛起，特别是南美洲的航运界发展很快，我国北方某造船厂已经成功为巴西航运企业建造了一艘船。而且南美人与朋友做生意不大算经济账，只要朋友高兴他们甚至可以做赔本买卖。笔者在瑞典期间就得到过南美人的帮助，他们周末邀请笔者踢足球，几乎男女老少都会踢足球，且脚法相当精准。和南美人交朋友，他们可能因为朋友邀请赴约，工作都可以放下不做。

巴西国际著名船东如下：Alianca Navegacao e Logistica，Alianca Ltda，Navegacao，Argos Navegacao SA，Astromaritima Navegacao SA，Transocean Brasil Ltda，Docenave，ENASA - Empresa Nav Amazonia，ENAVI - Reparos Navais Ltda，FLUMAR，Frank Shipbrokers Ltda，Gearbulk Maritima Ltda，LIBRA - Cia Libra de Navegacao，PETROBRAS - Petroleo Brasil SA，Sulnorte Servicos，Maritimos，Sobrare-Servemar SA，Saveiros Camuyrano，等等。

智利国际著名船东如下：Cruceros Australis SA，CCNI - Chilena Interoceanica，CSAV，Gearbulk Chile Limited，NAVIMAG - Naviera Magallanes S，SAAM，Southern Ship Management Chile Limited，等等。

墨西哥国际著名船东有 CEMEX SA de CV 和 TMM SA de CV 等。

阿根廷国际著名船东如下：Maruba，Frank Shipbrokers-Argentina，Shell-Argentina，J E Turnery Cia，等等。

巴哈马国际著名船东如下：Clipper Group (Management)

Ltd, Regal Cruises Ltd, Shell Bahamas Ltd,等等。

厄瓜多尔国际著名船东有Ecuador Inst Oceanogrfico 和 Marglobal-Guayaquil 等。

委内瑞拉国际著名船东有Atlas Shipping Group 等。

古巴国际著名船东有Melfi Marine Corp SA 和 Coral Container Lines SA 等。

秘鲁国际著名船东有Sercomar Agencias 和 Zeus Maritime Srl 等。

第五节　大洋洲地域船东较多的国家简介

Brief Introductions to the Oceania's Nationalities Which Most Shipowners Are From

一、澳大利亚

澳大利亚(Australia),全称为澳大利亚联邦(The Commonwealth of Australia),是一个英联邦旗下的发达资本主义国家。澳大利亚一词,意即“南方大陆”,欧洲人在 17 世纪初叶发现这块大陆时,误以为是一块直通南极的陆地,故取名“澳大利亚”,Australia 一词由拉丁文 terraaustralis (南方的土地)变化而来。澳大利亚四面环海,是世界上唯一一个国土覆盖整个大陆的国家,拥有很多自己特有的动植物和自然景观。澳大利亚是一个移民国家,奉行多元文化。

澳大利亚人的性格特征有与美国人相似的一面,即爽快、开朗、喜交谈、易接近、讲平等,也有与英国人相似的一面,即严谨务实、认真挑剔,女性较为保守、友好善良、同情老弱、怜爱小孩、乐于助人;也有自己独特的一面,比如,农业国的小农意识,国际交往中不大气,国际事务跟随美国,对外交往经常是事不关己,高高挂起,等等。

笔者学校的外籍教师中澳大利亚人非常多，和他们交往的感受是非常严谨，有时甚至到挑剔的程度，为人比美国人更善良，有一说一，非常直爽，比其他西方人更喜欢中国人，由于是农业国，处事略有小家子气。

澳大利亚全球著名的船东很多，目前没有听说与中国船舶工业有接触，应该是中国船舶工业的潜在市场。以下是澳大利亚的著名船东：Adsteam Marine Ltd，ASP Ship Management Pty Ltd，Austal Ships Pty Ltd，Coral Princess Cruises，Australia Govt (CSIRO)，Gearbulk Australasia Pty Ltd，Patrick Sleigh Shipping-Sydney，Inchcape Shipping Svcs，Marine Manning Agency Pty Ltd，Newcastle Port Corp，Ocean Frontiers Pty Ltd，Oceangas Services-Australia，Origin Energy Ltd，Paspaley Pearling Co Pty Ltd，Perkins Shipping Pty Ltd，P&O Australia Ltd，P&O Maritime Services，P&O Polar Australia Pty，Quicksilver Connections，Kangaroo Island Sealink，Sea Swift Pty Ltd，Shell Co of Australia Ltd，Stolt-Nielsen Trans Group，Total Marine Services Pty Ltd，TT Line Co Pty Ltd，Western Bulk Carriers - Australi，Oesterreichischer Lloyd，Seaarland Shipping Management，等等。

二、新西兰

New Zealand(中国大陆翻译成“新西兰”，即意译与音译相结合，而港台则采用音译，翻译成“纽西兰”)是一个英联邦旗下的资本主义国家，政治体制实行君主立宪制混合英国式议会民主制。

新西兰位于太平洋西南部，领土由南岛、北岛两大岛屿组成，以库克海峡分隔，南岛邻近南极洲，北岛与斐济及汤加相望。首都惠灵顿以及最大城市奥克兰均位于北岛。

新西兰是大洋洲最美丽的国家之一，总计约有 30%的国土为保护区，拥有 3 项世界遗产、14 个国家公园、3 个海洋公园、数百个自然保护区和生态区。

新西兰人的性格特征与澳大利亚人基本相似。此外新西兰的治安非常好，能够实现“路不拾遗，夜不闭户”。但是新西兰人时间观念很差，比较懒散，这一点明显不如澳大利亚人。

新西兰船东的数量没有澳大利亚多，规模也比较小，目前和中国的船舶工业没有接触，属于潜在的客户。下列是新西兰有国际影响力的船东：Silver Fern Shipping Limited，Lyttelton Port Company Limited，Neptune Shipping Agency，Seaworks Limited，Shell（New Zealand），Shell Todd Oil Services，Sofrana Unilines New Zealand Limited，Strait Shipping Limited，Tasman Orient Line，Tranz Rail Limited，等等。

第二篇 国际海事组织与船旗国监督

International Maritime Organization and Flag State Control

本篇有助于造(修)船人了解船舶的娘家(即船旗国)对船舶的监管方式,以及国际海事组织对所有国家的监管、信息颁布方式。

本篇设计的目的是向造船和修船人士解释自国际海事组织到船舶的监管层次,并介绍国际海事组织的运行情况和主要船旗国对船舶监督涉及的部门。

本篇包括两大章,分别是第四章“国际海事组织简介”和第五章“船旗国监督”。

第四章　国际海事组织简介

Brief Introductions to International Maritime Organization

本章主要介绍国际海事组织(International Maritime Organization, IMO)的职能、信息发布渠道和监管模式。

国际海事组织是造船与修船界人士必须了解的组织。本章通过对国际海事组织的介绍使得上述人员知晓造船与修船质量保证的重要性,其不仅仅关乎造船或者修船行业的存在与发展,从大处讲还关乎所在船旗国的形象及社会舆论。

本章包含三节:第一节"国际海事组织的历史";第二节"国际海事组织的机构";第三节"与造(修)船相关的主要海事公约简介"。

第一节　国际海事组织的历史

History of the IMO

国际海事组织(International Maritime Organization, IMO)是联合国下属的海运事务代理机构,总部设在伦敦。

国际海事组织前身是政府间海事协商组织(Intergovernmental Maritime Consultative Organization, IMCO)。二次世界大战后,战胜国一方成立了联合国(The United Nations, UN),联合国认识到需要一个专门机构协调海运方面的事务。1948 年 2 月 9 日,联合国在日内瓦召开海事大会,经过将近一个月的探讨,于 3 月 6 日通过了"政府间海事协商组织公约"。当时的组织不是像现在这样强制性非常大，而是靠协调与协商，因此当时用协商(consultative)的字样。

根据当时的规定，公约的准备期是10年，其中很多事务导致该组织建设中断，因此该公约最终于1958年3月17日才生效，组织正式成立于政府间海事协商组织第一次大会，即1959年1月6日。

此后政府间海事协商组织在海运界发挥的作用越来越大，1982年5月22日，根据政府间海事协商组织修正案，其正式更名为“国际海事组织”。目前国际海事组织已经有170多个会员国。

该组织的宗旨为促进各国间的航运技术合作，鼓励各国在促进海上安全、提高船舶航行效率、防止和控制船舶对海洋污染方面采取统一的标准，处理有关的法律问题。

第二节　国际海事组织的机构
Liaison Offices, Organizations and Committees in the IMO

国际海事组织的组织机构非常复杂，有大有小，有执行的也有技术咨询的。从大的来说，主要是国际海事组织大会(IMO Assembly)，国际海事组织理事会(Council)，海上安全委员会(Maritime Safety Committee, MSC)，海洋环境保护委员会(Marine Environmental Protection Committee, MEPC)。

一、国际海事组织大会

国际海事组织大会是国际海事组织的最高权力机构，打个不恰当的比方，该组织相当于我国的人民代表大会，人民代表大会定期召开并在会上通过重要国策，而国际海事组织大会每两年召开一次，所有的重要事务也需要在会上讨论，并由大会投票。

内容主要涉及批准工作计划、对财政预算进行投票、决定国际资金花费安排，并选出理事会。

国际海事组织开会非常有规律性，自 1959 年起每两年开一次大会，也就是说开会时间都在奇数年。

其开会的届数和年份有下列推算关系式：

开会年份＝1959＋(届数－1)×2

比如第 29 届大会，按此公式计算会议在 2015 年召开。会议通常都是最后一个季度召开，大约在 10 月以后。

二、国际海事组织理事会

如果还用我国的国体与其类比，理事会类似于我国的人民代表大会常务委员会，我国的人民代表大会选举产生常委会，并由常委会选举产生委员长、副委员长，而同样，国际海事组织理事会也是由国际海事组织大会选举产生的。

理事会是国际海事组织的执行机构，在国际海事组织的领导下，理事会负责监督国际海事组织的工作。

我们必须先解释一下《国际海事组织公约》的性质才能说清楚理事会的作用。《国际海事组织公约》是架构式文件，近年来国际海事组织机构调整、职能重新划分的“宪章”就是它，其中第 15 条(j)款赋予理事会在海事安全、防止污染等问题方面向各个国际海事组织缔约国提出建议的职责。此外，理事会还有其“宪章”所赋予的下列职责：协调国际海事组织大会的各个机构活动；制定国际海事组织工作初步计划和财政预算并提交给国际海事组织大会审议；接受各个分委员会和其他机构的报告和提案并提交给国际海事组织大会和成员国；如果国际海事组织大会需要作出解释，则需要在会上提出说明；提名秘书长并提请国际海事组织大会批准。

理事会同时又选举出不同类别的理事国，通常分三类，分别是 A 类理事国、B 类理事国、C 类理事国。

A 类理事国的等级最高，它由 10 个和航运关联最大的国家构成。比如近年来当选的国家,中国、希腊、意大利、日本、挪威、巴拿马、韩国、俄罗斯、英国、美国,分别在船员输出、航运市场、造船、大量进出口贸易、船舶注册等方面对世界产生深刻的影响。

三、海上安全委员会

海上安全委员会,简称海安会,是国际海事组织最高的技术实体,它与理事会的不同在于,理事会未包括国际海事组织全体成员,而海安会是由国际海事组织全体成员组成的。海安会的职能是考虑国际海事组织相关业务方面的技术问题,比如:助航设施、船舶建造、设备安全、船舶安全配员、海上避碰规则、危险品装卸及运输、海事安全程序和要求、水文资料和信息、船舶航行日志填写要求、海事调查要求、救助和打捞及海事安全相关事务。

近年来海安会的开会规律是两年开 3 届,如 2012 年开了第 89 届和第 90 届,2013 年开了第 91 届。

海安会由各个缔约国派出的专家组成,所有的技术细节在海安会充分酝酿然后提交给国际海事组织大会通过。也有非常多的技术性的文件未经过国际海事组织大会通过而直接以通函的方式向全世界发布。

四、海洋环境保护委员会

海洋环境保护委员会和海安会一样,包括所有成员国。国际海事组织授权该委员会考虑防止和控制船舶造成污染的问题,特别是对《MARPOL 73/78 公约》(英文全称是 *The protocol of* 1978 *to the international convention for pollution of prevention from ships*,1973,中文全称是《经过 1978 年修正的 1973 年防止船舶造成海洋污染国际公约》)进行附则修正负责。开会时,各缔约国也派出由防污染专家组成的人员参加其会议。重大决议需要经过国际海事组织大会通过,也有海洋环境保护委员会以通函方式发布的文件。

海洋环境保护委员会近年来开会也是两年3届，比如2010年召开第60届和第61届，2011年召开第62届，2012年召开第63届和第64届，2013年召开第65届，2014年召开第66届和第67届。

五、国际海事组织秘书处

国际海事组织秘书处主要是为国际海事组织秘书长推进日常工作事务的机构。目前包括秘书长在内共有300多人的庞大队伍，总部和国际海事组织一样设在伦敦。从成立开始，历任秘书长有：丹麦人尼尔森(Ove Nielsen)，任期1959—1961年；英国人戈罕(William Graham)，任期1961—1963年；法国人鲁勒(Jean Roullier)，任期1964—1967年；英国人歌德(Colin Goad)，任期1968—1973年；印度人斯瑞瓦斯蒂瓦(Chandrika Prasad Strivastava)，任期1974—1989年；加拿大人奥尼尔(William A. O' Neil)，任期1990—2003年；希腊人米特罗普洛斯(Efthimios E. Mitropoulos)，任期2004—2011年。目前的秘书长是日本人关水康司(Koji Sekimizu)，由2012年上任至现在。

秘书处是非常重要的机构，原因是其他机构都无法做到日常工作，只是在相关时间段内进行工作，而秘书处可以保证维持日常工作。

六、三个独立委员会

三个独立委员会是Legal Committee(法律委员会)、Technical Cooperation Committee(技术合作委员会)、Facilitation Committee(便利委员会)。

法律委员会的职能是在国际海事组织的授权下处理相关的法律事务。该委员会由国际海事组织所有成员组成。最初该组织成立是为了处理1967年3月18利比里亚籍船Torrey Canyon(托利卡尼翁)在康沃尔郡锡利群岛触礁搁浅，船体发生断裂，3 800万加仑原油泄露，然后出现很多的法律问题，政府间海事协商委员会成立该委员会并处理彼此间的法律纠纷。处理完毕后，政府间海事协商组织发现该委员会对处理海事方面多国法律纠纷有协调作用，故该组织一直运行至今。

技术合作委员会顾名思义，是考虑在国际海事组织范围内技术合作问题的组织，该机构成立于 1969 年，在 1984 年生效的《国际海事组织公约》的主旨下成为一个独立机构。

便利委员会于 1972 年 5 月成立，最初是理事会的一个分委员会，根据《国际海事组织公约》修正案，该委员会自 1988 年起变成国际海事组织内的独立委员会。该委员会的目标就是简化通航中各国家间存在的不同的繁琐手续。该委员会既要平衡由于海上安保需要而必须有的手续，同时又要实现国家间顺利贸易的需要。

七、海安会和环境保护委员会下设的分委员会

Sub-committee on Human Element, Training and Watchkeeping (HTW，即人为因素、培训、值班分委员会)。2013 年改为 Standards of Training and Watchkeeping (STW，即培训和值班标准委员会)，主要研究人为因素，比如疲劳、判断失误导致的事故和预防，以及 *International Convention on Standards of Training, Certification, and Watchkeeping for Seafarers* (STCW，即《海员培训、发证、值班标准国际公约》)修正案相关问题。

Sub-Committee on Navigation, Communications and Search and Rescue (NC-SR，即航行、通信和搜救分委员会)。该委员会在 2013 年以前由两个分委员会 Radio-communications and Search and Rescue (COMSAR，即无线电通信和搜救委员会)和 Safety of Navigation (NAV，即航行安全委员会)组成，主要研究海上航行问题和通信问题。

Sub-Committee on Implementation of IMO Instruments (III，即国际海事组织文件履约委员会)。

Sub-Committee on Pollution Prevention and Response

(PPR,即防止污染和污染响应委员会)。该委员会将 2013 年以前的 Bulk Liquilds and Gases (BLG,即散装液体和气体委员会)和 Carriage of Dangerous Goods, Solid Cargoes and Containers (DSC,即危险品、固体、集装箱运输委员会)等分委员会中防止污染相关的问题归一,专门研究防止污染问题。

Sub-Committee on Carriage of Cargoes and Containers (CCC,即货物和集装箱运输分委员会)。2013 年以前该委员会是 Carriage of Dangerous Goods, Solid Cargoes and Containers (DSC,即危险品、固体货物和集装箱运输分委员会),后把其中危险品可能导致污染和污染防止问题划给 PPR。

Sub-Committee on Ship Systems and Equipment (SSE,即船舶系统和设备分委员会)。该委员会是 2013 年以后成立的新委员会,其中消防设备规范业务来自于 2013 年以前的 Fire Protection (FP,即消防分委员会)和 Ship's Design and Equipment (SDE,即船舶设计和设备分委员会)。

Sub-Committee on Ship Design and Construction (SDC,即船舶设计和建造分委员会)。该委员会也是 2013 年以后成立的新委员会,该委员会来自于 Ship's Design and Equipment (SDE,即船舶设计和设备分委员会)和 Stability and Loadlines and Fishing Vessels Safety (SLF,即稳性、载重线、渔船安全委员会)。

从造船者的角度来说,后两个分委员会与造船业关联最大。

第三节　与造(修)船相关的主要海事公约简介

Brief Introductions to the International Maritime Conventions Concerning Shipbuilding and Shiprepair

国际海事公约种类非常繁多,每个公约都有自己的主旨,但是绝大多数公约与船舶安全航行操作相关,比如说《国际海上避碰规则》等，作为造（修）船人员不必全部了解。这里只选取与造（修）船行业关联最大的公约来介绍。

一、国际海上人命安全公约

《国际海上人命安全公约》（*The International Convention for the Safety of Life at Sea* ）即《SOLAS公约》，该公约首次起草是由于1912年4月14日泰坦尼克号在北大西洋沉没，1 502名旅客和船员遇难，该海难震惊了西方世界，英国很快就邀请其他国家一起研究，并于1914年1月20日签署了第一个Safety of Life at Sea（海上人命安全）的公约，由于当时不是国际承认的公约，所以前面没有加International Convention。因第一次世界大战，该公约的推广被搁置，直到1929年该公约才得到第一次重大修正，而此后又经历了第二次世界大战，直到1948才得以修正。1959年第一届政府间海事协商组织开会，该公约借助于该组织得到推广，于是有了1960年重大修正案、1974年重大修正案、1988年修正案、2002年修正案、2009年修正案。

公约主要章节如下：

Chapter I　General Provisions

第I章　总则

Chapter II－1 Construction－Structure and Stability，Machinery and Electrical Installation

第II－1章　构造——船舶结构、分舱、稳性、机电设备

Chapter II－2 Construction－Fire Protection，Fire Detection and Fire Extinction

第II－2章　构造——防火、探火、灭火

Chapter III Life-saving Appliances and Arrangements

第III章　救生设备与装置

Chapter IV Radiocommunications

第IV章　无线电

Chapter V Safety of Navigation

第 V 章　航行安全

Chapter VI Carriage of Cargoes and Oil Fuels

第 VI 章　货物和燃油装载

Chapter VII Carriage of Dangerous Goods

第 VII 章　携载危险品

Chapter VIII Nuclear Ships

第 VIII 章　核动力船

Chapter IX Management for the Safe Operation of Ships

第 IX 章　船舶安全营运管理

Chapter X Safety Measures for High Speed Craft

第 X 章　高速船安全措施

Chapter XI Special Measures on Enhance Maritime Safety

第 XI 章　加强海事安全特殊措施

Chapter XII Additional Safety Measures for Bulk Carriers

第 XII 章　散货船附加措施

该公约各个章节都与船舶建造与维修相关，但是关系最大的是第 II 章、第 III 章

二、1966 年国际载重线公约

该公约前身是 1835 年 Lloyd's Register of Shipping（劳埃德船级社）提出的舱深和干舷 1∶3 建议。这个简单算法当时称为 Lloyd's Rules（劳埃德规则），1867 年英国造船协会向英国贸易部报告，强调经过实践后总结出了经验公式，干舷高度等于船总长减去船宽再除以 32。1870 年随着"轻甲板船"出现，船舶按照原来公式计算已经无法满足需要，因此 1882 年劳埃德又提出新的干舷表，得到了英国贸易部认同，并于 1886 年以 Notices to Surveyors（验船师须知）公布此表，而 1904 年德国也制定其干舷标准，这样一来各个国家不统一，对于国际航行船舶而言执行标准成了问题。

1913年欧洲不少业内人士呼吁召开国际会议制定统一的规则，随后爆发第一次世界大战和经济大萧条。直到1930年5月4日第一次相关会议在伦敦召开，形成第一个*1930 International Loadline Convention*（《1930年国际载重线公约》），但是该公约生效需要一个长期的过程，经过长期努力，1966年4月5日该公约才签署，并于1968年7月21日生效。我国自1973年10月5日正式加入该公约，因此我国造（修）船必须遵守该公约。

三、1969年国际吨位丈量公约

有关吨位丈量问题早在13世纪就出现了，欧洲用酒桶、油桶、拉斯特、BOM（bill of material，即按照货物清单推测载货量）等丈量法。由于全球对船舶吨位丈量不统一，导致船东和港口、货主、运河当局等方面经常由于货物吨位问题发生争执。为了统一标准，政府间海事协商组织于1969年5月27日召集开会，当时有48个国家参与，巴拿马运河当局主管政府也列席会议。最后大家就吨位丈量达成一致意见，中心思想是：设立总吨和净吨，总吨根据容积算，净吨根据排水量算，吨位丈量不能影响船舶设计，不能使船舶的构造在安全和效用方面有所损减；吨位丈量尽可能简单，最好在船舶设计时就可以做，能够在图纸上进行，这样可以预知船舶的运载能力，使船舶安全性能不受影响。在吨位丈量时应该使用简便的方法，让船东、造船业者、港口、主管机关都能接受。应考虑不同船舶种类和船舶的航区，以及气候，比如夏季、冬季载重线的区别；要体现出开式和闭式遮蔽甲板，换算方法应该简单。根据该主导原则，经过充分酝酿，形成*1969 International Tonnage Measurement Convention*（《1969年国际吨位丈量公约》），并于1969年6月23日在政府间海事协商组织第6届大会上通过，目前该公约已经生效，我国已经批准该公约，因此造船行业必须遵守该公约。

四、国际防止船舶造成污染公约

随着工业化的发展，石油的需求量在增加，海上石油运输增加，随之而来的是海上油船事故的增加，1926年“防止石油污染会议”在美国华盛顿召开，提出防止船舶燃料污染的规定。1934年，一些国家提出全面禁止沿岸水域污染的要求。1954年，第一次国际防止油污会议在英国伦敦召开，并制定了 *International Convention for Prevention of Pollution by Oil*（《国际防止油类污染公约》，简称OILPOL），该公约在1973年被政府间海事协商组织采用，并重新制定变成了《MARPOL公约》，但是在该公约并没有完全生效的情况下，1978年2月，政府间海事协商组织召开了油船安全和防止污染的国际会议，通过了1978年议定书。因此，该公约两项并提，就是《MARPOL 73/78公约》，该公约有6个附则：

Annex I Regulations for Prevention of Pollution by Oil

附则I 防止油类污染规则

Annex II Regulations for the Control of Pollution by Noxious Liquid Substances in Bulk

附则II 控制有毒物质污染规则

Annex III Regulations for Prevention of Pollution by Harmful Substances Carried by Sea in Packaged Form

附则III 防止海运包装有害物质污染规则

Annex IV Regulations for the Prevention of Pollution by Sewage from Ships

附则IV 防止船舶生活污水污染规则

Annex V Regulations for the Prevention of Pollution by Garbage from Ships

附则V 防止船舶垃圾污染规则

Annex VI Regulations for Prevention of Pollution by Air Pollution from Ships

附则 VI 防止船舶造成大气污染规则

该公约大多数内容与造船没有关系，但是，对于防止污染设备而言，比如油水分离器(oily water separator)、生活污水处理装置(sewage treatment plant)、废气处理装置(flue gas treatment plant)等设备，总体规范必须符合该公约标准。

第五章　船旗国监督
Flag State Control

本章旨在让造船与修船人员认识到船旗国监督的重要性。船旗国的有效监督客观上促使所有船东，当然也包括只追求利益而不管船舶安全的船东加强对船舶的监督与管理。本章给出了船旗国管理的模式。

船旗国对所在国内的船舶监管形式与重视程度各不相同，部门设计也大有不同。通过对一些典型的船旗国监督体系的介绍，使造船或者修船业内人士更加全面地了解船旗国监督，为将来造船与修船业务向国际市场拓展做准备。

本章包括四节：第一节“船旗国监督的作用”；第二节“船旗国监督有关造船的法规”；第三节“主要船旗国的船旗国监督简介”；第四节“开放注册国的船旗国监督简介”。

第一节　船旗国监督的作用
Roles of Flag State Control

船旗国监督来自于英语 Flag State Control (FSC)的意译，是对船舶进行监督管理的一种模式。船舶通常在造船时就选择了船级社，同时也就选择了船旗国。除了少数方便旗国家外，大多数国家不接受外籍船级社的船，比如中国船级社的船舶的船籍是中国，主管机关是中国海事局。

船旗国对船舶监督有很多的方式，我们统称为船旗国监督，比如说船舶在造船时就植入船旗国主管的格式化，造船标准必须采用本国的国家标准。当然这些标准必须与国际标准是对接的，但是有国内特色，比如中国的船舶如果航行在中国内水，其载重线上的标志基本是中文拼音字母，载重线圈上标记的 ZC 是“中船”的拼音首字母，而国际航行船舶刻在载重线圈上是 CS 是“中国船级社”(China Classification Society)的缩写；“R”是“热”的拼音首字母，国际航线则用“T”即 tropical 的首字母；RQ 取自于“热轻”的拼音首字母，如果是国际航线，则用 TF 即 tropical freshwater 的首字母，指的是热带淡水载重线；X 是“夏”的拼音首字母，而国际航行船则用 S 即 summer 的首字母，代表的是夏季载重线；D 是“冬”的拼音首字母，国际航行船舶则用 W，是 winter 的首字母，代表冬季载重线；BDD 是“北大冬”的拼音首字母，而国际航行船舶则用 WNA 即 Winter North Atlantic 的首字母，表示北大西洋冬季载重线。显然中国籍国内航线的船舶必须符合中国的规范，应以拼音表达而不是英语表达的方式。同样国内造船必须首先满足我国的造船标准，尽管我国标准与外国标准不相悖，但是有中国特色，体现出国家监督的烙印。此外中国的标准都是以 GB 开头，就是“国标”拼音首字母组合。而其他国家也首先执行本国的标准：美国的 ANSI(American National Standard Institute，即美国国家标准协会)标准；匈牙利的 MSZ(Magyar Szabvanyugyi Hivatal，即匈牙利国家标准协会)标准；澳大利亚的 SAA(Standards Associations of Australia，即澳大利亚国家标准协会)标准；荷兰的 NEN(Nederlands Normalistie-Institut，即荷兰国家标准协会)标准；英国的 BS(British Standards Institute，即英国国家标准协会)标准；法国的 NF 或者 AFNOR(Association Francaise de Normalisation，即法国国家标准协会)标准；加拿大的 CSA(Canadian Standards Association，即加拿大国家标准协会)标准；挪威的 NSN(Norges Standardiseringforbund Norway，即挪威国家标准协会)标准；捷克的 CSN (Ceskoslovenskych Statnich Norem，即捷克国家标准协会)标准；新西兰的 NZS(Standards Association of New Zealand，即新西兰国家标准协会)标准;德国的 DIN(Deutscher Normenausschuss,即德国国家标准协会)标准;奥地利的 ONORM(Osterreichischer Norm-Ungsi-nstitute,即奥地利国家标准协会)标准;丹麦的 DS(Dansk Standardiseringsraad,即丹麦国家标准协会)标准;南非的 SABS(South African Bureau of Standards,即南非国家标准协会)标准;瑞典的 SMS(Sveriges Mekanforbunds Standardcentral,即瑞典国家标准协会)标准;印度的 ISI(Indian Standards Institution,即印度国家标准协会)标准;意大利的 UNI(Ente Nazionale Italiano di Uniticazione,即意大利国家标准协会)标准;日本的 JIS (Japanese Industrial Standards,即日本国家标准协会)标准;西班牙的 UNE(Instituo Nacional de Racionalization Normalization,即西班牙国家标准协会)标准。尽管标准之间都不与国际标准化组织相悖,但有本国特征,比如在载重线和水尺涂装方面,英国、美国、澳大利亚、加拿大等英联邦国家或者曾经是英国统治的国家都采用英制,即吃水线用英尺或者英寸勘划,衡量吨位可以用长吨或者短吨,一节长度是25 米(公制 27.5 米),而法国则一定要用公制,因此不同国家在进行管理时都有各个国家监管的烙印。

第二节　船旗国监督有关造船的法规
Rules of Flag State Control Concerning Shipbuilding

船旗国监督中有关造船的法规有四种情形:第一种是建立与健全了相关的法规,比如澳大利亚;第二种是认可本国船级社的规范,比如说英国;第三种情况就是没有国家统一的完整的法规,相关规定分散在不同的法规中;第四种就是没有造船与修船相关的法规。

第一种情形体现了对造船业的重视。当然这必须要做大量的工作,将所有的现行生效的国际和国内法规进行拆解,并按照造船和修船的思路进行重新组合,这无疑是一个庞大的系统工程。严格地说澳大利亚海事局也不是专门针对海事法规或专门针对造船和修船，而是对公约进行拆解，保证从所有角度查阅规范都不会有遗漏的条款和内容。比如造船业内人士要查阅“设计和建造”，目录中显示 PART C 部分，而船东和船员管理公司要查阅“船员规范”，目录中显示 PART D 部分，这些目录下还有更细的分级目录。

第二种就是如英国 MCA（海事局和海岸警卫队）的模式，他们不出台造船法规，但是只要劳氏船级社出台规范后他们会以 Notice（须知）方式向其监管的船舶发布。其主要原因就是他们拥有一个全球最早的船级社，由该船级社出成果、出标准、出经验。

第三种就是本国出台零散的与造船相关的规范和须知，不构成统一的造船法典式的法规。这样的国家占绝大多数，我国也是其中之一。我国对造船的约束还以通告的方式发给在国内注册的造船企业。我国造船系统中参照的规范有以下标准：中国国家标准体系，都是以 GB 开头的，这样的标准虽然不违背国际标准，但是有中国特色，体现了中国文化，也是我国造船企业要首先遵守的规范；国际标准化组织（ISO）相关规范，如有关企业运作（ISO 9001）、有关环境管理体系（ISO 14001）、有关质量认证（ISO 18000）、职业安全卫生体系（OHSAS 18001）、信息安全体系认证（ISO 27001）、测量管理体系（ISO 10012）等；国际电工协会（IEC）的很多标准，如电缆使用与铺设等等；相关国际海事公约，如《SOLAS 公约》《MARPOL 73/78 公约》及根据这些海事公约国内出台的系列配套法规。此外，目前国内造船业通常会参照中国船级社的《造船规范》，因为我国造船业建造的船舶多数是中国船级社旗下的船舶。

第四种就是无本国造船和修船规范的，比如大多数方便旗国家，其海事法规相对比较松散，那些国家通常也无造船业。

在执行规范时，建议造船和修船业内人士可以经常看看国际船级社协会（IACS）的推荐信息，中国船级社造船规范执行的就是该协会的"船舶建造规范"。

如果我们把造船规范按内容拆解，包括下列内容：

第一是船体方面的，这些规范大多来自于《国际海上人命安全公约》，内容非常繁多，比如钢板的厚度、舱室的分隔、稳性等，也涉及其他公约，比如《海事劳工公约》，其中对船员舱室包括舱高、床铺、照明灯等都有详细的规定，尽管该法规是给船员看的，但造船业内人士在设计船舶舱室时必须要参照本公约。

第二是稳性方面的，这些规范多来自于《国际海上人命安全公约》《1966 年国际载重线公约 1988 年议定书》《1969 年国际吨位丈量公约》的内容。

第三是设备方面的，其规范来自于好几个公约，比如要安装防污染设备，必须遵照《MARPOL 73/78 公约》的规范，生活污水排放处理设备和油水分离器设备必须符合该公约的附则规定。通信设备的配备必须符合《国际海上人命安全公约》1988 年修正案第四章的所有要求，再比如船上安保设备的配置必须符合该公约《国际船舶和港口设施保安规则》的条款规范，有效地设计船舶保安报警设施的手控触发点，按照标准设计报警回路和设备等。

第四是船舶的安全系统，这里的安全系统最主要的就是救生设备和消防设备，有关这两个设备有专门的《救生设施规则》和《消防设施规则》可以参照，此外《国际海上人命安全公约》中也有专门章节描述对这些设备的规范。

第三节　主要船旗国的船旗国监督简介

Brief Introductions to Important Flag State Administrations

目前几乎所有船旗国主管机关的内部机构都进行了改革，原因是国际海事组织近两年对一些委员会的机构进行了调整，改革后那些有国际影响的国家(比如中国)的海事主管机关都设置了主要公约规定功能的部门来对接国际海事组织相关业务，但是所有机构设置必须考虑本国特点，因此主管机关的机构设置有共性，但更体现出不同来，本节在介绍主管机关时重点突出其与造船、船级社业务有直接关联的业务部门。

一、中国船旗国主管机关

中华人民共和国唯一的海事主管机关就是中国海事管理局，简称中国海事局(英文名称 China Maritime Safety Administration)，也是中华人民共和国交通运输部(Ministry of Transport)下属的官方机构，目前中国海事局的办公地点仍然在交通运输部大楼附楼内，办公地址为北京市建国门内大街 11 号。中国海事局官方网站的网址是 http://www.msa.gov.cn。中国海事局的常规机构有办公室、财物会计处、人事教育处、规费征稽处、科技信息处、国际合作处、审计处、党组工作部、宣传处、纪检办公室、直属机关党委办公室等保障性部门，而主要业务处室有政策法规处、计划装备处、通航管理处、船舶监督处、危管防污处、船舶检验管理处、船员管理处、安全管理处、航海保障管理处、审核中心等。其中与船级社和造船等关联比较大的处室就是船舶检验管理处，该处的职责包括：管理船舶、水上设施、船运货物集装箱、船用产品等的检验及其技术监督工作；监督管理中国籍船舶、海上设施及在我国沿海作业的外国籍海上设施的法定检验发证工作；审定船检机构及验船师资质并实施监督管理；承办法定检验授权事宜；负责对外国验船组织在我国设立代表机构实施监督管理。该处联系电话是 010－65292881。

中国海事局的直属海事局有辽宁海事局、河北海事局、天津海事局、山东海事局、江苏海事局、浙江海事局、上海海事局、福建海事局、深圳海事局、广东海事局、广西海事局、海南海事局、长江海事局，共 13 个。

地方海事局有陕西省地方海事局、内蒙古自治区地方海事局、山西省地方海事局、北京市地方海事局、河北省地方海事局、吉林省地方海事局、辽宁省地方海事局、天津市地方海事局、山东省地方海事局、河南省地方海事局、江苏省地方海事局、浙江省地方海事局、上海市地方海事局、福建省地方海事局、安徽省地方海事局、江西省地方海事局、湖北省地方海事局、湖南省地方海事局、宁夏回族自治区地方海事局、甘肃省地方海事局、青海省地方海事局、新疆维吾尔自治区地方海事局、新疆生产建设兵团海事局、西藏自治区地方海事局、云南省地方海事局、四川省地方海事局、重庆市地方海事局、贵州省地方海事局。

直属海事局和地方海事局已经覆盖全国所有省、自治区和直辖市。

香港和澳门特别行政区有自己的海事机构，不在中国海事局直接管辖范围内。香港的海事主管机构叫香港海事处（英语Hong Kong MARDEP），网址 http://www.mardep.gov.hk；澳门的海事主管机构叫澳门海事及水务局（澳门回归祖国前用的葡萄牙语名称 Direcção dos Serviços de Assuntos Marítmos e de Água），网址 http://www.marine.gov.mo。

二、英国船旗国主管机关

英国船旗国主管机关是英国海事和海岸警卫局（UK Maritime & Coastguard Agency，MCA），涉及的海上业务有发证、健康、海上安全，具体包括船舶结构、船舶操作、航海、发布航海通告、对英国船进行船员发证、英国船舶入籍、商业渔船和捕鱼管理、申请小船船长证书事宜、英国国内水文业务、海岸搜救业务等。其官方网站是 http://www.gov.uk。与其他国家不同的是其海事调查业务由独立机构完成。其海事调查机构称为 Marine Accident Investigation Bureau（简称 MAIB，中文翻译成“英国海事调查局”），不属于该机构管辖范围内。

该机构中与造船的船级有关系的是 UK ship register（英国船籍），其中有很多业务，与商船有关联的分支是 Merchant and Bareboat Charter Registration（商船和光租船东注册）。客户业务联系地：Merchant and Bareboat Charter Registration，MCA，HQ，Spring Place，105 Commerical Road，Southampton，S015 1EG。电子邮箱：ukshipregister@mcga. gov. uk。商船部门电话：+23 80 32 91 97。

三、丹麦船旗国主管机关

Danish Maritime Authority（缩写 DMA，汉语翻译为"丹麦海事局"）是丹麦王国的海事主管机关，该机构组建于 1988 年，当时由 6 个丹麦海事机构合并而成，其官方网站的网址是 www. dma. dk。

该机构的业务包含：Aids to Navigation（助航业务）；Policy，Law and Social Regulation and Danish Register of Shipping（与海事相关的政策、法律、社会规则及其丹麦船入级）；Ship Survey and Inspection and Maritime Health Service（船舶检验和检查及其海事健康业务）；Regulation，Manning，Certification（配员发证规则）；Finance and Internal Service（局机关财务和内部事务）；Executive Office（局办公室）；Customer Service（客户业务）；Technology and Business Development（技术和商务的发展）。

如果要与其总监督长沟通，则可用电子邮箱 dir@dma. dk/，或者使用传真，传真号码是+45 72 19 60 01。与造船方面关系比较大部门是 Register of Shipping（丹麦船级部），电话号码是+45 72 19 60 23，现任主任是 Anders Jensen。

四、挪威船旗国主管机关

Sjφfartsdirektoratet 在英语中被称为 Norwegian Maritime Authority（汉语翻译为"挪威海事局"），是挪威王国的唯一海事主管机关，其官方网站是 http://www. sjofartsdir. no。该机构的通信地址是 Norwegian Maritime Authority，P. O. Box 2222，NO－5509 Haugesund，NORWAY。到访询问地址是 Smedasundet 50A，NO－

5528 Haugesund，NORWAY，也就是说该机构在挪威港口城市豪格松市。电话号码：+47 52 74 50 00。传真号码：+47 52 74 50 01。

挪威海事局的业务很多，如果涉及挪威船籍业务联系通信地址是 The Norwegian Ship Registers NIS/NOR，P. O. Box 73 Nygårds-tangen，NO－5838 Bergen，NORWAY；到访询问地址是 Nygårds-gaten 114，NO－5008 Bergen，NORWAY，也就是说这个业务机构在挪威的另外一个港口城市卑尔根市。

五、南非船旗国主管机关

South African Maritime Safety Authority（缩写 SAMSA，汉语翻译为"南非海事局"）是南非的海事主管机关，该机构于 1998 年 4 月 1 日成立，负责管辖抵达南非的国际船舶，以及南非本国的船只。该机构的上级主管机关是 Ministry of Transport（运输部），该机构的主要业务部门有 Centre for Fishing（渔政）、Centre for Ships（船舶管理中心）、Centre for Seafarers（船员管理中心）、Centre for Boating（小艇管理中心）、Centre Seawatch and Response（海上巡逻和响应中心）、Centre for Cooperate Service（业务协作中心）、Centre for Maritime Excellence（海事专项中心）、Centre for Strategy（海事政策研究中心）、Centre for Maritime Industry Development（海事行业发展中心）等，该机构官方网站的网址是 http://www. samsa. org. za。

六、澳大利亚船旗国主管机关

Australia Maritime Safety Authority（缩写 AMSA，汉语翻译为"澳大利亚海事局"）是澳大利亚海事主管机关，隶属于澳大利亚交通与地区服务部，它于 1991 年 1 月 1 日正式运转，是负责海洋安全、海洋环境和海上搜寻救助的联邦安全监督机构。

该机构包括的部门有 Domestic Vessel Division（国内船舶部）、Emergency Response Division（应急响应部）、Marine

Environment Division（环境保护部）、Navigational Safety & International Division（航行安全及国际部）、Ship Safety Division（船舶安全部）、Corporate Services Division（合作业务部）和 Corporate Relations Division)（协调关系部），该机构最高权力机构是 board（委员会）。该机构官方网站的网址是 www. amsa. gov. au。与造船修船等业务关系最大的部门就是 Domestic Vessel Division（国内船舶部），该部门还负责监管验船师。

第四节　开放注册国的船旗国监督简介

Brief Introductions to Open Registers

在航运界中大家都知道方便旗（flag convenience），就是一些国家为了扩展吨位或者拓展航运业务的需要，吸纳其他国家的船舶在其国家注册，同时也给予注册船舶优惠，比如巴拿马对于航行在巴拿马运河的船只收费实行国内与国外船只不一样的双重标准，这样就出现了船籍歧视（flag discrimination）和船旗方便（flag of convenience）。一些船东由于业务需要纷纷加入方便旗国家船级社，并改变了船舶国籍。也有很多船舶由于船况差，被本国船级社逐出，不得不改变船籍。这就从主客观角度解释了方便旗的存在。但是方便旗、船籍歧视等现象遭到国际航运界普遍质疑，这些提法同样也遭到方便旗国家的普遍质疑，他们更希望被称为开放注册者（Open Registers）。国际运输业工人联合会（ITF）认定的方便旗国有很多，如安提瓜和巴布达、巴哈马、百慕大、开曼群岛、塞浦路斯、直布罗陀、洪都拉斯、黎巴嫩、利比里亚、马耳他、马绍尔群岛、荷属安第列斯、巴拿马、圣·文森特、斯里兰卡、瓦努阿图等。目前在中国经常听到的方便旗国家有塞浦路斯、利比里亚、巴拿马、柬埔寨。对船东来说，挂方便旗可以去那些不挂方便旗无法到达的国家或地区，比如说本国无外交关系的国家或者本国没有统一的地区。此外挂巴拿马旗的船舶过巴拿马运河所交的吨位税要优惠，挂方便旗还能促进国际化。挂方便旗的船东所执行的所有有关航运法规和临时条例都要符合方便旗国家的相关规定。

一、巴拿马船旗国主管机关

Panama Maritime Authority（巴拿马海事局）管辖着全世界最大的方便旗船队，也就是说，该主管机关管理的船舶大多数都是外籍船舶在巴拿马注册的。该主管机关设有 Navigation and Martime Safety Deparment（航海和海事安全部）、PSC Section（港口国监督部）、Ship Flag State Inspection Section（船舶船旗国检查部）、Maritime Security Department（海事安保部）、Legal Department（法律部）、Directorate General of Seafarers（船员主管部）、Panama Maritime Authority International Representative Office（巴拿马海事局国际代表处）等 7 个大部门，对外联络还有 Directorate General of Merchant Marine（海运主管部）、Casualty Investigation Department（海事调查部）和 Ship Registration Department（船舶注册部）。船舶注册部是与船舶检验及造船业务有一定关联的部门，其负责人是 Elena de Olmedo，电子邮箱：eolmedo@amp. gob. pa，传真号码：(507) 501 - 5020，电话号码：(507) 501 - 5021，该机构的工作语言是西班牙语，网站上有英语显示的内容，但是为数不多。

二、利比里亚船旗国主管机关

在利比里亚注册的外籍船只数量大约 4 000 艘，吨位大约 133 亿，占海上船队的 11%，在方便旗国家中排名第二位。其船旗国主管机关是 Liberia Registry（利比里亚海事局），官方网站是 http://www. liscr. com。该国船舶注册机构是 Liberian International Ship & Corporate Registry（简称 LISCR 或者 LIC，汉语翻译为“利比里亚国际船舶合作注册处”），该机构设有以下部门：Maritime Operations（海事操作）、Marine Safety/ISM Issues（海事安全和国际安全管理实施)、Maritime Labour Convention Issues(海事劳工公约问题)、Maritime Security/ISPS Issues(海上安保和国际船舶和港口设施保安规则问题)、Vessel Inspection & Audit Coordination Issues(船舶检查和审核协调问题)、Seafarer Certification(船员发证业务)、Mortgage Recordation Issues(船舶抵押问题)、Technical & Class Issues(船舶技术和入籍问题)、Casualties & Investigation Issues(海事事故及调查问题)、Quality Issues(质量管理问题)等。

其中与造船关系比较大的部门是 Technical & Class Issues(船舶技术和入级事宜),目前的负责人是 Anthony Dupree 先生,联系电话是 +1 603 251 2407,传真是 +1 703 790 5655,电子邮箱是 technical@liscr. com。

三、塞浦路斯船旗国主管机关

Department of Merchant Shipping (简称 DMS,汉语翻译为"商船运输局")是世界上第三大方便旗国家塞浦路斯的船旗国主管机关,其官方网站是 http://www. shipping. gov. cy,该机构的上级主管机关是 Ministry of Communications and Works (运输和工作部)。塞浦路斯商船运输局的办公地址是 Kylinis Street, 2007, Mesa Geitonia, Lemosos。通信地址(Postal Address): P. O. Box 56193, 3305, Lemesos, Cyprus。电话号码: +357 25 848100。传真号码: +357 25 848200。电子邮箱: maritimeadmin@dms. mcw. gov. cy。

DMS 内设机构如下: Director's Office (局办); Maritime Policy, Multilateral Affairs and Standard Division (海运政策、多边事务与标准部门);Registry of Cyprus Ships/Small Vessels and Related Legal Affairs Division (塞浦路斯船舶注册及小船和相关法律事务部门);Maritime Safety and Security Plan Division (海事安全和安保计划部门); Marine Environment Protection Division (海洋环境保护部门); Seafarers' Division (船员部门); Coastal

Navigation Division (近岸航行部门); Vessel Traffic Monitoring, Informatics and Telecommunication Division (船舶通航监控、信息、沟通部门); Legal and EU Harmonisation Division (法律和欧盟协调部门); Merchant Shipping Development Division (商船发展部门); Rights of Passenger Travelling by Sea Unit (旅客乘坐海上交通工具旅游权力保障部门); Accounts (会计部); Secretariat (秘书处);此外还有若干海外派出机构。

四、巴哈马船旗国主管机关

Bahamas Maritime Authority (简称 BMA,汉语翻译为"巴哈马海事局")是中美洲方便旗国家巴哈马的海事主管机构,建立于1995年7月。该机构设置有 Registration(船舶注册部)、Maritime Affairs(海事事务部)、Inspection and Surveys(检查与检验部)、Seafarers and Manning(船员与配员部)等4个部门。与造船验船关系比较大的部门是 Inspection and Surveys(检查与检验部)。该机构官方网站的网址是 www. bahamasmaritime. com。

第三篇 主要船级社及其运作方式

Operational Styles of the Important Classification Societies

船级社是船东最能依靠的公正第三方，它的存在对于船舶建造和安全营运起到了重要作用。

船级社在民间也称验船协会，是一个建立与维护船舶和近岸设施相关技术标准的民间组织，有时候也受所在地船旗国委托开展其他业务，比如进行安全管理体系的检验与发证，以及接受其他船旗国的委托进行法定检验等。

本篇分两大章，分别是第六章“主要船级社简介”和第七章“验船师简介”。

第六章　主要船级社简介

Brief Introductions to the Important Classification Societies

本章介绍船级社的历史、发展、规模等。对船级社的介绍主要针对国际船级社协会(IACS)成员，包括劳氏船级社、法国船级社、意大利船级社等著名欧洲船级社，以及中国船级社、日本船级社、韩国船级社等。这些成员国都是有相对国际影响的，而且旗下拥有船只较多或者目前发展势头旺盛。

本章分四节：第一节"船级社的产生和功能"；第二节"欧洲船级社简介"；第三节"亚洲船级社简介"；第四节"其他船级社简介"。

第一节　船级社的产生和功能

The Creation and Functions of the CS

船级社于 18 世纪中叶产生于英国伦敦泰晤士河(Thames River)畔咖啡馆。那里通常会聚集上岸休息的船上人员，他们谈天说地。1760 年 Edward Lloyd (爱德华·劳埃德)的咖啡馆开业，该咖啡馆建立于伦敦的 Lambard Street(朗姆勃德街道)，他当时的目的就是做经纪人(broker)，给保险业主或者那些从事保险行业的商人提供船舶信息，并招揽船主在其咖啡馆办理对运输货物的保险业务，这同时也是海上保险业的兴起。由于保险公司的老板多数不懂船舶，加上当时主要的运输船舶是帆船，海上运输风险很大，沉船事故经常发生，所以保险业主有倾家荡产的风险。当时多数船舶事故都与船舶状况有关，保险业主就聘请一些对船舶状况了解的人比如船长、船上的木匠(carpenter)或者是曾经造过船的人帮助自己鉴定船舶,以决定是否给船舶投保。当时这些被雇佣帮助保险业主"长眼"的人就是最早的验船师了。当时把船舶分成五个等级,这个分级(classification)的做法就是船级的最初来源。在船舶的五个等级中,最好的等级是A级,最差的等级是U级,较好等级是E级,中等等级是I级,较差等级是O级。

帆船则稍微简单一些,只分三个等级,即G(好)、M(中等)、B(较差)。验船师通常根据自己的经验从船舶外观到船员素质等方面做初步的评估,然后把等级定好,他们把船舶检验完后把等级符号秘密告诉保险业主,帮助保险业主决定是否接受船舶投保,以及如果承保对不同船舶收不同保险费用等。

船级社成立时是为保险业者服务的,但是目前随着航运业的发展和社会的进步,船级社已经成为船东与造船方以及船东与其他方面之间的公正第三方。很多船级社对此已有明确表述。比如,法国船级社在对其徽章的表述中写道,"To seek the truth and tell it without fear or favour"(寻求真理并无所畏惧或者无所偏袒地表述真理)。挪威船级社的徽章就是一个天平。日本船级社在其网站公开此观点,即作为公正第三方。韩国船级社在其网站上描述自己是非盈利船级社。这些都说明船级社在运作中必须起到公正的第三方作用,这样在造船领域才有船东—船级社—造船方的"铁三角"。

在造(修)船中很多造(修)船业主都惧怕验船师,认为他们代表了船东的利益,其实这是一种误解。验船师是一个说出事实真相的人,在造(修)船中,任何一方的心态都应是质量至上,否则自然会认为验船师在袒护对方了。

船级社对船舶的控制是通过对船舶发证的方式,对船舶的周期控制是通过初次检验、年度检验、中期检验、换证检验的方式,初次检验→第一次年检→第二次年检→中期检验→第三次年检→第四次年检→换证检验→下一个检验循环……

如果造船的质量有问题,或者船舶维护保养不善,问题都会在检验中暴露出来，严重时甚至被吊销船级，因此不排除船东把恶账算在造船人头上的事例，就是说，在船舶交付使用时船舶质量是过硬的，但是在船舶营运中疏于维护保养，而船员为了推卸责任，向船东反复进谗言，导致船东迁怒于造船方。此时公正的第三方就非常重要了，一个优秀的验船师一眼就看出，哪些缺陷是船舶质量的问题，哪些缺陷是疏于船舶维护保养的问题。

第二节　欧洲船级社简介
Brief Introductions to the CSs in Europe

欧洲船级社兴盛早于东方航运崛起，因此欧洲地域是船级社的发祥地，是出经验、出制度的船级社。在国际船级社协会中，绝大多数成员都是欧洲船级社。

一、劳埃德船级社

劳埃德船级社（Lloyd's Register of Shipping，简称 LR 或者 LRS，又称劳氏船级社）是全世界第一个船级社，也是引领全世界船级社走向的船级社，总部设在伦敦。该船级社于 1760 年建立，并于 1812 年开始雇佣英国本土外的但是属于英联邦（如加拿大）的验船师，1826 年开始在欧洲大陆的法国雇佣验船师，1829 年在比利时雇佣验船师，1832 年在欧洲大陆以外的毛里求斯雇佣验船师。由于起步早、运营好，截至 19 世纪 80 年代初，将近一半的船在劳埃德船级社注册。1914 年船级社正式定名为 LRS。第二次世界大战以后，航运重心向东方转移，劳埃德船级社受到前所未有的挑战。由劳埃德船级社一统天下的局面变成群雄逐鹿。劳埃德船级社也拓展了其他业务，比如为原子能工业提供技术咨询，此后又涉足能源领域和海洋工程方面。20 世纪劳埃德船级社又涉足铁路行业，1996 年劳埃德船级社铁路公司成立。其被《2013 劳氏报》评为世界十大顶级船级社第四位。

二、法国船级社

法国船级社(英语为 Bureau Veritas,中文又称必维国际检验集团)总部设在巴黎,是全球著名的船级社之一。

1821 年冬天,强风暴在欧洲肆虐,大约 2 000 多艘船舶沉没,导致 20 000 人死亡。由于这些船舶大多数都投保了,对保险业造成灾难性的打击。在困难时期只有两个保险业者 Alexandre Delehaye 和 Louis van den Broek 及保险经纪人 Auguste Morel 建立了保险业的信息公司。

1828 年 6 月公司在比利时安特卫普成立海事保险信息办事处,1829 年公司更名为 Bureau Veritas (必维),采用真理徽章作为公司徽章,并在其旗下注册的 10 000 多艘船上悬挂。1833 年公司总部搬到巴黎。法国船级社后来也实行全球业务拓展,1910 年其业务范围拓展到对钢材和建筑材料的检验,并制定检验标准。目前该集团涉足八大业务领域,包括:航运;工业;检验和发证业务;建造;发证;商品;消费者产品服务;政府服务和国际贸易。其被《2013 劳氏报》评为世界十大顶级船级社第六位。

三、挪威和德国劳氏船级社

挪威船级社(挪威语是 Det Norske Veritas,简称 DNV)和德国劳埃德船级社(德语是 Germanischer Lloyd,简称 GL)合并成一个船级社,新的船级社名称为 DNV - GL(挪威-德国劳氏船级社)。

挪威船级社可以追溯到 1864 年的海运部,总部设在挪威首都 Oslo(奥斯陆),目前在全球 100 多个国家设立约 300 个分支机构,员工将近万人,来自于 85 个国家和地区。目前分以下几个部门:能源部、业务促进部、全球服务部、海事部、研发创新部、软件部、气候变化部,其最高权力机构是董事会。

德国劳埃德船级社成立于 1867 年,合并之前在世界上 80 多个国家设有 200 多个办事处,拥有 8 000 多名员工。

《2013 劳氏报》把新的 DNV - GL 船级社评为世界十大顶级船级社首位。

四、意大利船级社

意大利船级社(意大利语是 Registro Italiano Navale,简称 RINA)于 1861 年成立,当时的名称叫 Registro Italiano(意大利船舶注册局),总部设在 Genova(热那亚)。今天的意大利船级社业务遍布于 49 个国家,拥有 140 多个部门,共 2 000 多名员工。其业务不断扩大,现在的业务有环境、能源、交通、物流、安全、质量和社会责任部门。其被《2013 劳氏报》评为世界十大顶级船级社第五位。

五、波兰船级社

波兰船级社(波兰语是 Polski Rejestr Statków,英语是 Polish Register of Shipping,简称 PRS,中文又称波兰船舶登记局)总部设在 Gdańsk(格但斯克),其规模水平较其他欧洲老牌国家船级社相距甚远。但近年来扩张速度很快,我国船厂在造船中偶尔涉及波兰船级社,故此需要提及。

建立波兰船级社的最早想法源于 1932 年,当时的德国船级社控制了波兰船舶。1937 年波兰内水船级社成立了。第二次世界大战波兰被纳粹德国占领,波兰船级社根本就没有独立性可言。战后直到 1950 年波兰船级社才得以发展。1970 年波兰船级社加入国际船级社联合会,这是里程碑。20 世纪 70 年代波兰船级社业务扩展到新领域:集装箱建造与操作、近岸移动式钻井平台、潜艇和游艇。20 世纪 90 年代波兰船级社注册非波兰籍船舶数量明显增加。20 世纪末,波兰船级社注册的船近一半是非波兰籍的船舶。同时波兰船级社继续拓展业务,比如修高速公路、生产工业产品、建造与安装能源转换和配送设备等。由于急速的扩张,2000

年其被列入国际船级社协会的黑名单而被逐出该协会，但很快又回到了该协会。目前该船级社正成为大型船级社。

六、俄罗斯船级社

俄罗斯船级社成立于1913年12月31日，当时是沙皇俄国船级社，十月革命以后该船级社酝酿改名，1924年该船级社更名为USSR Register（苏联船级社），1935年苏联船级社得到国际认可。1969年苏联船级社成为国际船级社协会成员，1973—1974年，苏联船级社成为国际船级社协会轮值主席。1990年苏联船级社通过欧盟认证。1990—1992年，苏联再次当选为国际船级社协会轮值主席。随着前苏联的解体，1992年该船级社更名为Russian Maritime Register of Shipping（俄罗斯船级社，缩写为RS）。2001—2002年，俄罗斯船级社当选为国际船级社协会轮值主席。2011—2012年，该船级社再次成为国际船级社协会轮值主席。近年来，随着国际航运的东移，俄罗斯船级社注册的船舶越来越多，我国为外国船东建造的船舶中有相当一部分数量的船只在俄罗斯注册，因此应该认真研究俄罗斯船级社的文化。其被《2013劳氏报》评为世界十大顶级船级社第八位。

七、克罗地亚船级社

克罗地亚船级社（Hrvatski Registar Brodova，英语是Croatian Register of Shipping，简称CRS）的前身是1858年成立的Austrian Veritas，1918—1921年期间更名为Adriatic Veritas，1949—1991年其名称是Yugoslav Register of Shipping（南斯拉夫船级社），总部设在Split（斯普利特）。克罗地亚1991年从南斯拉夫联盟中独立出来，该船级社也在此后独立。该船级社于2011年5月正式成为国际船级社协会会员。

八、希腊船级社

希腊船级社(Hellenic Register of Shipping，HRS)成立于1919年,前身是成立于1870年的Veritas Hellenique et Reglements de Classification des Navires,属非政府国际组织。1994年5月,根据IMO决议及IACS统一要求,HRS完成了规范和规则的修改。该船级社尽管也经历了一些地中海东部都经历的问题,比如希腊经济危机等,但仍然良好地运作并得以生存,业务也得到了很好的拓展。希腊船级社提出的目标是"to serve the interest and the needs of the public, as well as of our clients, by promoting the security of life and property and by preventing the pollution of the natural environment"(通过提升人命和财产的安全与保护自然环境,防止污染,服务公共与客户的需求)。该船级社有很大的发展空间,得到了孟加拉国、马绍尔群岛、库克群岛、科摩罗伊斯兰联邦共和国、摩尔多瓦共和国、蒙古共和国、多米尼加联邦、厄立特里亚、巴拿马共和国、菲律宾、加纳、沙特阿拉伯、南非、约旦、斯里兰卡、牙买加、圣文森特和格林纳丁斯、基里巴斯共和国、朝鲜民主主义人民共和国、图瓦卢、黎巴嫩、乌克兰、马尔代夫、委内瑞拉等国家或地区进行法定证书检验的授权。

第三节　亚洲船级社简介

Brief Introductions to the CSs in Asia

正如第二节所示,船级社协会文化和制度兴起在欧洲,但是近年来亚洲船级社的发展速度远超过欧洲船级社,可以用"突飞猛进"一词来形容。特别是20世纪90年代以后,中国船级社、韩国船级社和印度船级社的拓展,大有全面赶超欧洲船级社之势。

一、中国船级社

中国船级社（对外公布的英语名称是 China Classification Society，缩写 CCS）成立于 1956 年，是中国海事主管机关指定的唯一船舶入级与检验机构。目前中国船级社是国际船级社协会为数不多的成员国之一，并先后两次担任国国际船级社协会轮值主席。目前中国船级社已经接受 32 个国家或者地区的海事主管机关授权进行法定检验。注册的船舶有 12 000 多艘，总计吨位8 080 万吨，总部设在北京。其被《2013 劳氏报》评为世界十大顶级船级社第七位。

二、韩国船级社

韩国船级社（Korea Register，KR）成立于 1860 年，1988 年正式成为国际船级社协会会员，1990 在 Institute Classification Clause of London Underwriters（伦敦保险人协会船级条约）登记，使之成为国际性船级社企业。目前有 2 850 多艘船舶在韩国船级社注册，总吨 6 000 万。有 50 多个海运国家授权韩国船级社进行船级检验，在韩国釜山、蔚山等 15 个港口设立办事机构。其被《2013 劳氏报》评为世界十大顶级船级社第九位。

三、印度船级社

印度船级社（India Register of Shipping，IRS）1975 年 3 月在印度建立，2010 年 6 月 22 日获得国际船级社协会会员地位，其目标包括：提供在印度船级社注册船舶真实和准确的信息；建立健全船舶建造和维护的规则及水陆设施、工业和一般工程设备的规则；批准对陆地设备、材料、仪器的设计和检验并签发检验报告；帮助和研发印度海事商业业务；对行业的质量管理系统进行发证并对外审进行预审，对质量管理系统进行发证。印度船级社虽然建立较晚，但是发展速度相当快，被《2013 劳氏报》评为世界十大顶级船级社第十位。

四、日本船级社

Nippon Kaiji Kyokai（直译为日本海运联合会，中文通常翻译为日本船级社，缩写是 NKK 或者 NK）成立于 1899 年 11 月，开始叫 Teikoku Kaiji Kyokai（帝国船级社）。随着明治维新日本帝国的崛起，加上日本帝国主义的扩张政策，到 1915 年其入级操作架构正式准备完毕。到 1919 年，日本船级社和劳氏船级社、美国船级社、意大利船级社并称为四大国际船级社。1929 年日本船级社注册吨位突破 100 万吨。1946 年日本军国主义战败后船级社由帝国船级社改成现在的名称。2012 年 5 月 18 日其注册吨位超过 2 亿吨。日本船级社宣布这是世界上第一个注册吨位超过 2 亿吨的船级社。其被《2013 劳氏报》评为世界十大顶级船级社第三位。

第四节　其他船级社简介
Brief Introductions to Other CSs

一、美国船级社

美国船级社（American Bureau of Shipping，ABS）总部设在得克萨斯州的首府休斯顿，成立于 1862 年。现在其规模与英国劳氏船级社、挪威船级社并称为船级社“三巨头”。美国船级社借助美国强大的经济和影响力，业务范围除航运外还拓展到海洋工程、锅炉及压力容器、石油化工工业、电站动力设施、铁路设施、港口设施、船用设备、集装箱检验等领域。目前船舶注册吨位已经达到 1.595 亿吨，被《2013 劳氏报》评为世界十大顶级船级社第二位。

二、巴拿马船级社

巴拿马共和国易氏船舶检验局(Isthmus Bureau of Shipping, IBS)是非国际船级社协会会员,创立于1995年,总部位于巴拿马,是巴拿马本土最大的船级社和法定证书检验机构,旨在充分发挥其资源优势,践行质量承诺,努力实现质量方针所确定的目标。2009年12月15日,中国船级社成立巴拿马船级社办事机构。目前IBS在全球共有29家分支机构,亚洲的分支机构分布在中国、日本、韩国、越南、印度尼西亚、新加坡等国家及中国香港特别行政区、中国台湾地区,尽管该船级社在国际上仍然是小船级社,属于方便旗船级社,但是由于巴拿马籍船舶在急速增多,未来将会有很多的船舶在IBS入级。

第七章 验船师简介

Brief Introductions to Surveyors

本章专门介绍船级社的技术人员，即验船师，包括验船师的工作性质、验船师的性格分析、验船师的知识结构、验船师的信息获取渠道等。

本章通过对验船师的工作性质的介绍，结合接触到的验船师，总结出验船师的共同特征，使造船与修船的相关人员通过阅读本章掌握与验船师打交道的特点，为造船和修船企业在扩展对外业务中与验船师打交道提供指导。

本章分四节：第一节“验船师的工作”；第二节“验船师的性格分析”；第三节“验船师的知识结构”；第四节“验船师的信息获得和发布渠道”。

第一节 验船师的工作

Occupations of Surveyors

验船师的英文是 ship surveyor，简称 surveyor，在英语中叫 surveyor 的还有一个人群就是 cargo surveyor（验货师），由于该人群的业务与造船、修船关联不大，因此本教材涉及的 surveyor 指的就是验船师。

验船师来自于船级社，也就是说凡是船级社的业务人员都可以称为“验船师”。验船师是一个广义的概念，按照职能划分为新造船验船师、营运船验船师、船舶检验师。

新造船验船师是与造船人员打交道最多的职业，他们从造船开始就作为公正的第三方出现，对设计进行监督，他们可以通过审图来评估设计方案是否正确。他们对船舶稳性的计算、吨位的丈量非常专业。在建造过程中他们还对船舶建造进行现场监督及其中包括材料使用监督及船舶部件、分段修造、焊接水平、涂装的检验。有的船级社分得更细致,新造船验船师还分不同工种,即专门化,因此验船师是船舶行业真正意义上的专家。

营运船验船师主要负责交船后的检验,即本章开头讲述的法定检验以后的检验,这类验船师通常与修船人员打交道比较多,船舶在修船前,这些验船师通常会给船东提出维修建议,特别是重大改建(modification)时,验船师的工作不亚于造新船时。

船舶检验师通常是船舶在出现碰撞、搁浅、爆炸等事故后来船上进行损失勘验(damage survey)的人员,该类人员通常与保险业打交道比较多,不与造修船发生直接关联,这里不再论述。

但是有些船级社不是采用这样的工作划分法,而是按照工作范围分,包含下列几种。审图验船师:主要是对在建或新船设计图纸和相关文件进行技术审核;规范验船师:主要是编制关于国际海事组织发布的规范;实践验船师:根据其所检验的部分分为船体验船师、轮机验船师和电气验船师,实践验船师的工作是根据船东提供的经过审图验船师审验过的图纸以及规范验船师编制的规范,对加入船级社的船舶进行实地检验,因此,实践验船师每天工作的第一个步骤就是上船。

验船师的工作分工主要看各船级社人员配置。有的大船级社的海外办事处和小船级社由于人员少,一个验船师往往是多面手,工作分工就没有那样细。而多数有名气的大船级社分工都非常细,每个人的职能非常单一,这样便于在工作中做深入研究。

第二节 验船师的性格分析

Analyses of Surveyors' Characteristics

验船师究竟是什么样的性格?有些读者可能会认为这个命题

比较偏颇，因为每个人的性格不一样，每个国家都有自己的文化，因此严格来说这非常难于分析。但是笔者试图从其工作特点中提炼出一些相同的因素，来总结验船师在长期工作中形成的职业特点。

一、火眼金睛

验船师通常有着超强的洞察力，现场任何一个蛛丝马迹都不会逃过验船师的眼睛。他们有丰富的检验经验，通常一看就知道是怎样一回事。此外在各种场合，他们也采用如复印材料、现场拍照甚至录像等手段进行记录，以便于回去仔细分析，因此好的验船师可以监督造船方造好船，可以帮助造船方拒绝那些不合理的要求，比如遇到有些不符合造船业要求的普遍做法，这时候验船师会站出来替造船方说话。

二、惜言如金

验船师是以公正的第三方出现的，特别是在造船方或者修船方与船东出现矛盾时，验船师的意见非常重要。正因为如此，验船师在现场很少发表意见。验船师通常只是看，但是心里非常有数，从来不在现场做出总结性的结论，他们会仔细听取双方的想法、仔细看运行记录、仔细检查图纸，在结论成熟前他们不会发表意见。这时候也最好不要让他发表意见，在客观事实的基础上，在其应该发表意见时，他一定会发表意见。

三、冷静思考

日常接触到的验船师通常都是冷静思考类型的，就其性格而言，与日常生活中看到的电脑高手一样，多思考而寡言，习惯于动脑，因此验船师都比较聪明，有良好的思考习惯。笔者在拜访船级社时经常看到验船师们安安静静地坐在那里思考问题，不时用电脑写点什么，很少见到他们之间滔滔不绝地交谈。

四、学者风范

我们知道船级社在英语中的用词是 society，不是 company，corporation 或 cooperation。因此，船级社少了很多商业味道，尽管他们也要通过商业运作才能生存，但是从劳氏船级社建立之初就形成一种“社区”式文化，而不是商业文化。因此，船级社的验船师很有学者风范。首先，验船师穿戴得体，干净利落，风度翩翩；其次，验船师对于造船或者修船问题的处理方法很客观，像是在做学问而不是在进行商业运作；再者，验船师很体面，比如验船师在验船旅行时西装革履，入住星级酒店；最后，验船师也擅长写作，验船师通常文笔很好，经常听到身边人评论说验船师更像大学教师。

五、信息灵通

在海事研究中笔者找不到的文献或者数据都向船级社的验船师求救，每每都得到满意的收获，因此笔者感叹，海事行业信息最多，研究最全、最专业的就是验船师了。具体信息来源我们将在本章第四节详细论述。

第三节　验船师的知识结构
Structures of Knowledge of Surveyors

我们仅以中国验船师为例，说明一下验船师具有什么样的知识结构。中国船级社的验船师由中国海事局监督管理和发证，分高级验船师、验船师、助理验船师三个等级。

一、考试资质

高级验船师的任职资格申报条件：

(1) 本专业大学专科以上学历，取得验船师适任证书后，继续从事相应类别、专业船舶检验工作 4 年以上；

(2) 有两名具有高级验船师任职资格的专家联名推荐;

(3) 具有独立解决本类别和本专业重大技术问题的能力;

(4) 通过中国海事局组织的适任评估。

验船师的任职资格申报条件:

(1) 本专业大学专科以上学历,取得助理验船师适任证书后,继续从事船舶检验工作 4 年以上,对于非验船机构调入人员,本专业大学专科以上学历,具有工程师以上技术职称,船舶检验见习 1 年以上;

(2) 能够运用本专业的技术理论和专业技术知识,正确理解并全面掌握履行本职工作必须熟悉的规范、规则,具有独立完成相应类别和专业的验船工作的能力和经验;

(3) 具有独立处理验船工作中的一般技术问题的能力;

(4) 通过中国海事局组织的适任考试。

助理验船师的任职资格申报条件:

(1) 本专业(包括相关专业,下同)大学本科以上学历,船舶检验见习 1 年以上;或本专业大学专科学历,船舶检验见习 2 年以上;

(2) 已初步掌握了有关的检验规则和规范,能独立承担相应类别和专业的船舶检验工作;

(3) 通过中国海事局组织的适任考试。

从资质要求可以看出,验船师的知识结构是掌握法规、有实践经验、有独立分析问题与解决问题的能力、具有高等学历。

二、考试科目

中国海事局要求的验船师考试科目和内容目前包括《船舶检验专业法规》《船舶检验专业实务》《船舶检验专业综合能力》《船舶检验专业案例分析》等四门课程,参考法规有《国际海上人命安全公约》2009 年综合文本,包括《救生设施规则》(LSA Code)和《消防设施规则》(FFS Code),还有《MARPOL 73/78 公约》2006 年综合文本的六个附则，以及《1988 年议定书修订的 1966 年国际载重线公约》《1972 年国际海上避碰规则》《2006 年海事劳工公约》《1969 年国际吨位丈量公约》《海上移动式钻井平台构造和设备规则》(MODU Code)1989 和 2001 年综合文本。

从目前的科目来看，一个合格的验船师必须掌握相关的国际法规和国内规则，并强调实践能力。

三、沟通能力

我国目前的验船师考试中也有英语的考试内容，几乎所有的船级社对英语都有明确的要求，因为英语是海事行业规定的语言。国际海事组织对船员的规定是，如果在多国籍的船舶上找不到共同语言时，英语作为唯一的沟通语言。验船师需要和船员打交道，因此英语是必不可少的。尽管我国船级社目前只注册中国国籍的船舶，但是随着船员雇佣市场放开，未来我国的船队很有可能雇佣外国国籍的船员，验船师必须用英语与其沟通。

因此本节主要帮助造船和修船人士进一步了解验船师，我们掌握其知识结构就能够推测其办事特点和水平。如果将其知识结构用百分比来细化，笔者认为 20％是信息，50％是法规掌握，20％是分析问题和解决问题的能力，10％是意识和经验。

第四节　验船师的信息获得和发布渠道

Information Acquiring and Promulgating for Surveyors

验船师为了提高业务水平通常要定期参加培训，并追踪海事法规的实施和更新。他们了解信息通常依靠下列渠道。

一、国际海事组织

国际海事组织的官方网站定期发布国际海事组织的大会决议、海安会和海洋环境保护委员会通函。这些信息都会在其官方网站 http://www.imo.org 上发布出来，这是其信息来源渠道之一。经常浏览国际海事组织的官方网站可以知道当前航运界的主要关注点，知道重要海事公约的修正情况和起草情况，可以知道国际海事组织内部的机构改革情况，从而筛选出对船舶管理、造船等方面有用的信息。

二、船旗国主管机关

比如中国船级社的主管机关是中国海事局(China Maritime Safety Administration)，故可以登录中国海事局官方网站 http://www.msa.gov.cn 和其省局官方网站，以查阅政府机构发布的造船与修船信息。省局官方网站通常是省的拼音头一个字母组合加在 msa 前面，比如辽宁海事局(Liaoning Maritime Safety Administration)官方网站是 http://www.lnmsa.gov.cn，山东海事局(Shandong Maritime Safety Administration)官方网站是 http://www.sdmsa.gov.cn。也就是说验船师除了关心中国海事局的信息外，还要关注所在地的海事局的信息。

三、国际海事公约的修正案

如《国际海上人命安全公约》等重要公约修正后，通常反应最快的是船级社的验船师，他们会立即展开研究，并将修正案的一些更新条款吃透后发给其旗下所注册的所有船舶。目前国际海事组织的重要公约都有电子版本和纸质印刷的版本，其中国际海事组织对外发行的版本为权威版本，通常会有英文、法文、西班牙文、中文等多种版本。

四、海事事故和海难

船级社验船师通常比较早地了解到海上事故信息，并对海上事故进行分析中，既分析船舶操纵原因，又分析船体或者设备造成的缺陷，研究相应对策，将提出的方案或者建议发给船东。

五、船级社信息发布渠道

船级社对其注册的船舶播发信息的方式之一是通函(circular)。通函用电子邮件群发,发给船东或者直接发给相关船舶。通函有按年编号的,也有按总编号的。国际海事组织播发信息的主渠道就是通函。对于个别船舶而言,船级社的验船师们会通过检验的方式向船方直接提出建议。此外船级社也定期召开一些讨论会(seminar),在重要的海事公约或者修正案实施前后,邀请船东代表或者高级船员参加,以宣贯对政策的理解。同时重要的公约修改后涉及造船或者修船的,他们也会在监造中向造船人或修船人提出。

第四篇 海事行业商务交往礼节

The Business Etiquette for Maritime Industries

本篇主要对造船行业、船员管理行业或者其他行业人员与船东、船级社人员打交道时的实例进行改编和升华，主要帮助从业人员注意如何彬彬有礼地赢得生意或者维持生意。

我们在此篇中主要探讨的一个词就是“礼仪”。何为“礼”？汉语的“礼”来自于古代的祭祀，东汉许慎《说文解字》解释为实践约定的事情，用来给神灵看，以求赐福。“礼”是个会意字，左边为牌位，表示祭祀。

英语中的礼仪（etiquette）最早源于法语，原意是法庭上的通行证。古代法国为了保护法庭活动秩序，将印有法庭准则的通告证发给进入法庭的每个人，作为遵守的规矩和行为准则。

综上所述，不论是西方的“etiquette”还是东方“礼”，讲的都是一种大家认同的规矩，如汉语讲的“无以规矩，不能成方圆”。

航运界的商务礼节和普通商务礼节是否有区别？区别多大？笔者近年来的研究体会是大约有20%属于航运特色，其他80%与普通商务礼仪相似，但并非所有商务礼仪都可以用在航运业中，有些细节甚至是相反的。

本篇分两大章，分别是第八章“海事行业商务见面与道别礼节”和第九章“海事行业商务相处礼节”。

第八章　海事行业商务见面与道别礼节

The Etiquette of Greetings and Farewell in Maritime Field

本章主要涉及国际商务、航运业、日常社交中与生人、熟人、商业合作伙伴及其他人见面和道别的礼节以及通用的英语语言。

该章包含七节：第一节“初次见面打招呼”；第二节“握手”；第三节“其他见面”；第四节“称呼别人姓名”；第五节“递名片”；第六节“和相识的外国人打招呼”；第七节“道别”。

第一节　初次见面打招呼

Greetings for the First Interview

初次见面一定要打招呼，大多数美国人这一点做得很好，能够把热情奔放的一面带入交往中。初次见面和别人打招呼一定要先微笑，微笑是最好的语言，如果能够抢先说话更说明你的社会交往十分成功。

有时候在开发新客户时必须要认识以前不认识的航运界人士，应注意几个原则：第一，不能在要认识的人忙时认识他（她）；第二，不能在他（她）不高兴时认识他（她）；第三，不能在他（她）没有心理准备时认识他（她），这样会吓他（她）一跳而影响交往；第四，最好在他（她）心情愉悦时和他讲话；第五，最好在他（她）闲着无事、盼望别人讲话时和他讲话。

眼神的运用：通常眼神应该直视对方，但不可聚光，聚光是一种恼怒的神态，应直视对方的面部，如果对方是男子通常目光中心点是对方的下巴，如果是女性特别是年轻、漂亮的女性，目光中心点上移到对方的眼睛上，以防止对方有不自在的反应。打招呼其实就是问候，如果你先说话，可以说：It's my pleasure to meet you，sir（madam）（非常高兴见到你，先生（或女士））；或者 A pleasure to meet you，sir（madam）（很高兴见到你，先生（或女士））；或者 Pleased to meet you，sir（madam）（很高兴见到你，先生（或女士））；或者 How do you do? Sir（Madam）（你好，先生（或女士））；或者 How are you? Sir（Madam）（你好，先生（或女士））；或者 It's my honour to meet you（认识你很荣幸）。

如果对方此时没有预计到要与你主动交流，而是你主动上前去交流，这样说比较得体，Excuse me，I don't think we've met. My name is Lijun Zhang. My surname is Zhang. You can just call me by my surname，Zhang. It is very nice to meet you，sir（madam）. How can I address you，sir（madam）?（打扰了，我想我们以前没有见过面，我叫张利军，你可以只称呼我的姓，就是"张"。非常高兴见到你，我如何尊称您，先生（或者女士）?）

要主动认识人时如果有可能尽量站在对方的前面或在其视线范围内，在开会时如不方便两侧也可以，但千万不能在其背后，这样如果吓到了对方将是非常尴尬的事情。

如果对方抢先问候你，要看他用什么句子了，It's nice to meet you 之类的最好不要回答 me too 因为 me too 等于说 It's nice to meet me too，与对方说的一样。据笔者观察英美人通常回答 Likewise（同样地）。

那么 How do you do? 的回答是 How do you do? 而 How are you? 的回答是 I am fine，thank you，and you?

见面打招呼如果是在会场，不便大声打招呼，可以轻轻地点头示意。如果离开比较远，比如说坐在座位中间，不便起身来到说话人近前，可以挥挥右手致意。

第二节　握　手

Hand-shaking

据考证，握手来源于原始社会的部落时期，由于当时的部落之间经常发生战争，部落的战士们手里经常持有石块等武器，在靠近敌人时突然抛掷出去，当两个部落友好时，为了不让对方误会，通常是主动张开手让对方握一下以示手中没有武器，对方也回以相同方法，于是发展到今天握手变成双方友好的标志。如何握手，如果对方离你处很远，而且对方的地位较高或者年长，你一定要加快节奏，小碎步赶紧上前与其握手。通常握手是行至距握手对象1米处，双腿立正，上身略向前倾，伸出右手，四指并拢，拇指张开与对方相握，握手时要有力度，上下晃动3次，随即松开手，恢复原状。握手用力大小的确不好判断，相当于把两公斤重量的物品提起来的力量，握手的时间根据亲密关系和当时场景而定，通常时间短为3到5秒，长不过30秒，但两国元首外交握手时间很长，主要是方便记者拍照的需要。

正确的握手方式是手向侧下方伸出，手掌垂直离开地面，五指后四指并拢，拇指适当地张开，紧握对方手掌，而不是握着人家手腕。

错误的握手方式：第一种是掌心向下，在电影中有时候会看到，这是态度傲慢鄙视他人的握手方式。第二种是掌心向上，这是把自己放到了卑微的地位，是乞讨状的方式。第三种是用左手握手，笔者有过一次错误握手的经历，一次某位相识的英国年轻女性（该女性是英国某高校的海事方面教师，有过在船上做二副的经历）与笔者隔了一段时间未见，见面后要和笔者握手，但是当时笔者的手上有伤痕，怕细菌感染，笔者礼貌地解释了。而出于礼貌，人家伸手不能不握，只好用左手代替，由此引起她的不快，从此就不再来往了。第四，握手后清洁手让和你握手者看见。有些人掌心出汗，当你和他（她）握手后，感觉到需要洗手，不能当着别人的面拿出手帕擦手，这也是对对方的侮辱。记得某部影片中，希特勒在篡权得逞后初期，尚未摘下屠杀者的伪装面具前，已经显露出对犹太人的不睦，比如一次接待犹太人时，他和犹太人握手后就当着人家的面拿出手帕擦手，这无疑是对被接见者人格的侮辱。第五，握手时不庄重，心猿意马。由于参加聚会的人员众多，握手完全是一种礼节，而自己心里还有心事，就一边握手一边想别的事，让对方感觉到后就会不高兴了。第六，握手时戴着手套或者墨镜，如果从外面进来，只要是和别人讲话必须摘下墨镜，否则就非常不礼貌，在非特殊情况下(比如仪仗队的指挥和别人握手是不能摘手套的，因为摘下手套意味着仪仗队的任务完成)，和别人握手必须摘下手套。

见面不论做什么都希望大家记住一条，就是少用左手，用左手是非常不礼貌的行为，许多阿拉伯人都忌讳左手，印度人也忌讳用左手待人，在印度左手主要干一件事——如厕。此外警察抓犯罪嫌疑人时，上手铐就是用左手。笔者事后研究才知道，用左手握手是对对方的轻蔑与侮辱，尽管本人不是故意的。

中国人握手还有几个毛病需要说明：第一，握手时非常紧张，手心出汗，这会给对方带来一丝不快，因此消除紧张心理不仅仅是口头上说的，在真实的交往中也要表现出来；第二，握手不认真，握手无力，笔者的外国朋友在笔者面前常说，“You should shake hands firmly”，注意这里的 firmly 就是紧握，表示你的握手是诚意的。

此外要知道握手的顺序，如果你一个人对对方多人，对方通常会把你围成半圆，你需要按照顺时针的顺序握手，一个一个握，不能含糊。如果对方是女性，一定要等女性伸手，女性不伸手，说明她不喜欢握手，不能主动和她握手。

如果遇到长者或者领导，也是等长者或领导主动伸手才握手，多数情况下，受尊敬而清高的长者或者是特别高层的领导很讲究这个，如果他(她)不主动伸手表示他(她)不适用这个礼节，就不能和他(她)握手，可以改成口头致敬和问候。

第三节　其他见面

Greetings Other Than Hand-shaking

一、军人敬礼

敬礼是军人对其他人特别是其上司的礼仪，在航运界能够见到的是船上的船长及船员对船东的礼仪。敬礼必须用右手，从立正的姿势，走直线到帽檐处。

敬礼的程序是下级首先敬礼，看到下级敬礼后上级回礼，然后上级先礼毕，下级看到上级礼毕后再礼毕。

二、绅士礼

绅士礼是西方国家从古代一直沿用到上个世纪初的一种礼节，表达对别人的敬意。西方绅士社会地位高的、所谓的上流社会的人用得比较多，一般是对比自己身份高的人、长者、女性的一种敬礼。如果戴帽子必须脱帽。右手张开捂到心脏位置，浅鞠躬表示对对方的敬意。寓意就是礼貌、尊敬、问好，体现敬礼人的绅士风度。

三、抱拳礼

抱拳礼是中国习武之人的敬礼方式，右手实握拳头，左手成掌，左手掌心放在右手拳头上，双臂抬起于胸前，向前点一下，算是个武术亮相动作。这通常是习武之前打招呼的一种礼节。

四、体操亮相

亮相动作是一种体操运动员向裁判和观众打招呼的动作，这个动作向裁判表明本人做好了准备，表演开始。亮相动作成直立动作，右手伸成手掌，右臂向正上方高举一次，完成动作。

五、少先队队礼

这个动作非商业使用，故此处不作论述。

六、跪拜礼

这个礼仪起源于中国，目前韩国也在使用，这是西方认识中国最早的礼仪，其英语叫 kowtow（“叩头”的音译）。我们看到唐代比较多地采用这种见面礼仪。该礼仪通常是双方共同跪拜，即身体呈下跪姿势，双手合起在胸前，向对方作揖。

七、蹲安礼

这是满族女性对长辈行的一般礼节。行礼时女子上身腰部以上挺直，不低头双目直视受礼者，面带微笑，双腿并齐，双膝微曲150度角，呈半蹲式，双手轻抚在双膝上。

女子对同辈行抹额礼。行礼时女子头部微微向前低一下，面带微笑，同时右手上举至额头处，在额前手心向内手背向外五指并拢，由左向右作平抹状（并不真摸额头，手距额头约5厘米）。抹额次数以礼节程度而定，少则一次，多则三次或更多。

八、拥抱

拥抱是除了握手之外见面使用最多的礼节。首先使用的国家和地区都是比较开放的发达地区，比如美国、北欧、俄罗斯等。拥抱是一种态度，表示自己对情感的宣泄和珍重，像东方这样保守的国家特别是女性对性自重的国家很少使用拥抱礼仪。且笔者观察到在航运界商务礼仪中即使使用拥抱较多的俄罗斯人也很少采用拥抱作为见面礼仪，因此造（修）船人员可以不选择这种礼仪作为见面礼节。除非在造（修）船过程中结下了深厚的友谊，再次见面时可采用这个姿势。这个姿势有几个要点：第一，拥抱前上前一步，左脚在前，然后身体重心移到左脚上；第二，拥抱时右手在上左手在下。拥抱时胸要贴着对方的胸，双手张开放在对方后背上，有时笔者看到外国人在机场送行时，抱住对方还轻轻朝着对方后背拍两下。

九、碰鼻礼

这是澳大利亚和新西兰土著居民毛利人、非洲土著及沙哈拉沙漠等地居民的礼节，就是双方鼻子碰鼻子表示问候，由于航运商务中不经常使用不再描述其礼仪做法。

十、吻足礼

在 Nepal（尼泊尔）、Sri Lanka（斯里兰卡）、Yemen（也门）、Polynesia（波利尼西亚，大洋洲岛国），吻足礼十分流行。晚辈拜见长辈、子女见到久别的父母、庶民晋见王族成员时，亲吻对方的脚面，这就是吻足礼；或用象征性的吻足礼，即行礼者跪下用右手摸一下地，再摸一下自己的额头，就不必亲吻对方的脚面了。

上述礼仪在航运商务中常见的除了握手之外，就是拥抱和军人敬礼。

第四节　称呼别人姓名
Calling Other Names

名字是什么，中国古代的观点名字是“忌讳”，自己是不提的，外人不到万不得已也不提的符号，这一点与外国人大不相同。外国人通常喜欢被别人提及名字，比如在与西方人打交道时如果忘记了他的姓名是非常尴尬的事情，因为说话中经常需要用其名字作为分割段与段的符号，而中国人如果交往时忘记对方的名字，至少在半小时的谈话中对方发现不了，因为讲话时不常提到对方的姓名。

唐太宗李世民由于名字中有“世”字，观世音菩萨被改成了观音菩萨。宋朝有个州官田登由于名字中有“灯”的声音，认为用“点灯”对自己不利，就让其手下改成了“放火”，正月十五让百姓“点灯三日”改成了“放火三日”，于是有了“只许州官放火，不许百姓点灯”。雍正因为名字砍了主考官的头，因为其命题“维民所止”，其中蕴藏两个字“维止”，把“雍正”两个字头去掉就是这两个字。这充分说明名字的重要性。

莎士比亚曾经说过，将玫瑰改个名字，它依旧芬芳。显然西方人对名字的在乎程度比国人小。

当然在社会交往中称呼别人名字是相当重要的，因为良好的沟通从称呼别人开始，或者换个角度说，称呼别人是顺畅的通信开始之前提。

姓名前后序列是有讲究的，笔者在第一节展示的自我介绍中就将名字放在前而姓氏放在后，这样比较符合西方人的习惯。而日韩等国家和中国相同，强调名字放在姓氏的后面。（注：我国出版规范中有明文规定，中国姓名出现在英语中必须遵循姓在前名在后的原则。）

但是实际上笔者在国外生活期间发现，外国人给本人做的办公室标牌等都是把本人名放在前，姓放在后，而且我们的姓名称呼方式让对东方文明缺乏了解的西方人很困惑，因此在初次见面说英语时，笔者通常在告诉对方全名后补上一句我姓什么、希望对方称呼我什么的话。

我们先来剖析一下西方人和东方人的姓名。以美国前总统George W. Bush和国民党元老孔祥熙的名字为例，做以下对比。

姓(family name, surname或last name)：“Bush”和“孔”。

可见我们的姓虽然在前，在西方人眼中也是last name，就是最后出现的名字。当然这是西方人的角度。

名(given name或者first name)：“George”和“(祥)熙”。

中间名(middle name)：“Watt”(缩写W)和“祥”。

但是英美国家的中间名与我国不一样，如孔氏家族有严格的辈分区分，中间字是表示辈分的，而英美国家中间名除了 Senior，Junior 表示辈分(比如说老布什和小布什都是 George Bush 但是区别是中间名)之外，绝大多数是自己使用的第二个名，通常很少使用。

通过名字我们还可以知道他们的种族。比如最近刚刚认识的一个叫 Trevor Davidson 的英国人，笔者看到这个名字就感觉到这个名字不是英国人的本土名字，比如我们经常听到的 Peter，Jack，William，George，John 一类名字，通过进一步交谈才得知，他的祖上可能来自于挪威等北欧国家。笔者告诉他辨别北欧人姓氏的方式，因为北欧人姓氏中"-son"(音译"森"，意译"儿子")比较多，比如，Anderson (安斯森，Son of Anders)，Johansson (尤纳松，Son of Johan)，Svensson (斯文森，Son of Sven)，Persson (培尔松 Son of Per)，Gunnarson (古纳松，Son of Gunnar)。该船东的姓是 Davidson (戴维逊，Son of David)，他的名字也不是英语，是北欧语言，Trevor 有"高兴者"的意思。他听后表示认同。此外，对人的称呼是称呼姓还是称呼姓名呢？北欧国家人际交往规则是必须称呼名，如果很熟的人讲话中突然称呼姓了，这就表明你说话要注意了，你的言辞有可能变成"呈堂证供"，听到称呼姓的往往起鸡皮疙瘩，会认真对待这样称呼的人讲的事情。

笔者到瑞典的第一天，邀请笔者的现代语言学系主任 Johan Nordlander 和来自中国的在大学教汉语的胡老师来接笔者，显然这位瑞典人名叫 Johan (尤安，就是英语中的约翰)，姓 Nordlander，字面意思应该是北方土地拥有者，笔者按照中国人的习惯称呼其 Dean Nordlander，他听到后反应了一下，一起来的胡老师向笔者解释，"瑞典人之间不能称呼姓，你称呼他姓，他以为是接待工作做得不好，你不满意了"，笔者才明白小小称呼竟然有这么多的学问。

在国内的人际交往中称呼最多的当然是姓了，除非彼此关系特别熟，或者长辈对晚辈才称呼名字。对英国、德国、美国等学术或者高端客户，仍然适用称呼姓的方式，而且前面必须要加"衔"

(title)。比如说，常见的有，Dean（主任），Captain（船长），Chief Engineer（轮机长），Doctor（博士），Chair（主席），Supervisor（导师），Manager（经理），Professor（教授），Officer（官员）。例如德国主任、博士、教授、船长 Trenkner 先生，就该称呼他 Dean Dr. Prof. Capt. Trenker。

如何在英文中称呼某某人。一般在举例时，为了防止有人忌讳，通常不能拿真名说事，比如说某某某犯法了，你用谁的名字那个人都不高兴，甚至起诉你，在英文中的说法是 Mr. Such and Such.

即使西方国家对名字看得比较淡，有时也会对名字计较。比如 20 世纪上半叶芝加哥女权运动游行，其中一个理由就是，当时所有的飓风的命名都采用女性的名字。

通常问对方叫什么名，会用 What's your name? /I wonder what your name is? / Could you tell me what your name is? 这些说法很老套，不妨换成 How can I address you, sir (madam)?（我该如何尊称你，先生（或者女士）?）这样在交往中更能让对方高兴。

此外，在修船时，国外船上不少船员有绰号，他们彼此之间称呼得很顺畅，比如 Lazy（懒鬼）、Ashtray（烟斗）、Semi-fool（弱智）、Shorty（矮子）、Red Hair Eric（红毛海盗艾利克）等不雅称号，建议从尊敬别人的角度尽量不要跟着称呼这样的绰号，有时候可能会引起误解，甚至会出现动手打架的事件。在他们心中只有同甘共苦的人才有资格叫其绰号，而外人叫会引起愤怒。

昵称有很多，比如英语中长辈对晚辈的称呼有 lad（小伙子）、son（年轻人），职位高的对职位低的大家称谓有 folks（大家）；再比如对不认识的成年男人叫 man。英语中比较不礼貌的词就是 Mr. Such and Such（某某某），这通常是对对方有警惕性的话，或者对对方轻蔑性的称谓。

国语中推行的时尚尊称有"先生""女士""老师"，大陆和台湾在尊称使用方面略有不同。大陆对"老师"称谓比较随便，对谁都可以尊称为"老师"，不管被尊称的人是否得到社会的广泛认同，而台湾只有职业老师，或者真正德高望重、学识高深的人才能被尊称为老师。

汉语中地域性的称谓如果推向别的城市或者地区可能会引起误会。比如北京话中“师傅”，山东话中“伙计”，东北话中“干哈的”“丫头”“咱”（相当于俺，如果男性对不熟悉的女性说“咱孩子”，对方可能觉得有“吃豆腐”之嫌），大连话中“小子”，普通话中“小伙”，广东话中“老板”（如果在其他地方称经济拮据者为老板，可能被称呼者有被讥讽的感觉）；被污损过的普通话词汇如“小姐”“老妹儿”“小妹儿”（暗指失足妇女）“农村人”（暗指目光短浅的人）“同志”（暗指同性恋者）；普通话中想不起来对方姓名时说“唉，那个谁”；天津话中的“哥哥”“姐姐”（天津话哥哥和姐姐是尊称，不一定指岁数大的人）；上海话的“阿乡”；普通话中对人特点的称谓，如“那个胖子”“瘦子”“矮子”“眼镜”；还有干脆骂人的称呼，如大连和青岛话中的“虎呼呼”“潮”，东北话“哈啦”，四川话“没有二斤猪脑花”。

西方的姓名称谓还有一种表达方式是缩略成 Initial（首字母缩略组合），比如 George Watt Bush 缩略成 G. W. Bush 或者干脆 G. W. B.，通常体育比赛中选手后背印的名字都是这种形式，商务应用中偶尔有，但非常少见。

第五节　递名片

Passing Business Cards

名片（Business Card）在航运界非常流行。在国际交往中，没有名片的人会被视为没有社会地位的人。只要是航运界人士，不论职位大小，都印名片，而且要随身携带，这体现对别人的尊重。外国多数航运公司对员工名片存放有要求，通常要求放在特殊的盒子或者包里，在需要用时能够立即取到。

笔者见过很多名片，除了尺寸和国际接轨外其他都不和国际接轨。

一、名片的制作等

名片非常忌讳的印刷方法有以下几种。

第一就是头衔过多，国内很多人为了显示自己的地位，名片上职位和头衔很多，比如某某某协会的理事、某某某公司的顾问、某某公司的董事长、某某某机构的记者等，这些通用的名片通常是不被西方人接受的。西方人通常认为一个普通人不可能干很多事情，一件事情做明白已经很不错了。头衔太多，说明干事情不精，这样的人通常不会考虑合作。

第二个忌讳就是家庭住址与电话印刷到名片上，西方国家的名片绝对不可能把家庭住址和电话印上去，原因就是工作和休息要分开，工作就是工作，是在公司的事，名片上可以印办公电话号码，可以印手机号码，但是不能印家里的电话号码。公司和家的信息混杂在一起，西方商人是不愿意和这样的人做生意的，原因就是工作与休闲都不分，如果他（她）和你做生意，怕你在其休闲时与其联络，这样心里会很不愉快。

第三个忌讳是名片信息涂改或者遗漏。笔者经常在接到名片时，递名片人当着笔者的面把他的电话改了，或者添加一条信息。这样如果和外国航运人初次做生意，生意就宣告结束了，他们认为随意涂改表示你的商业信誉有问题，国内由于电信公司套餐业务经常换，不少人经常换手机号，这在西方会导致对换手机号的人业务信誉表示怀疑。

第四个忌讳，就是把名片当成了“明骗”。有人戏称，名片就是明着骗。西方人对做人的判断是有底线的，这个底线就是撒谎和骗人，因此名片不能骗人，不能明明是职员却印成副经理，不能有虚假信息在上面。

解读西方名片左下角信息。西方人经常会印名片，而且要根据自己参加的不同商业会议印刷有针对性的名片，因此左下角印刷的信息就代表名片的用途。常见的有：

P. f.（pour felicitation）：意即敬贺，用于节日或其他固定纪念日。

P. p.（pour presentation）：意即介绍，通常用来把一个朋友介绍给另一个朋友。当你收到一个朋友送来的左下角写有“P. p.”字样的名片和一张陌生人的名片时，便是这个朋友为你介绍了一个新朋友，应立即给新朋友送张名片或打个电话。

P. c.（pour condolence）：意即谨唁，在重要人物逝世时表示慰问。

P. p. c.（pour prendre conge）：意即辞行，在分手时用。

P. r.（pour remerciement）：意即谨谢，在收到礼物、祝贺信或受到款待后表示感谢。它是对收到“P. f.”或“P. c.”名片的回复。

P. f. n. a.（pour feliciter lenouvel an）：意即恭贺新禧。

N. b.（nota bene）：意即请注意，提醒对方注意名片上的附言。

二、递名片

名片一般放在包里自己知道的固定位置上，需要时能够顺手拈来，不要将它与杂物混在一起，以免要用时手忙脚乱，甚至拿不出来。多数都放在西装左上方口袋里。

出示名片的顺序通常是地位低的人先向地位高的人递名片，男性先向女性递名片。当对方不止一人时，应先将名片递给职务较高或年龄较大者；或者由近至远处递，依次进行，切勿跳跃式地进行，以免对方误认为有厚此薄彼之感。出示名片时应该注意让接名片的人很容易阅读名片上的字，而不是需要反过来才能读到，因此向对方递送名片时自己首先要目测是否得体，如果不得体调整一下比较好，递名片时一定要面带微笑，稍欠身并注视对方，并将名片正对着对方，用双手的拇指和食指分别持握名片上端的两角送给对方，如果是坐着的，应当起立或欠身递送，递送时可以说 This is my card, sir. Could I have your card?（这是我的名片，先生，您能给我一张您的名片吗?)或者 This is my card. Please keep it, sir. We will get in touch with each other in the future.(这是我的名片,请惠存,我们将在以后相互联系。)中国人之间通常这样说,“我是××,这是我的名片,请笑纳”,有日本式思维的人会说“这是我的名片,请多关照”之类的客气话。习惯用双手递名片的国家有中国、日本、印度、韩国、朝鲜、阿拉伯世界的大多数国家及其他东方国家,但是很多场合双手递名片并不适宜,比如在大多数西方国家。如果改成单手,单手必须用右手,右手要握住名片右侧角,同样以接名片者接到名片后不用旋转就能读到名片上的字为宜。

三、接名片

有人递过来名片时,应尽快起身或欠身,表示出谦逊的样子,要面带微笑,用双手的拇指和食指接住名片的下方两角,态度一定要毕恭毕敬,让对方体会到你对递过来的名片很感兴趣。接到名片时要认真地看一下,可以说 Thanks!(谢谢!)或者说 Thanks. In return, I will exchange a card.(谢谢,作为回报,我将交换一张名片。)如果对方的名字或者其他有不会读的,这是请教的最好时候,比如以后我如何称呼你,你经营什么业务,公司在哪里,等等。中国人讲究名人效应,如果对方有名望,不妨说“能得到您的名片,真是十分荣幸”等,然后郑重地放入自己的口袋、名片夹或其他稳妥的地方,切忌接过对方的名片一眼不看就随手放在一边。

四、名片发完了或者没有名片怎么办

笔者遇到太多这种情形,因为近年来很久没有使用名片,船东或者其他人递过来名片以后笔者通常会这样处理。对于国人,笔者自嘲说,“我的名字是最好的名片”“你见过那个大明星印刷名片?”对于外国人,笔者会说,Sorry, sir (madam). I forgot bringing my business card. Perhaps I will give it to you next time.(对不起,先生或者女士,我忘记带名片了,可能下一次补上。)双方都心知肚明,笔者这是自己找台阶下。有时候对方是特别重要的，今后可能和他(她)联系的，笔者我还会说，Sorry，sir. I haven't brought my business card. I will send you an e-mail and then you will have all my information，sir.（先生，我忘记带名片了，我会给你发个电子邮件，然后你就有了我的所有信息了。）

第六节 和相识的外国人打招呼
Greetings to Acquaintances

有些船东或者船级社的验船师以前打过交道，对这些人的问候方式当然与初次见面的问候方式明显不同，这些人和说话者按照亲密程度可以分为一般认识型和朋友型。

一、久别重逢

很多人由于工作关系曾经共事过，但是后来很久没有见面，再次有业务来往后又见面了，这时通常会说这样的话，Long time no see!（好久不见!）根据考证，这句话是来自中文思维方式的英语直译，比较贴切，或者说 Hello，there. How is everything going?（好久不见，你一切都好吗?）或者说，Haven't seen you for a long time.（很长时间没有见到你了。）或者说，I can't believe that I can meet you again here.（我不能相信我今天会在这遇见你。）不论是否熟人，作为关心也要问下家庭情况，比如说，How is your family?（家里还好吗?）Your son is 5 years old，right?（你儿子今年 5 岁了，对不?）Do you still live in New York?（你一直都住在纽约吗?）It passed 4 years since we manufactured M. V. Transitor.（我们造机动船“越洋者”号距离现在都已经 4 年了。）Have you married?（你结婚了吗?）How are your parents?（你父母好吗?）

二、和船东或者验船师日常打招呼

与船东或者船东代表或者验船师在监造过程中每日见面都要打招呼，以体现对他们的尊重，打招呼要遵守几个规则。第一，职位低的人要主动向职位高的人打招呼，不一定期望职位高的人答复，且职位低的人用语一定要谦虚、得体，因此通常职位低的人用完整的句子，并且多采用上升调。造(修)船人为了体现对客户的尊重，不论地位高低都把船东、验船师放在职务高的地位，把自己放在职位低的地位。职位高的人回答简略，且采用下降调。比如下级问候 Good morning, captain? 上级回答 Morning. 如果倒过来，下级说 Morning. 可能引起上级不快。第二，下级用语不要太随便，在打招呼的用语中 Hi, hello, hullo, hello there 多属于随便打招呼的用语，这样的话绝不能用于比自己职位高的船员甚至船长，否则会引起职位高的人不快，他们会认为打招呼者对上司缺乏尊重。如果不是很熟悉可以用 How are you? (你好!)回答应该是 Fine, thanks, and you? (很好你呢?) How are you doing? (你好吗?)回答是 I am doing fine. And you? (我很好，你呢?) How do you do? (你好。)回答也是 How do you do? Good morning. (早上好。)回答是 Good morning, 职位高的可能回答为 Morning。英国人会用 Lovely day, isn't it? (天气不错，不是吗?)回答是 Yes, isn't it? (是不错，不是吗?) How are things going? (事情进展得怎样?)回答是 Everything is going fine. (一切都很好。)有几天没有见到了说 How are you recently? (最近怎么样?)对美国人用俚语 What's up? (你忙吗?)回答是 Busy. (很忙)或者 As busy as a bee. (太忙了。)或者 Not so much. (还不忙。)

如果是朋友，没有太多讲究，就用 Hullo. /Hello. /Hi.

同时值得一提的是，如果在日常相处中你慢慢知道了他的本民族语言，试着用他的本民族语言和他打招呼，更能拉近彼此之间

的距离。日语中的初次见面是初めまして(ha ji mai ma xi dai)，早上好是おはようございます(ou ha yao gou zai yi ma si)；俄语是Здравствуйте！(音似“私德拉丝多依杰”)；德语是 Hallo！(发音和英文差不多)；韩语是안녕하세요?(发音是 an niong ha se yo?)法语是 Bonjour！(发音类似于“崩肉”bone'sure)；西班牙语是 Hola！(发音似“厚拉”hou la)；意大利语是 Ciao！(发音近似于中文“敲”)；葡萄牙语是 hello(同英文)；阿拉伯语是 Salam Alaikun(读成“赛拉目”)；瑞典语、丹麦语、挪威语、冰岛语等打招呼是 hej hej(读成“嘿嘿”)，感谢用 Tack(读成“塔卡”)，再见说成 Hej då(读成“黑斗儿”)；马来西亚语问好是 apa khabar(相当于汉语“啊爸卡爸儿”)；荷兰语早上好是 Goede morgen，但多数用 Hallo, Hoe gaat het?(同 How are you?)

和外国人熟悉了可以在他们无聊时请教他们基本的打招呼用语，如你好怎么说，再见怎么说，感谢怎么说，上午好、中午好、下午好怎么说，你也可以教他(她)几句简单的中文，告诉他一些买东西的话。多数外国人除了第一次到不熟悉你可以带他(她)到处转一转外，多数时间他们愿意自己尝试，你经常走进他(她)的生活会引起其不快，尽管他们的尝试经常碰壁，也愿意自己体会。切勿采取保姆式的中国方式，看起来是关爱别人，但是西方人会将其理解为你为什么对其私生活感兴趣。

第七节　道　别

Saying Goodbye

航运界在商务活动中道别的方式和其他商务道别基本相同，但是也有自己的特色，比如，我们造(修)船者对于船员的道别就用 Bon voyage(一路顺风)或者 Have nice voyage(航次愉快)，这些是普通商人不用的话。

再者，航运界的业内人士要参加聚会或者谈判等多种活动，道别与中国式的方式略有不同，有时候要看情况使用。

中国式的道别方式，通常是说话正兴而后慢慢地淡了，然后不语，对方就体会出要道别了；或者看墙上的钟或者自己的手表，表现出心事重重的样子，对方也能体会到要道别了；或者直言我一会儿要回去了，等等。这是我们中国人道别的方式，然而西方人的道别方式和我们有很大不同。

第一，用语言上的表述。英语语言中有时态表达含义的界定，这一点中文就没有。比如要道别的人在说话的低潮期插上一句有总结性的话，Well, it was nice talking with you.（和你谈话很愉快。）这里有意把目前的动作列入了过去时态，对方就能体会出说话者的意愿，有时候听话者就坡下驴说，Yes, likewise. See you next time.（是的，同样如此。下次见。）

第二，采用给对方暗示的办法。在告别前外国人很少突然说再见然后起身离开，通常会在离开前一段时间，如果是长时间的聚会通常是离开前半小时左右，找出离开的借口。比如说，Well, my department leader is waiting for my report.（好吧，我的部门领导正等待我的汇报。）Well, I am afraid that I need go back to the hotel before 2200 hours.（那么，我恐怕需要在晚上10点前赶回旅馆。）有时候这些托辞还要重复一下，其实就是给对方要道别的感觉。如果是到他人家里做客，主人会围绕客人道别做必要的准备。比如，如果用车，主人先去发动车。应等主人心里准备差不多时，再起身道别。外国朋友跟笔者说，这样的道别程序比较自然(naturally)，他觉得中国人道别的方式非常突然，有时候会审视自己是否做错什么了惹得客人不高兴。

英语道别时通常用什么话呢？这要看情形而定，比如，很快期待下次见面，用 See you next time（下次见）或者 So long（早日再相会）。今日一别不知何年才能再次相聚，用 Farewell（再会），因此 Farewell 这个词不可以随便用，用不好就变成了非常讨厌对方以后不希望再见面。女主人道别通常会用 Take care（珍重），意思就是自己保重。住在同一屋檐下或者同一旅馆的再见方式是 Good night（晚安）。明天一定能见到的，比如说同事，用 See you tomorrow（明天见）或 See you next week（下周见）。还有可能到别人家里过于拘束，主人或者女主人在道别时会送上一句，Take it easy（下次来别拘束）。听说对方去旅行可以说，Well, enjoy yourself（好好玩吧）或者 Have fun（自己去乐呵吧）。到对方国家见也是一种道别方式，比如 See you next year in America（明年我们美国见）。

道别还有一种方式，就是用对方的本民族语言说再见，这样更显得尊重。比如说瑞典人给笔者送行时，先问笔者中文的"再见"怎么说，然后用蹩脚的中文说出"再见"，笔者当然也不忘用瑞典语说 Vi ses（我们再会），相当于英语的 See you again。而瑞典人日常生活中则使用 Hej då（再见），相当于英语的 Goodbye。在很多比较庄重的场合，再见很难说出口，可改用 I hope to see you again（我期望能再次见面）。

在此例举几种不同语言的再见。德语是 Auf wiedersehen 或者 Servus 或者 Tschuess；意大利语是 Ciao Ciao；荷兰语是 Doei；西班牙语是 Adiós（永久性的）或者 hastaluego；葡萄牙语是 Adeus；法语是 Au revoir；日语是さようなら（sa yo na la）；韩国语是안녕히가세요（发音是 an ning hi gai sai yo）；俄语是 Aνтίo。

第九章　海事行业商务相处礼节

The Etiquette for Dealing with Maritime Business

本章介绍造船人、修船人、国外船东、国外验船师、国外船旗国监督人员在业务、生活相处过程中的一些相处礼节、禁忌、使用语言等。

如果确立了造船或者修船关系，在很长一段时间内造船或者修船业内人士需要和船东、验船师进行商业相处，因此相处中的礼节就十分重要。

本章包含节数最多，共 20 节：第一节“安排座位”；第二节“平息争吵”；第三节“茶歇”；第四节“鼓励别人”；第五节“被别人褒奖”；第六节“感谢别人和被感谢”；第七节“替客户做计划”；第八节“送客户礼物”；第九节“为客户营造家庭气氛”；第十节“安排客户消遣”；第十一节“节日祝福”；第十二节“祝贺体育比赛胜利”；第十三节“同情别人”；第十四节“拒绝别人”；第十五节“指示方位处所”；第十六节“请求别人原谅”；第十七节“闲聊”；第十八节“巧对外国人的恶语”；第十九节“接电话或者打电话”；第二十节“慎重对待签字和承诺”。

第一节　安排座位

Arranging Seats

在长期培训中笔者发现国人对左右的认识非常不正确，因为中国社会不同朝代对左右尊长强调不一样。夏、商、周、春秋、战国、秦时期，尊左，这影响了很多国人，目前中医把脉都是男左女右，公共厕所也是男左女右，中国封建社会是男权社会，因此左为大。皇帝早朝时也是文官在左，武将居右，如果打仗要听军师的，军师在左侧，因此很多证据表明尊左；但是汉朝改为尊右，比较有说服力的例证就是降职称为“左迁”，唐宋时期又改成尊左，比较典型的是宋朝有两个宰相，地位虽然平等，但是略有差异，其领衔者是左相，元朝又改成以右为尊，明清又恢复以左为尊。目前国人通常以左为大。即使目前国人中也有不少以右为长，但是我们还是应该搞清楚。

可以明确地说大多数外国人都是以右为尊。我们前面讲过，阿拉伯、印度、马来西亚、印度尼西亚等地区或者国家在交往中用左手是非常不礼貌的，必须用右手，只有单手干不了才不得已用左手。因为世界上大多数人都是右手为习惯手(favourable hand)，左手是不习惯手(weak hand)，东汉许慎在《说文解字》中论到，“左，相助也，右，手口相助也”。显然以右为尊更合理。目前沿袭英国的造船方式中，船长和轮机长房间一样大，但是船长在右侧，轮机长在左侧，船舶编号中 1 号在右，2 号在左，海上两艘船交叉相遇，左侧的船必须给右侧的船让路，所以毋庸置疑，国际上以右侧为尊长。如果两个人选择座位坐下，地位低的一定要把地位高的让到右手侧。如果三个人坐在一起，通常是地位高的人在中间，地位低的两个人在两边。如果是在主席台就座，领导一定是在中间，照相时领导也是第一排中间位置。但是如果是乘座飞机、汽车等交通工具，中间座位又恰恰是最不好的座位了。

然而有时候安排座位与个人喜好有直接关系，比如笔者是“左撇子”，吃饭时喜欢坐在最左侧，这样用筷子吃饭不会给邻座人造成不方便，如果按照长幼有序原则碰巧笔者应该坐右侧，那笔者这顿饭就吃得不舒服了。但是除非了解笔者才能这样安排，我们在日常接人待物时都按常理做，没有人会责怪。

因此与国外船东或者船级社人员打交道安排座位时必须按照

尊右原则。在国内可以延续尊左原则，但如果是中国人和外国人混合，按照国人“外来的和尚好念经”的原则，以右为尊。

安排座位后要引导大家坐在指定座位上，用右手手掌示意座位，并用英语说：Please be seated（请坐）；Sit down please（请坐）；Have a seat, please（请坐）。错误的示意方法是用手指指，或者用左手指示，或者用嘴巴示意，这些都是对人不尊重的表现。如果是开会还要安排指定的座位，会议上的座位是有标签或者铭牌的，你只要按照主持人在主席台、重要客人在前排的基本原则分配好，然后把铭牌放好就可以了。

第二节　平息争吵
Compromising the Controversy

前面我们分析了西方人的性格特征，是鲜明的、敢爱敢恨式的，和他们交往免不了出现分歧，通常可能是做法不同、理解不同、学术不同等原因，并就事论事，开始了争吵，注意是争吵不是打架。国人有时候也争吵，而争吵中僵持不下时为了压制对方，一方会扯别的无关的事，比如正在为工作问题争论不休时，说什么能激起对方愤怒的话就说什么，之后就变成了对骂，然后拳脚相加，领导调解后两个人表面上相互和好，但实际上已结仇，老死不相往来。工作岗位上的梁子大多是这样结的。

笔者参加国外学术活动时确实看到过争吵，而且非常凶。所在瑞典大学的文学专业曾经召集过有关吉普塞人文学和生存方面的探讨，但是最后面临争吵甚至快动手的境地。中立方及时出来调解，说：“Calm down. Calm down. Gentlemen. Calm down. Let's agree to disagree.”（冷静、冷静，先生们！冷静。让我们求同存异。）最关键是求同存异的表达太好了，说了跟没有说一样，但是真有效果，会场马上安静下来了。我们从词面上分析一下“Let's agree to disagree.”好在哪。首先告诉听话人，让我们同意停止争吵，先达成共识，给出停止吵架的暗示来，然后同意什么呢？同意那个不同意的，就是把争议搁置起来。也可以用时间说话，比如说，Calm down. Gentlemen. It is lunch time now.（冷静，先生们。午饭时间到了。）还可以说，Stop dispute. Gentlemen. You know the time is limited. Let's leave it to discuss after the meeting. Okay?（停止争吵，先生们。大家知道时间紧迫，留下话题，会后讨论可以吗?）

平息争吵很重要，在造船方面有时候为细节问题会出现争吵现象，如果升级会影响彼此合作。尽管西方人负面情绪来得快、去得快，但是这种事情多了也会潜移默化地对合作感情构成伤害。当争吵成为习惯时合作的裂痕就无法修补了。

第三节 茶 歇

Tea Break Time

茶歇（tea break 或者 coffee break）的时间是上午 10 点左右和下午 2 点到 3 点左右，西方人同事会聚集到一起喝茶或者喝咖啡聊天。这个聊天可以说天南海北、风土人情、工作进展、生活方式、身体状况、旅游见闻等。

笔者在国外生活期间发现茶歇作用很大。茶歇是一个窗口，一个窥探人际关系和他人秘密的窗口。因为西方人的习惯是在办公室或者其他场合两个人谈话，不得说不在场的人的坏话，不得随意评论别人的举止行为，否则西方人会认为其道德有问题，从此不再接触。但是唯有茶歇可以，人们可以相互评论不当真，学校的人通过茶歇打听你最近的想法、写什么论文、做什么事，船厂的茶歇造船人打听船东最近造什么船，准备在哪造。这本是他们的核心机密却被问了出来，他们也不怪罪，有时候不想说就打马虎眼给糊弄过去。

参加商业活动的会议也有茶歇，在茶歇期间，人们抓紧交换名片，私下聊几句。

因此造(修)船人员千万别忘记了如果有外国人监造时提醒他们茶歇，如果有条件最好帮外国人准备好咖啡、牛奶、糖、杯子，并陪他(她)聊一聊，这样会拉近彼此关系。

参加外国会议等以外国人为主的场合，一定要好好利用茶歇，很多重要的生意可能就起步于一杯咖啡，很多矛盾的解决可能也得益于一杯咖啡。

外国人十分重视咖啡。刚到瑞典 3 个月内，系里秘书经常提醒笔者要和他们一起喝咖啡，大家都遵守的规则就是咖啡不能带到自己的房间，尽管没有校规说，不可以把咖啡带到办公室。

英语中有一个词叫 lobbyist(说客)，从走廊(lobby)来的，就是说一些说客在议会开会时守候在外面，议员们茶歇时说客们就宣传自己的观点希望影响到那些政治家的投票。茶歇可以起到人际交往中相互了解、相互沟通、相互尊重的作用。

国际海事组织会议中也存在过说客，比如 20 世纪 80 年代末推行 GMDSS(Global Maritime Distress and Safety System，即全球海上遇险安全系统)，如果该系统能够通过，当然使船舶安全系数得到很大提高，但是由于系统实施需要购买先进设备和培训相关船员，这个费用不菲，许多发展中国家代表本国船东立场欲否决 1988 年《国际海上人命安全公约》第四章修正案，而发达国家通信生产厂家看到了商机，当然希望通过，不少人就充当了说客，来影响成员国的代表，最后形成折中方案，就是过渡期为 1992—1999 年。

但应该注意到和外国人谈话是有底线的，有几个不能谈论的话题：第一，涉及国体、政体、军事、人权等问题不能谈；第二，涉及皇室、政治人物丑闻不能谈；第三，涉及对方隐私和家庭隐私不能谈；第四，如果对方是女性，婚姻与否、是否有子女、年龄、体重不能谈；第五，不要评论宗教，不能诋毁某种宗教，除非是政府下令取缔的非法宗教；第六，家庭经济状况和个人收入是高度隐私，绝对不可以打听。

那么可以谈什么？天气、旅游、饮食、文化、语言、风土人情、物价、东西方差异等。咖啡一词本来就值得闲谈探讨，比如在瑞典语中咖啡是 kaffe，大约 1600 年时，当时的北欧还处在天主教的兴盛时期，天主教宗教人士认为咖啡是魔鬼饮料，于是怂恿在罗马的教皇(有教皇、大主教、主教等等级是天主教的标志)“克莱门八世”(Clemente VIII)下令禁止喝咖啡，于是咖啡在欧洲大多数地方被禁，所以喜欢喝咖啡的瑞典人就改造了这个单词，把 kaffe 这个词两个音节颠倒一下改成了 feka(发音时 k 要浊化发成 g)，在两个爱喝咖啡人间打暗语，而今天这个词也被保留了下来。

如果要为船东提供茶歇设施要准备什么？咖啡机、过滤纸、纯咖啡粉、方糖、牛奶、茶、茶杯、沙发、桌子，茶歇房间不一定讲究，如果没有条件走廊也可以。

邀请对方茶歇的话：Won't you join our coffee break? (你不加入我们茶歇吗?) What do you like to drink, tea or coffee? (喝点什么，咖啡还是茶?) Milk, sugar, and spoon are over there. Help yourself. (牛奶、糖和勺子在那，自己来吧。) Another cup of coffee? (再来一杯咖啡?)

除了例行的茶歇外，国外喝咖啡已经是一种交往的手段了。很少见他们请别人吃饭、喝酒，但是经常见到他们请人喝咖啡，甚至是年轻男女认识异性的一种手段，经常听到有人邀请自己心仪的异性去喝咖啡。有时候喝咖啡也是朋友之间沟通的方式，邀请朋友到某处喝咖啡，一边喝咖啡一边聊天。

第四节　鼓励别人

Encouraging Others

在造(修)船过程中，有时需要鼓励监造人员，特别是看到他(她)泄气的时候，更需要多鼓励。鼓励别人会赢得别人的尊重，鼓励别人可以增强团队意识，让监造者不自觉地从代表船东单一立场转变到造(修)船方和船东统一的大立场上来，以顺利地完造(修)船工作。总之，鼓励别人是构成造(修)船人与船东之间良好关系的重要纽带。

下列句子可能比较适用，可以在需要时使用：I think you can.（我认为你能行）I am proud of you, since you are supervising a huge shipbuilding project.（我以你为骄傲，因为你正在监管一项浩大的造船工程。）If I were you, I wouldn't have done as excellent as yours.（如果我是你，我做得不会比你优秀。）A few months after, we will finish this work perfectly and you will reunite with your family.（几个月后，我们将完美地完成此项工作，你将和家人团聚了。）Keep it up! You are almost successful.（坚持下去！你几乎成功了。）Come on.（加油）。God is already on your side.（上帝已经在你这一边了。）You are very efficient in your work.（你的工作效率非常高。）You can make it!（你能做到！）You did fairly well!（你干得相当不错！）。Cheer up!（振作起来！）Good luck!（祝好运！）

第五节　被别人褒奖
Being Prized

东方人比较谦虚，当别人表扬时，都会说“No, no”，中国人喜欢说“哪里，哪里”。我们是心里高兴而外表淡定的，而西方人则不加掩饰，溢于言表。

西方人经常褒奖别人，这与东方人大不相同。东方人讲究感情在心里，不要外露，特别是男人，中国古话“笑不露齿”和“男儿有泪不轻弹”都告诉我们不论男女要抑制自己的表面情感。因此当我们听到表扬时必须表现谦虚，这时肯定就心口不一了。而西方人听到表扬后则不谦虚，他们会说“Thank you”表达对褒奖的感谢。

比方说，你表扬他（她）：Your Chinese is great.（你中文很棒。）You are very smart.（你很英俊。）You are very clear.（你很聪明。）You are very considerate.（你很体贴。）Your wife is charming.（你妻子很迷人。）You are very beautiful today.（你今天很漂亮。）Your family is very harmonous.（你的家庭很和谐。）Your house is very luxurious.（你的房子很奢华。）Your characteristic is very good.（你的性格很好。）You are very friendly.（你很够朋友。）You are very kind.（你很和善。）西方人听到都会喜上心头，并马上表示感谢。

第六节　感谢别人和被感谢
Appreciation and Being Appreciated

根据语言工作者的统计，英美人说得最多的词就是 Thanks，不论何种场合，即使中国人认为不适宜说谢谢的时候，他们也要说谢谢。

注意，英语中的 Thanks，有时只是随口一说，不一定是发自肺腑的感谢，通常是文明习惯或者客套。打开英语词典，Thank 不只代表感谢的意思，比如词组 Thanks to 就表示“由于……”的意思。使用 Thanks 的场合比如说，进某建筑物，西方人很注意，如果身后有人，开门后不马上关上，而是要等一下，直到后来者手把门为止，如果对方是女性，要等一下，让对方先进，这时候受益者通常只说 Thanks，表示对你尊重他们社会规则的认同，其实不是感谢。但如果说出 Thank you 就是比较认真的感谢了，比如说某秘书手上拿的东西洒落一地，你来帮忙拾起，这个时候她可能就要说，Thank you. 甚至说 Thank you very much.（非常感谢您。）/It's very kind of you.（您太好了。）而绝对不会是 Thanks。值得一提的是，在美国，咬文嚼字的人喜欢用 appreciate 一词，非常感谢说成 much appreciated.

其他表示感谢的用法有：Thanks a million. I really appreciate it.（万分感谢，真的是帮了我大忙啦。）Thanks a lot.（多谢。）Many thanks.（多谢。）Thank you all the same.（尽管帮忙没有成，但还是感谢你。）It's very kind of you.（你太好了。）Thank you for your help.（谢谢你的帮忙。）Thank you for your advice.（谢谢你的忠告。）Thank you for your cooperation.（谢谢你的合作。）It's good of you.（你太好了。）Thanks for the trouble.（给你添麻烦了。）You are considerate.（你十分周到。）I'm really very much indebted to you.（我对你十分感激。）It's most thoughtful of you.（你考虑非常周到。）Without your help, there is no way for me to be successful.（没有你的帮助，我们不可能会成功。）I really appreciate what you've done for me these days.（我真的很感激这些天来你对我的帮助。）It's very kind of you to help me.（你能帮助我真是太好了。）I really don't know what I would have done without your help.（不知道没有你的帮助我该怎么办。）I don't know how I can thank you enough.（我不知道该怎么感谢你。）You've been so helpful.（你可真是帮大忙了。）I'm very much obliged to you for your gracious hospitality.（感谢你的热情款待。）We are indebted to you...（我们感谢你……）It is my honour to express how deeply I am grateful.（我荣幸地表达我内心多么感激的心情。）It's generous of you to show me so much consideration.（承蒙您对我如此关怀。）It's generous of you to take so much interest in my work.（承蒙您对我的工作如此操心。）It's generous of you to give me so much of your time.（承蒙您为我花费这么多时间。）等等。

回复感谢常用语句也有分寸，比如说对方向我借笔用，用完后还给我，我一定会说，Any time. 意思就是，当你需要随便用好了。西方人喜欢换位思考，下面的话就是换位思考的体现，If you were me, you would have done the same thing.（如果你是我，你也会做相同的事。)常用回谢语句：Not at all.(不用谢。)It's nothing.(没有什么。) No thanks.(不用谢。) That's Okay.(还好。) My pleasure.(很高兴帮忙。)You are welcome.(不用谢。)For me, it is a piece of cake.(对我来说不过是举手之劳。)Don't mention it.(别客气。)The pleasure was all mine.(我非常乐意。)No problem.(没什么。)There's nothing to it.(没有什么。)Yeah, it's all right.(哪里,没有什么。)At your service.(愿意为你效劳。)I'm very glad you enjoyed it.(你满意,我非常高兴。)I am delighted to have helped you.(非常高兴能帮你忙。)Very happy to be of some help.(很高兴能帮到你。)It was the best I could do.(这不过是我能做的而已。)

此外顺便谈一下,西方人的换位思考是一种非常常见的方式,在与外国人交谈时按照中国人谦虚为本的习惯,笔者都会说自己的英语不够好,几乎半数以上的外国人都会回说,Your English is much better than my Chinese.(你的英语水平比我的中文水平好很多。)他(她)在比较两个人的第二语言时就做了一次换位思考。

第七节　替客户做计划
Making Plans for Guests

有时候,船东或者验船师首次来到某地,我们可能需要出于礼貌为其制订工作时间表,时间表的安排非常有学问,有非常多的讲究。

第一,安排工作计划时要考虑客户的特点,西方人通常有晚睡晚起的习惯。在安排工作时间方面一定不要在当地时间 8 点半前开始工作,最佳工作时间是 9 点,并在 10 点半安排茶歇。

第二,如果时间紧迫,中午午休时间可以相对短一些,这一点外国人通常可以接受。外国人的理念是上了班就全身心工作,下了班就全身心放松。

第三，非紧迫事情5点以后不要安排工作，因为5点以后外国人就想着如何休息放松，如果此时安排继续工作要给加班费。有一些外国人，比如在南美，如果非经济所迫，给多少钱都没有人加班。圣诞节码头上或者船厂根本开不了工，因为所有工作人员都休假了，你给再多的钱也没有人干。更何况，白人男人胡须生长很快，早上刮得精光，而下午5点钟又长茬了(five o'clock shadow)，这也是他们急于下班从而保持在你心中良好形象的原因。同样的非紧急事务，不要在他(她)休息时打电话谈工作的事。

第四，周六和周日应谨慎为其安排工作。虔诚的基督徒周日必须祈祷，绝对不工作。笔者曾经遇到过一位美国基督徒和一位菲律宾天主教徒，都拒绝在周日工作，并在周日去教堂祷告，我们不得不调整为其事先拟定好的工作计划。顺便提一句，国内城市中常见到的教堂是基督教的，天主教堂(Roman Catholic Church)非常少，外国人要求到教堂礼拜时，陪同者一定要问清楚。比如大连市只在新开路上有一个19世纪由丹麦人修建的天主教堂，而中山广场玉光街的那个教堂是基督教的，如果引导错误，就好比国人清明节拜祖先拜错了牌位一样，外国人会相当不高兴。

第五，如果是首次来到某地，就是再忙也一定要给他(她)个人活动时间，哪怕只有半天到一天也好，让他(她)看看当地风土人情，逛逛商场，买一点土特产，这样可以加深其对此次工作的印象。

总之，在安排外国人特别是西方人工作时，一定要考虑到他们“鲜明”的个性，就是工作时不想着休息、休息时不想着工作的原则，做好合理安排。

第八节　送客户礼物

Giving Gifts to Guests

给外国人送礼，也是非常普遍的现象，送礼能够增进感情。有人说，国内现在在以习总书记为核心的党中央领导下整个社会都提倡反腐倡廉了，此处还提送礼不是污染了社会风气了吗？本节要阐述的送礼是一种礼节，即使国家与国家交往也有送礼的礼节存在。比如第一次到西方人家里拜访，一定要送礼，“送礼人不怪，不送人才怪”。而中国人送礼一定要厚重，送礼贵重与否体现出人际交往的亲密程度，这才容易滋生腐败，比如送金条、送钱，这不是送礼，而是赤裸裸地贿赂。笔者这里讲的送礼是小礼物，西方人可以接受的礼物。有些国家法规非常严酷，比如新加坡，一位船长跟笔者讲过，一位新加坡华人引航员上船工作后，由于工作非常辛苦，船长为了表示感谢送他一条烟，他吓得脸都变色了(顺便说一句，在埃及、乌克兰等部分国家港口如果不送香烟是非常不礼貌的行为，有时候他们在船方忘记给时还会来索要)，最后，他出于礼貌，只是打开其中一盒烟，拿走了其中一根，告诉船长我领情了，并提醒船长，以后见到新加坡官员千万别这样做，对方会生气的，因为新加坡对受贿者有非常严酷的惩戒措施，包括大家都知道的鞭刑。

什么礼物西方人会接受呢？通常是有民族或者当地特色的东西。笔者到瑞典留学期间就带了很多如中国结、真丝手帕、剪纸画等小东西，物美价廉。中国的 APEC 会议上各国领导人曾穿上唐装，使唐装在国外流行，但给客户送唐装笔者认为不可取，首先对外国人穿衣服的尺码不了解，未必合适，即使合适他(她)也穿不了几天，最后放箱子里变成回忆了。但一幅剪纸画能挂在墙上，每当有客人来时主人就会介绍，也就想起送礼人了。

送礼在西方世界中讲究“意料之外、情理之中”，所以礼物一定要包装好，并说这样的话，Dear×××，This is my gift for you.(亲爱的×××，这是给你的礼物。)接受礼物的人通常显出夸张式的高兴，并当场打开，说，Oh，it is so beautiful. You shouldn't have.(啊，太漂亮了，你不该破费。)笔者有一次送一位美国朋友纱巾，她当场围上，以表示对笔者的尊重，并说，It is so lovely. It's very kind of you. I like it very much. Thank you，Philip.(非常好，你太好了，我非常喜欢，谢谢，菲利浦。）如果你收到礼物也可以照她的样子做。

请记住，东西方差异中还有一条，东方人收礼后通常放在一边，当众打开是羞辱送礼人；而西方人必须当众打开，并不断夸奖，这才是礼貌的。

第九节　为客人营造家庭氛围
Making a Family Environment

接触欧美人多了你就会知道，欧美人非常喜欢自然与家庭氛围，有时候他们代表船东或者船级社来进行监造工作，离家久了不知不觉地思念家乡，因此我们作为主人需要帮助他们放松休闲，找到家的感觉。前面讲过中国人经常会安排宴请，喝喝酒、聊聊天以排解工作压力与烦恼，但有时候花了钱却没有达到应该有的效果。笔者在此向大家推荐另类的待客方式，让他们走进你的家庭，给他们一个家庭宴。

这需要一个整洁明亮的起居室（dining hall），可以稍微布置一下，让客人知道是精心准备的。最佳时间是他们的最大节日，即圣诞节（Christmas）或者复活节（Easter），这样的节日类似中国的春节，大多数西方监造人都会回家过节，但如果碰巧他们不回家，你邀请他们来过节，相信这个节日将是他们终生难忘的了。

首先要确定菜肴基调是中式的还是西式的，如果是中式的，那客人就得入乡随俗了。但是吃饭时，为了礼貌最好给他们准备刀叉，因为如果你问他们，Can you use chopsticks?（你会用筷子吗？）多半的回答是，Yes, I try to use them.（是的，我试着用。）这样回答第一是他们都想尝试，第二是不想给主人添麻烦，但事实上对中国文化了解少的西方人筷子用不好，还不如事先准备好刀叉、碟子、餐巾放在一旁，当他们尝试失败后就会自己选择用刀叉了。注意几个问题，一定要给包饺子，这是中国一大特色，多数外国人不知道中国送客饺子迎客面的风俗。至于做什么菜，由主人做拿手菜，但要提醒的是，西方人如果没有东方文化背景是不吃动物内脏的，因此溜肝尖、炒猪肚这些菜不能是主打菜，可以做一两道让他们尝一下。此外尽量不要做黑色的菜，比如炒木耳，外国人吃饭还讲究色彩，如果东西发黑，他们会感觉恶心，不敢吃。笔者在瑞典时请那些来自不同国家的老师品尝木耳炒鸡蛋时，非常多的老师不敢吃。据笔者观察多数外国人喜欢吃花花绿绿的食物，蔬菜沙拉就是非常明显的一例。

典型的西方晚餐，笔者推荐烛光晚餐，非常有情调。可以从商场买那种很小的蜡烛，这些蜡烛比较矮，而且外壳是铁制的，不容易引起火灾。屋子里多点几个，放在餐桌上。国外的餐桌不是圆形的，多数是长方形的，主人的位置非常明确地在桌子一端，两侧分别是家人和客人，家人如果数量不多，最好坐在一侧，而另外一侧给客人坐。吃饭时最好放一些比较舒缓的音乐，如果对方来自于音乐之乡，比如奥地利、德国、法国等，最好放他们本民族的古典音乐、轻音乐，而且音量要小，以不影响谈话为度。席间天南海北、古往今来、文化习俗、旅游爱好、饮食文化都可以谈，除了笔者在茶歇那一节列举的不可谈的内容外，还要加一条，禁止谈与工作有关的事，一旦谈工作可就大煞风景了。一定要想方设法让他们回到家庭氛围中去，以得到真正的放松。喝酒要适度，喝酒比较厉害的国家比如英国、法国、德国、俄罗斯、蒙古、韩国、日本及北欧国家，为这些国家的客人可以上一些白酒、威士忌、伏特加、利口酒、葡萄酒、啤酒，但是不能劝酒把客人喝倒。值得注意的是，信奉伊斯兰教的教徒通常不会和非伊斯兰教教徒一同吃饭，他们也是不喝酒的。与客户交往中一定要搞清楚对方的信仰，以免伤害客户，弄巧成拙。

笔者还推荐一种方式就是春暖花开、气候宜人时邀请客户野餐，这是外国人非常喜欢的休闲方式，通常一家人来到郊外在草坪上铺上垫子，摆上食品，在享受阳光、美景同时又享受美食，并体验家庭氛围，何乐而不为？这也可以作为你提高英语口语的方式。你要准备好谈话的内容，比如小笑话、中国历史上有趣的故事、当地有名的美食等，在他们不介意时也可以问一下他们的家庭情况，并给他们以问候。如果客人此时想家给家人打电话时，最好不要打扰，更不要在一旁偷听，应该自觉走开给对方一个宣泄感情的空间与时间。

笔者在国外时就参加过这样的聚会，非常留恋这样的时光，笔者觉得这才是与客户交往的最高境界，就是让他（她）走进你的家庭生活，让他（她）感受中国文化，这样与你保持的友谊就会长久，也有助于你赢得客户。尽管西方人比较客观，做事通常是和情感分开的，但是笔者发现如果与其有这样的交流，他（她）会不自觉地在工作中替你考虑，麻烦事情就会少很多，这就是一种潜移默化的影响。

第十节　安排客户消遣

Arranging the Entertainments for Guests

在外国船东或者验船师监造期间，有时候要按照客户的要求或者领导的指示给客户安排娱乐活动或者其他消遣。

大学里有来自世界各国的以英语为母语的外籍教师，笔者发现大多数人的消遣模式依次是打网球、游泳、购物、逛街、骑自行车郊游、交友、读书、看电影、和朋友一起吃饭。

这些消遣方式都有以下几个共同点：第一，消遣活动都是健康的；第二，消遣活动多数与运动有关；第三，消遣活动是西方人隐私的一个部分，或者叫半隐私。所谓半隐私就是你可以知道他们的爱好是什么，但是和谁一起去，那就是他们的朋友圈，他们的朋友圈不会完全告诉你。因为你虽然认识他（她），但是在业余时间人家和谁接触是他的自由，只要他们遵纪守法，不损害船厂的利益即可，日常生活中不要对他们工作外的生活细节关心得太多，特别是欧洲人和美国人，对自己的隐私问题特别在意，绝对不可以过问和干涉他们的隐私。

不论是东方人还是西方人，有知识文化的人的娱乐方式都是大大方方的。航运界有些老套的东方消遣模式，即喝酒、唱歌、吃饭、洗澡等，而这些只适合港台、日本、韩国等规模小、个人修养差的船东。我们的安排一定要合情、合理，更要合法，体现出中国人的博大胸怀和文明。

第十一节　节日祝福
Congratulations of Festivals

首先我们看一下西方哪些节日比较重大，比较隆重。信奉基督教的国家有圣诞节(Christmas，纪念耶稣诞生，这一天圣诞老人将礼物分发给孩子们)和复活节(Easter，耶稣复活)。有些节日是某些国家或者地区自有的，比如加拿大和美国都有自己的感恩节(Thanksgiving Day)，芬兰和瑞典都有仲夏节(Middle Summer Festival)以纪念一年中短暂的夏天，意大利过情人节(Saint Valentine's Day)。但最重要的两个节日就是圣诞节和复活节。

伊斯兰教重大节日也很多，开斋节、宰牲节(古尔邦节)、圣纪、阿舒拉日、登霄节、拜拉特、盖德尔夜等，而最主要的节日就是前三个。

通常西方人过节是人家自己的事情，不要按照中国人想法给船东发所谓的祝贺。一个笑话就是一个外商在美国愚人节(April Fool's Day)发邮件祝贺愚人节快乐，这样的节日不能算节日，而只不过是生活中一个戏弄的小插曲，还不如发一个美国篮球明星Kobe Bryant(科比・布莱恩特)来华这样的"谎话"更能博得他(她)的一笑。

笔者从内心不赞同在西方节日时给西方人发祝贺的做法，原因是笔者看到，大多数西方人在最重要的节日时都和家人在一起，不和朋友聚会，更不上饭店或者酒吧，工作的事情早已忘记到九霄云外，此时作为船东的客户给他（她）发电子邮件或者打电话会让他（她）在休闲时突然联想起工作上的事情。但是有很多培训的学员在实际工作中这样做了，据说收效很大。本人认为这些可能是例外。如果要联系，比如说圣诞节，应该在圣诞节前两周联系比较合适。他们的回信通常都是，Thank you very much for your seasonal greetings. I wish you and your family will have a merry Christmas and happy new year.（非常感谢你的季节性问候，我期望你和你的家庭圣诞和新年快乐。）这个季节性的（seasonal）用法很有意思，说明西方人也知道你是走过场的。

西方人休闲时不考虑工作从下面的例子中就能体现出来。某日工作中茶歇笔者被问到体育锻炼的方式，笔者说自己在大学的游泳馆游泳，他们都是于默奥大学现代语言学的老师，有美国人、瑞典人、南美人等，大多数选择在于默奥市区游泳馆游泳，其实大学的游泳馆对大学师生有优惠，既便宜设施又好，但他们没有人选择在学校游泳，笔者问他们为什么，他们说到学校游泳馆游泳，看到单位又看到了学生，感觉自己是在上班，而不是在休闲。笔者举这个例子就是想告诉造（修）船人，非朋友关系，不必在过节时与客户沟通。

常用的节日祝福语句有：Happy New Year.（新年快乐。）Happy new year to you.（祝你新年快乐。）May this year bring you much success.（祝今年带给你好收成。）Take care of yourself in the year ahead.（新的一年请保重。）A merry Yuletide.（圣诞快乐。）A Christmas wish for my best friend.（祝我的好朋友圣诞快乐。）Happy Thanksgiving Day.（感恩节快乐。）Happy national holiday.（国庆节快乐。）Happy Easter.（复活节快乐。）On a bright and happy Easter and all the whole year through.（祝君复活节和一整年都快乐。）Merry Christmas.（圣诞节快乐。）

第十二节　祝贺体育比赛胜利

Congratulations to Sport Winners

体育比赛本身是娱乐大众的运动而已，但近年来被生意场上利用为一种商业营销的手段了。笔者前些年在给航运业作培训时比较抵触该方法，因为西方人的确把体育看成娱乐的事情，但是随着近年来这个方法成功的使用，笔者不得不重新审视与分析该方法的好处。

体育可以振奋人心，记得20世纪80年代中国女排获得世界锦标赛冠军，年轻学子们喊出“振兴中华”的口号，影响着国人为建设国家而努力。

英国人、南美人视足球如命，美国人酷爱篮球，澳洲人爱橄榄球，西方人普遍喜欢棒球，近邻日本也喜欢棒球。这些情感必定会带到生活中，也或多或少地被带入到生意场上。

如果他(她)所在的国家或者所支持的球队赢得了比赛，不妨给他打个电话或者发个邮件，祝贺球队赢得了比赛，这样关系会更加融洽。

但是这个方法有一定的风险或者负面东西，因为在西方很多人对待事业和业余生活是泾渭分明的，如果经常和他谈这个，他可能会因此和你终止生意而转成朋友，因为生意伙伴和朋友不是一回事，有时候是相克的。

通常用的祝贺语言如 Congratulations on Germany Team Winning World Cup(祝贺德国队获得世界杯)等。

第十三节　同情别人

Sympathizing and Mercy to Others

当船东或者验船师等本人或者家庭遭遇不幸或处于痛苦时要

伸出友爱和同情之手，但是中国人有些劝解人的方法不适用于外国人。比如说某人丢了钱，他把你当作朋友，把丢钱的事告诉你，如果按中国人的说法“破财消灾”“没有什么大不了的，丢了就丢了，我们再挣回来”，很可能伤害了你的朋友。外国人的劝慰非常简单，就是反复说“真可惜”之类的话，表示非常同情。

笔者就遇到过一次尴尬。一位笔者很熟悉的苏格兰外籍教师从厕所慌慌张张出来，可能是在如厕时用手机了，不小心手机掉进厕所便池里而且被冲走了，笔者正好撞见，他也许是还没有从慌张中缓过来告诉了笔者事情的全过程，笔者也被其慌张感染了就用中国式的劝解方法，他感到非常不理解。事后把这个中国式劝慰方法解释给他听，他弄了半天才搞明白，并告诉笔者，如果在英国你这样讲，那以后就不再是朋友了。英国人一定要说，What a pity!（多可惜!）如果听到他人或者他人家庭有不好的消息，应该说，I am sorry to hear that.（听到此消息非常抱歉。）或者用劝慰的话，Come on，This is not the end of the world.（振作起来，这不是世界末日。）如果家庭成员有人在生死挣扎期（critical time），他（她）整天忧郁，你可以说 No news is good news.（没有消息就是好消息。）当他担心某事时，你可以说，Don't worry about it.（别担心。）如果某人家庭遭遇不幸，你可以说 It's unfair.（真不公平。）如果看到某人极其悲伤，你可以说，If you want to cry，please do not stop that.（如果你想哭就哭吧。）I trust that you can overcome this difficulty.（我相信你能克服困难。）如果别人丢了钱财你可以用中国式的劝慰方法，Your health is the most important. Do not worry about your property.（身体是第一位的。其他都是身外物。）还可以借上帝名义劝慰，比如，When it's gone，it's gone. God may give you another chance.（过去的，就让它去吧。上帝还会给你新的机会。）如果你看到对方非常痛苦，你一定要先找个托辞介入，I think that you need me now.（我认为你现在需要我。）然后再进行干预比较得体。

第十四节　拒绝别人

Refusal

人在一生中应该有好多次在多种场合拒绝别人，拒绝的理由通常很简单，或者不喜欢，或者没有这样做过，或者要照顾别人的感受，要考虑到影响之类的，但是有时候做不好，在拒绝别人同时又伤害了别人，如果对方是船东，那可能由此得罪了船东。比如说，船东看到了“某船”船模的技术细节，马上掏出手机要拍照，而根据厂规拍照是禁止的，你要怎么拒绝船东呢？

笔者和外国人探讨这个问题时，他们说，他们有时候也很头疼，和笔者想法相同，就是如何拒绝别人又不伤害感情呢？

以国外行乞者为例，据说有个外国乞丐乞讨时每每得手，原因就是乞讨前先以上帝的名义说，For God's sake, you won't hurt me and cause me unhappiness, right?（看在上帝的份上，你不能伤害我并给我带来不快，对不？）这时候所有人都会说，Yes, of course not.（当然不会的。）然后乞丐就说了，If I got ten dollars. I would be happy. Will you give me ten dollars?（如果我得到 10 个美元，我将高兴，你能给我 10 美元吗？）说到这，所有人都会被他的逻辑装进去，给他钱。笔者的一个朋友说，我拒绝了他，笔者询问他是如何拒绝的，他说，I said, not today!（我说，今天不行！）

因此，换一种思维拒绝别人很有艺术，很有用。

国人在外国人面前碍于情面，不大会拒绝别人，而学会拒绝别人也是一种进步。许多造（修）船人明明不喜欢船东或者验船师提出的意见，认为是做不到的或者是无理要求，又不好意思大大方方地拒绝，弄得非常扭捏。作为造（修）船人一定要从自身利益考虑问题，而不是一味地从他人立场考虑问题，有时也需要适当的婉言拒绝。拒绝的由头非常多，比如说加班、有事、不方便、约了别人等，拒绝别人时一定要说理由，否则会伤和气，而理由尽量少用主观因素，尽量用客观条件、客观观点等，以避免伤人。比如不能说cannot，可以用 be unable to 表示不可为的客观现实，隐含拒绝，比如说，一名验船师准备晚上找你聊天，但是你最近总是心烦意乱，你如何拒绝他？你可以说，I'd like to, but I made appiontment with my friend Liu. We will have something important to talk about.（非常荣幸，但是我和我的朋友刘约了，我们晚上有重要的事要谈。）其他常见拒绝别人的用语：Sorry, I am unable to help you.（对不起，我不能帮你。）Sorry, I am exhausted now. Will we look for another time instead?（对不起，我现在非常累了，我们能不能找另外一个时间？）Sorry, I have never had a habit of lending money to others.（抱歉，我没有借钱给别人的习惯。）Time is up. I must go now.（时间快到了，我要走了。）No way!（不行！）Don't give me that!（少来这套！）None of your business!（与你无关！）I decline!（我拒绝！）Excuse me, sir. No photo here.（对不起先生，此处不得拍照。）I don't like to be photoed.（我不愿意被拍照。）I quit.（我不干了。）Sorry, I am uneasy to take photos with you.（对不起，和你一起照相不方便。）Sorry, I am not feeling well.（对不起，我不舒服。）Next time.（下次吧。）下面是一种委婉地下逐客令的方法，It's been a pleasure talking to you.（很高兴能和你谈话）。

第十五节　指示方位处所

Showing the Locations

在造（修）船期间，外国船东或者验船师经常需要找某领导或者工程师，或者找厂内的某场所，有时候可能找卫生间，我们需要给他们指出，有时候为了礼貌，比如对方内急的情况下需要立即找到卫生间，最好亲自引领他到彼处，如果此时你非常忙，就尽量准确地用语言描述该场所的前后、左右、上下以及与谈话地之间的关联。

以下是常用的指示方位处所的语言：The manager's office is upstairs.（经理办公室在楼上。）The general engineer's office is downstairs.（总工程师办公室在楼下。）The coordinator's office is next door.（协调员办公室在隔壁。）The engineer's cabin is on the corner.（工程师的办公室在角落里。）All the persons whom you are looking for are in the meeting room.（所有你要找的人都在会议室。）The toilet is opposite.（厕所在对面。）His room number is 1020.（他的房间号是 1020。）I will show you the way.（我给你指路。）Follow me.（跟我来。）Turn left.（向左转。）Turn right.（向右转。）Turn back.（向后转。）Go straight on.（一直走。）Go down this road.（沿着这条路走。）Her office is at the end of corridor.（她的办公室在走廊的尽头。）His office is near to the exit.（他的办公室离出口不远。）He is on deck now.（他在甲板上。）He is in accommodation.（他在生活区。）He is in the engine room.（他在机舱。）In front of...（在……前方）In the front of...（在……的前部）;In the back of...（在……的后部）On port side.（在左舷。）On starboard side.（在右舷。）The captain's cabin is on the starboard side.（船长房间在右舷。）The chief engineer's cabin is on the port side.（轮机长房间在左舷。）The hospital is downstairs.（医务室在下层。）The bridge is on the top.（驾驶台在最上层。）The second engineer's cabin is next door.（大管轮房间在隔壁。）This way, please.（这边请。）Mind your head and your steps, sir.（留神头上和脚下，先生。）

第十六节　请求别人原谅
Apologizing

有时候由于文化不同、理解不同，需要求得别人谅解，西方人经常说希望别人谅解的话，而东方人往往难以启齿。人与人求得谅解是非常平常的事情，西方人连说话没有听清都要道歉的。

道歉有两种基本的方式，一种是诚心诚意的道歉，这种通常是在给对方伤害比较深的情况下的道歉方式，还有一种就是随意道歉，比如对方的话没有听清楚，这种其实是礼节而不能算作道歉。诚心诚意的道歉态度要庄重，语气比较低，直视对方表示尊重，而随意道歉可以不看对方。

请求原谅的常用语句罗列如下：I beg your pardon, sir.（先生，请求你原谅我。）I am sorry, sir.（我非常抱歉，先生。）I am very sorry.（非常抱歉。）I am so sorry.（十分抱歉。）I am terribly sorry.（非常抱歉。）I am extremely sorry.（特别抱歉。）I beg your pardon?（你能重复一遍吗？）I am sorry?（你能重复一遍吗？）Sorry, it is my fault.（抱歉，都是我的错。）Please forgive me.（请原谅我。）Please forgive my rudeness, sir.（请原谅我的鲁莽，先生。）I do apologize, sir.（我真的抱歉，先生。）Could you give me a break?（你能饶恕我吗？）I really made a stupid mistake. Will you give me another chance?（我确实犯了愚蠢的错误。你能再给我一次机会吗？）I am sorry. I didn't pay much attention to it.（对不起。我刚刚没有注意。）Sorry, I didn't catch what you said.（很抱歉，我不知道你刚刚说什么了。）Sorry, I didn't mean ill.（对不起，我当时并无恶意。）I'm sorry to have bothered you.（对不起，打扰你了。）My mistake.（我的错。）I do apologize to you for having given you so much trouble.（非常抱歉给您添麻烦。）I am sorry for my forgetfulness.（为我的健忘表示抱歉。）I regret the trouble I am causing in this matter.（为此事给您添麻烦，我很抱歉。）

如果是外国人向你道歉，你接受了道歉，回应他（她）的常用语句罗列如下：It doesn't matter.（没关系。）That's all right.（没关系。）It's nothing.（没有什么。）Never mind.（没有关系。）No sorry.（不用道歉。）No biggie.（不是什么大事。）No big deal.（不

是什么大事。）That's okay.（我原谅你了。）Don't mention it.（别提了。）No problem.（没有关系。）

第十七节　闲　聊

Conversations with Westerners

笔者在大连的几个造船厂进行培训时发现，这些造（修）船人都来自于如大连理工大学、大连海事大学、哈尔滨船舶工业大学等名校，由于这些厂都是国内外著名企业，来此工作的都是尖子生，大多数在学校四六级考试（CET）成绩都是高分，但是多数人却不懂得如何与外国人谈话。

与外国人谈话除了在前面章节已经说明不能谈的内容外，还有一些特别的语言应用小规则。

英语谈话中有下列要注意的问题：

不要擅自改动词。比如说，Where are you from?（你是哪的?）I come from Poland.（我来自于波兰）这是笔者和一个波兰人谈话中的一句。这个谈话的毛病就是他擅自改了笔者的问话动词，他应该说，I am from Poland. 果然我们谈话很不顺利，加上他英语水平有限，我们很快就结束了闲聊。还有如，Do you like basketball?（你喜欢篮球吗?）多数中国人说，Yes.（是的。）这句话正确的回答方式是 Yes，I do.（是的，我喜欢。）保留说话者的动词表明你遵守了他的谈话规则。

不要有不当省略，比如 How many people are there in your family?（你家有几口人?）回答 Three（三个），这种回答方式就像逼着问问题人早早结束闲聊。

此外尽量不要抢话或打断别人说话。

注意在同意对方观点时，一定要不失时机地随声附和。随声附和的一些用法罗列如下：Yes，I agree.（是的，我同意。）Yeah.（是。）Yes，of course.（是的，当然。）Certainly.（当然。）No problem.（没有问题。）All right, then?（好的，然后呢?）Well, ...（那么……）Let me see.（让我想一想。）Oh, really.（是吗?）That's right.（好的。）Not really.（不确切。）Not exactly.（不确切。）Possibly.（可能。）Most realistic.（最有可能。）Sure.（当然。）Good（好。）Good idea.（好主意。）Oh, no.（太糟糕了。）Wonderful.（很好。）I know.（我知道。）Okay.（好。）I see.（我明白了。）Now I understand.（现在我明白了。）But, ...（但是……）Uh huh.（啊哈。）Wow.（哇噻。）Why not?（为什么不呢?）Don't we?（我们为什么不呢?）Go ahead.（继续讲。）True.（是事实。）Not true.（不对。）I swear.（我发誓。）You know.（你明白。）Mmm...（嗯……）Er.（啊。）For God's sake.（看在上帝的份上。）Jesus.（上帝呀。）Generally speaking,（一般来讲,）As a general rule,（作为一般规则,）As a matter of fact,（事实上,）Frankly speaking,（说实话,）Nah.（不。）No.（不。）Oops.（啊呀。）Okay, then?（好，然后呢?）Phew.（哟。）I don't know.（我不知道。）

此外既然是闲聊，一定要放松，不要心不在焉，更不要老看表，否则对方会草草结束谈话，并播下不愉快的种子。

第十八节　巧对外国人的恶语

Strategies of Dealing with Foreign Offensive Languages

和船东相处久了就会发现，有些船东的文化素质不高，加上在船上养成骂人恶习，因此在其不满意时可能会口出恶语(offensive language)。根据统计，说恶语的男子多于女子，性格外向的人多于性格内向的人，年轻人多于老年人，身体素质比较差的人多于身体素质好的和身体素质特别差的人。

恶语分四种，第一种是侮辱别人人格的语言，比如说 stupid, foolish 等，但是如果说 silly 不一定是骂人话，有时候发现对方比较单纯或者表面比较傻其实很精明时用 silly。另外西方人把人比成狗不是骂人，比如英语中成功人士称为 top dog，不成功人士称为 under dog，但是中国人把别人比成狗绝对是骂人话，比如“走狗”“哈巴狗”“狗腿子”等。

第二种是和性相关的脏话，比如 fuck，bitch，还有经常听到的骂人话，son of bitch.

第三种是口头禅式的怨气话，比如 shit，holy shit，bull shit，此类骂人话是恶语中程度最轻的，就是发泄不满而已，不能算骂人，此类话还包括 bingo(不满发泄用语，表示不服气)。

第四种是和宗教相关的骂人话(taboo)，这类是西方世界公认的最难听的骂人话，比如 Jesus，Jesus Christ，God damn.

如果我们听到了上述对自己有攻击性的话要怎么办？有些人说这是对中国人不尊重的表现，我们必须反击，让他们知道中国人不是好欺负的。但是这样的说法不符合目前航运界对外相处的特殊性，而且“针尖对麦芒”的思维方式是冷战时期的思想方法。多数情况下，这种处理问题的方式在航运界对外交往实践中是相当错误的。造船和修船人员在对待船东时，通常要采用“打太极拳”的方法，即对方一拳击打过来时，应该立即躲闪，并适时回敬，棉里藏针。这里笔者记起苏东坡和高僧佛印的故事。一次佛印问苏东坡彼此打坐看对方像什么，大文豪苏东坡平时经常与好友赌酒吟诗养成了争强好胜习惯，想恶搞一下佛印，就开玩笑说，“打坐时看对方像一团大粪”，问佛印看自己像什么，佛印说，“打坐时看苏东坡像尊佛”。苏东坡回家将此事告诉其妹苏小妹，苏小妹却认为苏东坡输的太惨了。苏小妹道出迷津，就是相由心生，高僧因为心中有佛才看苏东坡像佛。因此对待不雅船东的拙劣表演时，最好的办法不是反唇相讥，而是表示抱歉说，“I am sorry to hear that”。这个抱歉不是向对方道歉，而是说我怎么听到如此拙劣的语言。

对待对方冒犯的语言，最好的方式就像打太极拳一样，以柔克刚，如果对方发火时你也发火，只能使得情况变得更糟，通常对方气消了后自然会道歉。

第十九节　接电话或者打电话
Handling Telephone Information

接外国电话在中国是非常普遍又非常困难的事，因为接电话那一刻接电话人没有任何思想准备，不可预知对方要讲的内容。通常我们接电话时都会用中文打招呼：“这里是×××船厂，请问你找谁?”如果对方不会说汉语往往支支吾吾一阵后说：“Excuse me. Could you speak English?”(对不起，你会说英语吗?)

下列用语经常在接电话时使用：Who is speaking, please?(请问是谁挂的电话?)He is not at the desk at the moment.(他现在不在办公室。)Would you like to hold or pass a message to him?(你是希望等呢还是转信息给他?)I will pass the information to him as long as he come back.(只要他一回来，我就转达信息给他。)Sorry, you have dialed a wrong number.(对不起，你挂错电话了。)

如果打越洋电话，请慎用 good morning, good afternoon, good evening 三个词组。比如你下午 1700 点打电话给伦敦的劳埃德船级社验船师，你是说 good morning 还是 good afternoon 呢? 如果说 good morning，显得你失去自我，可能会影响日后的交往而失去主动权，如果说 good afternoon 又显得自大，会使对方听起来极其不舒服。同样的问题，还是因为时差(time lag)的存在，如果我们要打电话给美国船级社的验船师，也可能是在晚上 10 点多钟，此时他们在休斯敦总部刚刚上班，你是说 good evening 还是 good morning 呢? 这时候的折中方法是说 good day，也适用于电传、传真中。

如果你需要主动和国外船东或者船级社验船师联系，通常会说：Extension 206，please.（请接 206 号分机。）Hello. May I speak to Mr. Smith?（喂，我能和史密斯先生通话吗?）Could I leave a message for him?（能给他留口信吗?）Is this the Technical Support Department?（这是机务处吗?）Just tell him that Mr. Zhang called in the morning.（就告诉他早上张先生打来电话。）Please pass a message to him to say that Mr. Zhang wants him to call back in the afternoon.（请转达信息给他，就说张先生希望下午回电话。）

第二十节　慎重对待签字和承诺
Cautions on Signature and Promises

相信多数中国船员在船上无聊时都会模仿船长、轮机长或者其他高级船员在航海日志（Deck Logbook）、轮机日志（Engine Logbook）或者电气日志（Electric Logbook）上的签名，练习到其签字可以以假乱真的程度。日常工作中经常会遇到因为业务问题找别人签字而别人碰巧不在，且领导催得紧而不得不找其熟悉人代替签字的情况。工作中也有部门领导为了考勤拿一张白纸让出勤者签字的情况。这些在国内是非常普遍的情况，而在西方签字是一件非常神圣的事情。

在此举个例子，笔者从瑞典学习期满回国需要自己购买回程票，从于默奥到斯德哥尔摩这一段笔者选择了火车，从瑞典回国前银行账户已经销户，而在瑞典所有的旅行车、船、机票都是在网上购买的，偶尔能遇到长途汽车站有人工售票的情况，笔者不得不找当时的系主任 Johan 帮忙代为购买，买完后发票当然是他的名字。回国报销时，因为发票名字不是本人的，不符合财务原则，有关方面电话笔者要求立即更改发票或者说明情况，由于报销机构会计不熟悉英语或者瑞典语，于是笔者就用中文写了情况后找 Johan 签字，结果他坚决拒绝签字，而且非常不高兴，他说“I have never signed any paper which I can't understand"(我从不在我看不懂的东西上签字)。

假设有人要你在一张白纸上签上你的大名，而你照做，你想过其后果吗？如果此后有人在你名字上填上诸如你欠某人多少钱或者涉及诋毁他人或者支持某反动言论等文字并继续进行恶意侵权的话，恐怕只有向律师和法官解释了。建议读者认真对待自己的签名，特别是在公共场所无事可做的时候不要拿一张纸练习自己的签名，然后随手一丢。试想一下，各种公众人物的签名肯定有好多种，这些人的银行业务签名肯定与他们给粉丝的签名不同。

此外就是承诺和作证等问题。前文在东西方不同中曾经写到，东西方文化背景不同，国人承诺比较随便，作证时不少人也不好好想想，用一些推断式的语言，这些做法无论是在商务还是日常生活中会给自己带来非常大的麻烦。比如在瑞典，由于犯罪率比较低而且诚信体系比较高，警察办案一般都重视证人的证言，而不像对物证那样较真，如果证人有不实或者推断语言将对警察的公务产生妨碍。

西方的证人发表证言时，通常是对上帝或者《圣经》起誓：In the name of God,...(以上帝的名义……)I promise that all my words are fact.(我承诺，所有的话都是事实。)I swear that I tell nothing but the truth.(我发誓，我只讲实话。)I swear to my God that I won't tell a lie.(我对上帝发誓，我不会说谎话。)

第十章　海事行业商务就餐礼节

The Etiquette of Dealing with Business Luncheons for Maritime Industries

中国的俗话说，“民以食为天”。海事相关行业的人员比如造船和修船人员与外国船东、验船师、船旗国主管机关派员在商务相处中也离不开就餐，而中式和西式就餐存在明显差异，这就需要了解就餐的礼节和使用语言。

本章分六个小节：第一节“西方人的烟酒禁忌”；第二节“参加午餐会或定便当”；第三节“定宴会”；第四节“参加自助西餐会”；第五节“吃西餐”；第六节“参加西方晚宴”。

第一节　西方人的烟酒禁忌

Using Cigarette and Alcohol for Westerners

国内外吸烟的人很多，国内男性吸烟者比例较大，而国外男女吸烟比例都很大。吸烟是有很多禁忌和约束的。

首先，欧洲国家不但公共场所禁止吸烟，在建筑物内也禁止吸烟，通常会在建筑物前设一个吸烟垃圾点，垃圾桶都是铁的，垃圾桶上方有类似烟灰缸的东西，那就算吸烟场所了，经常看到外国人在那里吞云吐雾，吸烟后再回到建筑物内。有些烟民非常难受还含一种从商场买回来的类似含片的东西，里面应该含有尼古丁，和吸烟感觉差不多，经常看到茶歇时这些烟民不愿意到外面吸烟，把这个类似药片的东西塞在牙齿和嘴唇之间的缝隙里，用完后把这个东西扔到垃圾箱里。因此如果有机会到国外观光，一定注意不能在建筑物内吸烟，更不能躲在房间里吸烟，有些旅馆是设有吸烟区的，可以在吸烟区内吸烟。

中国人有一种说法是烟酒不分家。在公共区有人吸烟，同事或者朋友过来后，经常会友好地给一支烟。有时候外国船东或者验船师来到跟前也问一句："Won't you have a cigarette?"(不来一支烟?)这种做法相当错误，外国人让茶、让咖啡，绝不劝烟与酒，也不给对方乱吃药(这个问题将在看望病人那一节再论述)，因为吸烟有害健康，给别人让香烟等于伤害别人的健康。

外国人买酒甚至到酒吧都有年龄限制。买酒必须是成年人，大多数国家指 18 岁以上，如果买酒时服务员怀疑不是成年人，他们有权要求购买者出示身份证，否则就不卖酒。笔者在瑞典认识一个人叫 Anders，岁数不小却长着娃娃脸，每次到酒专卖店，服务员都要求其出示身份证。因此国内那种孩童替老爸打酒的事在国外根本就不可能。进酒吧也有年龄限制，比如在瑞典，每个酒吧都有自己的年龄限制，有的规定 21 岁，有的规定 19 岁，但是不论如何规定都必须是 18 岁以上。如果进酒吧的人被怀疑是非成年人，酒吧看门人有权要求其出示证件。

有一些国家和地区不能喝酒，比如穆斯林国家是禁止喝酒的，去这些国家和地区必须遵守当地风俗习惯。

第二节　参加午餐会或定便当

Attending Luncheons or Booking Take-away

笔者在留学期间观察到外国人的饮食都不太讲究，即使有好食材做得也不太好吃，比如在瑞典有一天看到房东 Anders 买了一条新鲜鱼，按中国的习惯一定是或红烧或清蒸再加佐料，而他只是简单收拾一下，洒点盐巴，刷点油，往烤箱一放就万事大吉了。即使正餐(dinner)尚且如此，更何况中午饭了，笔者曾和他们戏称，lunch 用中文音译就是"乱吃"。午餐有两种，一种是稍微好一些的午餐，吃得时间比较长，英文叫 luncheon（午宴），就是由于时间等问题把晚宴改在中午了，这种宴会通常与商务活动有关，吃饭不是目的，而谈事是目的，这种宴会可以接受谈生意，通常的请客吃饭是不能谈生意的。而常规的午餐，也可以谈和工作相关的事，因为午餐通常是在工作场所，人们只是为了填饱肚子，而并不像下班回家或者度假那样做到真正的休息。西方人的午饭非常简单，自带的 sandwich（三明治）、hamburger（汉堡包）或 hotdog（热狗），放在微波炉一热就吃了，或者用开水煮一下 spaghetti（意大利面条）如空心粉，倒上番茄酱一拌就吃了，吃饱了再喝一杯咖啡，而且中午休息时间也非常短暂。

因此如果在工作场所有机会给外国人订午饭，切勿上大餐，可以订意大利比萨饼（pizza）或者汉堡包之类的，最多加一点沙拉酱拌蔬菜，但千万别忘了，一定要给上纯咖啡，要么自己冲，要么自己买，如果凉了，一定要给热一下，外国人是从不喝凉咖啡的。在订餐前，一定要征求对方的意见，比如说，What would you like to eat? Hamburger? Pizza?（你喜欢吃什么？汉堡包？比萨饼？）如果要的是咖啡可以问他（她），Do you want coffee with milk and sugar?（你喜欢咖啡中加牛奶和糖吗？）

值得注意的是，外国人非常不喜欢速溶咖啡（instant coffee），要是他们想在咖啡中加糖或者牛奶，应该把这些东西递给他们，让他们根据自己的口味添加，而不是为其代劳。前面我们讨论过西方人在任何问题上都要有自己的空间，所以如果事无大小都替西方人安排，多数西方人会非常反感的。

第三节　定宴会

Booking Banquet

定宴会是在船东或者验船师来中国监造时要安排的礼节。我们必须在订宴会前搞清楚对方的信仰，比如大家都知道信奉伊斯兰教有一些禁忌，还要知道地域差异。笔者曾经听说朋友请美国人吃大连名菜，生吃亚萍（大连话说成亚片）鱼和鸡尾酒虾，结果美国人看到鱼虾还活着，草草结束饭局，大家都不开心。但是如果拿这两道菜宴请日本朋友，他（她）一定会享用的。注意多数西方人都忌讳动物的内脏，因此宴请外国人不要做溜肝尖、爆猪肚、溜肥肠、红烧猪蹄等国人爱吃的菜。上世纪 90 年代，笔者问过大连海事大学接待外宾的厨师长什么是欧美人最爱吃的菜，回答竟然是甜口改良版的中国菜，如菠萝炖鸡。笔者就目前掌握的几个国家的人的禁忌说一下，美国人忌食肥肉和各种动物的内脏，不喜欢吃蒜、韭菜这种气味大的食物；英国人只吃动物的肉，而不吃动物的内脏、头、蹄、血等部分，在口味方面，他们喜清淡、酥香，不爱辣味，较少吃海鲜；德国人喜欢肉食，尤其是香肠，但他们也不吃猪蹄等，他们讲究食物的新鲜营养，不吃有化学成分的食物，也很节俭，多数时候会把食物吃得很干净，不吃咀嚼后需要再吐出来的东西，比如螃蟹、河鱼等；法国人不吃肝脏之外的动物内脏、无鳞鱼和带细刺的鱼，不吃味精，也不爱吃辣味的菜肴；日本人一般不吃肥肉和猪内脏，有的不吃羊肉、鸭肉、狗肉、兔子肉、驴肉，日本人愿意生吃三文鱼和其他新鲜鱼，超级爱吃河豚，为日本客人盛饭时，忌讳盛得过满过多，也不可一碗就盛一勺，不要把整份饭或菜分成一份一份的；韩国人一般不喜欢吃过于油腻、过于甜的东西，不喜欢吃鸭肉、羊肉和肥猪肉，不喜欢吃馒头；泰国人不食用牛奶和乳制品，他们不爱吃红烧的菜肴，忌食牛肉，不吃蛇；伊斯兰教的饮食禁忌较多，主要是不食不洁之物，包括猪肉、狗肉、驴肉、马肉、兔肉、无鳞鱼及动物的血和非宰杀的动物、自死的动物，同时还禁止饮酒；印度人超级爱吃大蒜一类辛辣食物；以色列等国不吃海参；北欧人不吃黑色菜肴，比如木耳和干蘑菇。

定宴会一定要考虑到外国人的特点，如果请他们吃中餐，一定不要过于中国化了，笔者注意到国外的中餐馆都是改良过的中餐，如果是原汁原味的中餐，外国人肯定吃不习惯。

此外环境很重要，一定要找安静幽雅的环境。也不要有过多的礼节，外宾来了，领导不陪也不好，于是厂领导、工段领导、项目负责人、翻译都来了，一人说一段祝酒辞，外宾还要听着，拿吃饭当开会了，这样的请客恐怕客户回去后一定会吐槽。此外，点菜切不可浪费，按照一些歪风邪气，点菜必须有剩才说明待客好，但外国人不是这样的，他们吃饭从不剩下，即使是外国富翁也是把饭菜吃光的，如果没有吃光会打包带回去。铺张浪费可能导致客户以后不再合作，因为客户会认为你在造船时也有浪费的习惯，这样成本就无形增加了。

第四节　参加自助西餐会
Attending Western Style Buffets

西方人也知道宴会的形式比较呆板，不仅仅客人要讲究礼节，主人或者女主人还要频频在适当的时间照顾客人加菜等，不一定所有人都能处理得很好，因此西方人也组织自助式西餐。笔者在瑞典时参加过几次类似的聚会，这是一种半正式、半派对式的聚会，船东也常主办这样的半商务式聚会，餐会地点通常是户外或者豪华餐厅，或者有独立花园和各种私密空间的酒店。如果是在酒店聚会被邀请的人可以不用带礼物，如果是家庭聚会而且不是第一次到邀请人家，也可以不用带任何礼物。

参加聚会者以正装为好，如果都是某俱乐部人的聚会，比如体育活动俱乐部人的自助餐聚会，完全可以穿便装。笔者曾参加过瑞典于默奥大学语言学系老师的私人聚会，地点是在系主任Johan（尤安，同英语的约翰，John）家，位于于默奥河畔，那里风光旖旎、阳光明媚、和风徐徐，大家边聊天边吃饭。

应该注意以下一些礼节性的问题。这种聚会通常是通过吃饭然后聊天认识新朋友的过程，不能只黏着你认识的那个人讲话，因为此时他（她）也要和别人讲话。

然后要注意少夹勤取，比较忌讳是一次性在自己的餐盘里夹了好多，特别是自己愿意吃的菜夹了好多，有失礼貌。

再者，不能剩菜和随意丢弃垃圾。由于是自助聚会，可能为了和某人找个僻静聊天地方而走出很远，一定注意不要将吃完的垃圾乱丢。

最后就是关于酒的问题，主人通常会提供酒，一般只提供葡萄酒、啤酒，而没有像伏特加那种酒精度很高的酒，注意千万不要倒满杯，外国人说不笑话人是表面的，对于醉酒、酗酒、贪酒者，他们是用一种鄙夷的目光看待的。如果你确实很想喝主人提供的酒，可以采取一次少倒、多倒几次的方法，没有人会留意你去倒了几次酒，添了几次菜。

这样的聚会还有一个特点就是冷菜多，因为自助的特点就是时间长，所以很多热菜显然不适合。笔者见过的瑞典自助餐的热菜不过是土豆盖牛肉、洋葱猪肉丸子之类的典型瑞典菜。

第五节　吃西餐
Using Western Foods

与西餐相比，还是吃中餐比较简单，一双筷子，最多加一把勺子，所有问题全都解决。如果参加高档西餐会，吃饭的工具太多了。叉子(fork)分吃主菜用的、吃冷盘用的、吃鱼用的、吃水果用的，通常吃主菜用的尺寸大、吃水果用的比较小。刀(knife)也分切肉的、切冷盘或者热菜用的、切水果用的、切鱼用的、切奶油用的，其中形状和锋利程度不同，切肉的比较锋利一点，带锯齿的，但都不是非常锋利的那种，最普通的刀用来切蔬菜，奶油刀比较小，是往面包上涂奶油或者果酱的，吃鱼刀与其他刀形状不同，前端比较大，像一把铲刀。勺子或者匙(spoon)也分公用的、汤匙、甜品匙、咖啡匙，其中喝汤用的比较大，咖啡用勺最小，甜品用勺也比较小。酒杯也有讲究，分高脚杯、啤酒杯等不同杯子。

一、吃西餐的方法

笔者初到瑞典，房东 Anders 接待笔者第一天就教笔者如何吃西餐，笔者在国内也学过如何使用刀叉，但是很容易忘。他的方法非常简单，他先告诉笔者刀的用途，刀是切割用的，因此一定要用最有力的手拿刀，因为多数人右手最常用，所以右手拿刀，像笔者这种“左撇子”就只能左手拿刀，右手拿叉。除了喝汤，常用的就是刀和叉子。

西餐中牛排必不可少，因此要注意牛排的吃法。在做之前厨师会问要全熟(well done)还要半熟(half done)，中国人喜欢吃全熟的。在吃牛排之前要用刀子把牛排切成小份，每次吃一小块，保证这一块全部到了嘴里，不至于过大，吃的时候嘴唇要闭起来，叫做闭口咀嚼。切割时要力道要合适，按照英国人的习惯不能听到切盘子的声音。

喝粥的细节：注意要用小勺，不要直接拿起来像喝水一般的喝下去，粥喝到见底的时候，一只手托着碟子一侧，另一只手依旧用勺子喝，所以粥在西方不能端碗喝，只能用勺子。

水果、沙拉、甜点等：一般沙拉、小蛋糕之类的，用小勺吃就可以；注意水果的果壳不要直接吐出来，要用手拿出来，放到盘子旁边。

酒在西餐中是开胃品，不是为了贪酒而过瘾的。西方人过酒瘾不在就餐时而是上酒吧，因此不能干杯。喝酒的时候，用三根手指拿住酒杯，如果是葡萄酒，就悠闲地晃动酒杯，然后慢慢喝下。注意吃东西的时候不要喝酒。除了工作性质以外的西餐会通常是不说话的。

二、西餐上菜程序

西餐上菜程序和中餐大有不同，中餐是要求厨师尽快上齐，而西餐是一道一道地上，大有品而不是吃的感觉。

上菜的顺序是先上开胃菜(appetizer),并拿来面包(bread),面包通常放在小筐中按需要自己取,然后是汤(soup),再慢慢进入主题,先是蔬菜沙拉(salad,注意这里应该叫沙拉酱拌蔬菜),然后上副菜,再上主菜(比如牛排),最后上甜点(dessert)和咖啡(coffee)或者茶(tea)。甜点就是本次西餐要结束的信号,这一点和中餐最后上主食有相似的地方。比较讲究的是西餐在换菜时所用的刀叉都换了。

吃西餐前先要围上餐巾(napkin),备好刀叉,通常刀都放在盘子的右侧,而叉子放在左侧,勺子放在盘子上方,方向垂直于刀叉。

西餐有时候吃的时间会比较长,这时候可能需要休息一下,怎么处理呢?应把刀叉以八字形状摆在盘子中央,餐刀刀刃向内。在自助西餐馆,刀叉没有放在盘子里,而人不在座位上,服务员很可能认为是吃完走人了。

吃饼干、薯片或小粒水果,可以用手取食。面包手取,注意取自己左手前面的。取面包时,左手拿取,右手撕开,再把奶油涂上去,一小块一小块吃。不可用面包蘸汤吃,也不可一整块咬着吃。吃三明治时,小的三明治和烤面包是用手拿着吃的,大点的吃前先切开。配卤汁吃的热三明治需要用刀和叉。面包也有面包的刀,放在面包盘上方。

一般西餐会中没有意大利面条(spaghetti)。如果吃意大利面,西方国家不用筷子,而是用叉子跟汤匙结合一下,叉子卷起几根面条,放到勺子上,然后吃进嘴里去。笔者见过外国人用筷子吃面条的窘态,先用筷子卷面条,然后送到嘴里,因此最好不要在西餐中吃面条。

前面介绍了就餐中休息一会儿的刀叉摆放,最近流行一种用摆放刀叉表示吃饭者意图的方法。刀横放,刀刃冲自己,叉纵放,叉子凹面向上,叉把冲自己,表示我在等下一道菜。刀和叉横放于盘子中表示吃得满意。刀叉纵放于盘子中或者放在盘子外,表示可以收盘了。刀插入叉子齿内成八字形放在盘子上,表示菜做得很糟糕。

第六节　参加西方晚宴

Attending Western Dinner Parties

在西方国家大多数情况下都是邀请客人到家里参加晚宴的，到饭馆消费的人群不多，因此参加晚宴有一定的讲究。首先，如果是首次参加家庭宴请，一定要带礼物，最好是给每个人准备礼物。比如笔者参加Johan的家庭聚会，给他们家每个人都准备了礼物。他有一个女儿和笔者女儿同年龄，就对她更加青睐一些，给了一本剪纸画集。他的两个儿子有一个在外面租房子住(瑞典人通常16岁以上就不愿意和父母住一起，都在外面住)，笔者给他们准备了中国结，自己也买了一瓶普通的法国红葡萄酒。在国外葡萄酒不讲品牌，不讲制造年份，普通的只相当于人民币30元左右，这样就可以体面地参加其家庭晚宴了。

晚宴通常要约定到达的时间，西方人对此比较讲究，不能提前到，特别是美国家庭，时间观念非常强，不到时间不收拾家，如果到太早可能会撞见他们在打扫房间，很尴尬。如果到达比预计晚半小时以上，需要说明。总之准时比较好。

参加晚宴一定要选自己最正式最华丽的服装，男人西服、西裤、皮鞋、领带都要齐备，女人要穿晚礼服(night dress，注意这个词不能翻译成“夜行衣”。)。

抵达后要敲门，主人开门后要先把礼物给主人，主人收到礼物一定要当面夸赞，而且表情非常夸张，Wow! It is so beautiful. It is very kind of you. You shouldn't have.(哇，太漂亮了。你太好了。你不该破费。)因为你穿着打扮了一下，主人家一定会夸赞It looks smart on you.(你穿戴很漂亮。)或You are so beautiful today.(你今天很漂亮。)等话语。

你一定要回应，不可以说No, no, I am ugly.(不、不，我很丑。)这样自谦的话，应该说Thanks. Anyway, thank you very much for your invitation.（谢谢，顺便说一下，非常感谢您的邀请。）

如果有外套，千万不可以自己脱掉随意乱放，通常细心的女主人会帮助你挂起来。如果没有人关照，可以问，Where should I hang on my coat?（我的外套应该挂在哪?）

在等待吃饭期间，请注意下列几个禁忌：厨房、卧室都是主人家私人领地，非允许不得参观，如果确实非常感兴趣可以征得主人的许可。起居室(dining hall 或者 dining room)是客人的主要活动区，当然卫生间不是私密区，如果方便当然是可以使用的。

前面在道别礼节中讲过，在咖啡上过后，出于礼貌还要陪同主人家聊上半小时左右，然后就要给出道别的理由了，让主人慢慢感受你要离别了，这样暗示两次左右就可以起身告别了。临行时千万别忘记说，All the foods are delicious. I am full. I like that very much. Thank you for your feast.（所有的食物都很好吃。我吃饱了。我非常喜欢。谢谢您的款待。）

说再见时不只对主人再见，应该对家庭的每个成员再见。

北欧人还有一个习惯，就是如果你非常满意，应该一两周后再发一个邮件，告诉邀请你的人，Thank you very much for dinner. It is still in my memory.（非常感谢你的晚宴，它始终留存在我的记忆中。）

第十一章　海事行业海外商务旅行的礼节

The Etiquette of Overseas Business Travelling for Maritime Industries

海事行业的对外交往非常多，商务旅行是家常便饭，而笔者在培训中发现国内造船和修船业人士的国外商务旅行不多，不少人不知道在商务旅行中有一些常识性的知识。本章以笔者自身的商务旅行为蓝本，通过对国外商务旅行的诸多难题向造船与修船人士解释商务旅行的注意点与礼节。小处不可随便，任何一个细节都有可能关乎造船或者修船业务国外拓展的成败。

本章包含内容较多，有18个小节：第一节"乘车安排座位"；第二节"安排旅行"；第三节"在西方公共场合"；第四节"旅馆商务活动"；第五节"乘飞机"；第六节"乘火车"；第七节"乘公共汽车"；第八节"打车和租车"；第九节"乘地铁"；第十节"城市观光"；第十一节"申请签证"；第十二节"逛商场"；第十三节"丢东西与拾物处理"；第十四节"应对警察例行检查"；第十五节"办理银行业务——以瑞典为例"；第十六节"利用图书资料查阅信息"；第十七节"参加学术会议"；第十八节"租住家庭旅馆或者青年旅馆"。

第一节　乘车安排座位

Arranging Seats in the Vehicle

在与国外船东和船级社交往时，经常会遇到车接车送的情况，许多国人没有仔细研究过位置的学问，结果闹出笑话。某日笔者被请去讲礼仪课，接笔者的人有司机(学员兼的)、负责人(年轻漂亮的女士)，负责人坐在司机身后的座位上等笔者下楼，笔者下来后自然坐在副驾驶的位置上。以此为例并非责怪与挑剔，只是作为一个例证说明非常多的人没有仔细研究乘车座位安排的学问。

我们首先认识一下，副驾驶座位尽管视线好，但是通常座位空间小，欧美人多数大块头，不适合坐这个位置，更何况在副驾驶位置一定要系安全带，比较麻烦。笔者听一位资深司机说过，那个座位最不安全，因为发生事故时，司机的本能反应是自我保护，这是不以人的意志为转移的，所以旁边座位就不好了，因此从安全的角度说，司机后面的座位恰恰是最好的座位。

但任何事情不是绝对的，比如说用一辆常规的轿车接 4 个人，如果后排座必须坐三个人，那么副驾驶位置对客人而言应该是最尊贵的座位了，如果此时将尊贵者放在后排中间座位，是否有一种"押解犯人"的感觉呢?

如果是家庭聚会，主人亲自开车来迎接，那么最尊贵的座位也是副驾驶位置，然后依次是后排右侧、后排左侧，最后是中间座位。如果有司机来接，副驾驶是给团队中秘书留的，这个人应该是团队中地位最低的，需要打理行程，甚至做向导，最尊贵位置是后排右侧，然后是后排左侧，最后是后排中间。

如果车只接一个人，那要看人的性格和当时情况。笔者经历过晚上八点司机来接机把笔者从杭州送往舟山，司机虽然是比笔者小 20 多岁的年轻人，如果按照礼节笔者应该坐后排，但是为了防止司机寂寞犯困，笔者坐在副驾驶位置上，偶尔帮他看看路况，说一两句话，消除疲劳。

通常情况下比较尊贵的客人应该坐在后排座位，如果按照尊右原则坐右侧，如果按照安全原则坐司机后面。但是只要接驾者打开车门，通常客人会按照安排，不再主动调整座位了。

如果接人的是辆吉普车，最好的座位是副驾驶的位置，其他依次是后排右侧、后排左侧。

如果是三排七座车，且车主人来接，那么副驾驶是最尊贵的座位，其他依次是最后一排右侧、左侧、中间座，中间一排右侧、左侧。如果是专职司机来接，最尊贵的座位是最后一排右侧，最差的位置是副驾驶座位，其他依次是最后一排左侧、最后一排中间、中间一排右侧、中间一排左侧。

然而实际上非常多的场合是把团队中地位最高的人安排正确，其他人没有必要一定按顺序坐。有时侯比较讲究的团队自己就按照应该的顺序选择自己的座位了。值得注意的是，如果团队尊长是带小孩的或者老者，即使应该坐副驾驶位置也不能安排在该位置。提醒年轻的女性朋友，穿裙子时上下车要整理好裙摆，动作可以慢一些，如果走光会很尴尬。

第二节　安排旅行
Arranging Trips for Guests

船东或者验船师在中国短暂休假期间，可能想在中国旅游一下，到处转一转，有时候可能要求你帮助安排一下旅游行程，如何安排能使他们度假愉快呢？笔者提出几个多数外国人都喜欢的方式，用八个字表示就是“地道中国、犄角旮旯”。比如一个纽约人来北京，看再多的建筑群也就是建筑而已，纽约什么建筑没有？但是天安门、四合院、故宫他们没有，不妨让他们看看这些。如果在福建，不带他们到南靖云水谣土楼，让他们在当地坐下来喝碗茶，和当地茶农讨价还价带点茶回去，就不算到福建了。广东的风景有很多，但是如果外国游客去一次佛山的丹霞山，看一下丹霞地貌，他们绝对会对这次旅行非常满意，因为这些都是他们没有见过的。

中国地域广大，每个地方都有自己的典型文化，这些纯正的只有中国人才有的文明和文化才叫中国特色。《红高粱》的作者莫言之所以能够得诺贝尔文学奖就是让西方人看到了中国本土文化。再比如道教圣地武当山，就是一处值得一看的景点，这里不仅仅有风景，更有中国最早的宗教道教的影子，可以让外国人了解到在盛世大唐佛教传入中国之前中国的哲学与宗教信仰，让他们更好地了解中国五千年的文化和文明，使他们加深对中国的好印象，给日后的生意增添砝码。

如果是挪威人来华，就最好不要推荐他们看我们认为的国内最漂亮的风景了，因为挪威风景可说是全世界最漂亮的，但是与挪威不一样的风景他们肯定会感兴趣，比如宁夏的沙湖，这是另类的沙漠中风景，但是这种风景阿拉伯人肯定不感兴趣，因为他们生活中不缺沙漠，让阿拉伯人去九寨沟、神农架等地会使他们心旷神怡，因为沙漠国家非常缺乏这种高山密林的自然风光。欧洲文化程度较高的人不妨安排他们看看典型的江南中国民居，感受当地人的生活方式，品尝一下当地的美食。

此外，西方人旅游通常是期待自己体验，你千万不能将他（她）即将去的地方描述得非常详细，这看起来友好实际上却是最不厚道的做法。

笔者有一次在加拿大温哥华打听 Gas Street（汽街），其实是一条非常普通的商业街，不过是因为有个“汽”做动力的钟而出名。当时问人怎么走？他不说有这个东西，而是说，When you see a big clock, you will know why the street is named as Gas Street.（当你看到一口大钟，你将知道为什么这条街命名为“汽”街了。）笔者找到后方才恍然大悟，西方人通常是让你自己体会，哪怕自己体会会走弯路。

安排旅行最好给外国人做一些求助用的纸条，如果他（她）不会中文，可以用中英文写“这个多少钱？”“我需要帮助，我迷路了”这样的话。英文是帮助使用者知道纸条是什么，中文是给国人看的，效果也很好。

在过马路问题上，我们有义务委婉提醒外国人，由于中国路况和车况非常复杂，在过那些没有红绿灯的马路时需要看行车，有些时候由于过马路人比较多，有些司机养成了习惯，希望行人避让行车,因此,在国内过马路时切勿按照通常的避让规则来处理,最好主动避让行车以防出现交通事故。

第三节　在西方公共场合

Being in the Public Areas in Western Countries

在东西方差异中,笔者还注意到一个差异,就是外国给人感觉貌似法律非常宽松,但是社会规则相对多,而中国社会规则少,老百姓活得相对自由,因此一旦我们作为造(修)船人由于各种机会到了西方国家,一定要习惯与尊重西方的社会规则。

第一,就是遵守交通法规,国人在遵守交通法规方面有着自己的变通方法,比如中国式过马路,笔者在西方没有看到一个人由于没有车就横穿马路。

第二,就是如厕,西方厕所有着自己的特殊性,比如在瑞典,很多厕所不分男女,谁进去把门一锁就是谁用,但是用完后如果弄脏,会引起后来使用者恶心的,一定要用刷子稍微清理一下,便后一定要冲水。从如厕这件小事看人品,这也是不少国人在国外没有注意的事情。

第三,公共场合一定要保持安静,说话要轻声轻气。国人在国内公共场合正常讲话时彼此都不觉得声音大,但是一出国与周围外国人在公共场合讲话的音量相比较,就发现我们国人在公共场合讲话的音量太大,会干扰到周围人的思绪,因此对国人而言在公共场合讲话必须控制音量。

第四,在人行过道上行走不能因为讲话方便而拉横排,因为西方人不少人赶时间通常一溜小跑,如果拉横排会阻挡他人,包括在商场等公共场合上扶梯,一定要靠右侧,西方人都是站一边的,不拉横排,也是因为有些人着急会在人们让出的通道上一路狂奔,如果拉横排就会阻挡别人。

第五,不要在公共场合进行多人游戏活动,比如打扑克,外国人对此非常抵触。我们可以观察到，在公共场合几乎每个人都在干自己的事，冥想问题，看书，看手机，用电脑，即使讲话也是非常轻声的，只有彼此可以听到，很少在公共场合喊人等。

第六，不能吸烟，前文已经探讨过，公共场所包括卫生间都是禁烟区。

第七，如果你有幸住的是家庭式旅馆，一定会有洗衣房，注意国外禁止在露天晾晒衣物。公共场所更不可以晾晒衣物。西方人衣物不在太阳光下晾晒，而是在洗衣房里烘干。

第八，如果使用洗衣房要预约，不可以什么时候想洗就洗，通常是把名字填写在洗衣房的预约本子上，没有特殊情况时一预约就是半天，衣服洗好后烘干，然后把所有东西带走，并清洁洗衣房。

第九，家庭式旅馆也有公共厨房，用过后要自觉清洁，公共厨房在使用后一定要保持和使用前一个样。

第十，西方人的习惯是搬家者打扫卫生，而搬入者不负责清洁，因此如果退房请自觉清洁，否则房东可能会扣押金。

第十一，注意千万不要随地吐痰，随着社会文明程度的提高国人也不随便吐痰了，但是还有人有此恶习。国外基本已经消灭随地吐痰了，他们目前的问题是口香糖问题。此外和外国人交谈时他们普遍比较反感的中国式恶习就是擤鼻涕时不用手纸或者手帕遮挡，因此在出国时如有此恶习必须坚决克服掉。

第十二，西方人垃圾分类比我们更严格，欧洲国家倒垃圾时至少有下列分类：第一类是电池、电子产品、有毒物品，这些是特殊放置的；第二类是纸张，笔者在北欧好象没有见到收购废纸的，应该是由公司统一回收处理；第三类就是食物垃圾。他们在倒垃圾时非常严格地按照垃圾分类方式，国人出国有多数也是因为倒垃圾问题被恶评。

第十三，晚上 10 点到次日早 7 点左右不要在住处弄出扰邻噪声，他们有可能因为噪声问题把制造噪声的人告上法庭。这个礼节问题非常重要。

第十四,国外司机在开车时不到万不得已不能鸣笛。在国外办理自驾的人切勿乱鸣笛,在过小巷或者无红绿灯的十字路口时必须礼让行人,这在国外不仅仅是文明习惯问题,如果出事故必遭到当地法律制裁。此外还有行车超速问题,比如说美国很多地方法规规定,有些地段行车超速构成二级谋杀罪,需要永久吊销驾照和坐牢。

第四节　旅馆商务活动
Making Business at the Hotel

旅馆商务活动也是一种航运界营销模式。由于船东行程安排比较紧,造(修)船人为了拓展新客户,通常会选择到船东所住的旅馆营销。但是笔者个人见解这种营销模式是下下策,因为西方人泾渭分明,旅馆是休息的场所,通常不适合办公。如果必须出此下策,去争取最后一线希望,这份诚意也许能感动船东而建立联络。那么在旅馆的商务活动有哪些礼节或者禁忌呢?

第一,住房内不可谈生意。这一点和国人住旅馆的观念不同,国人经常喜欢在旅馆内串门,如果在异地遇到熟人,出于礼貌一定要上熟人的房间坐一坐。但是,西方人把旅馆的房间看成是隐私处所,和自己家一样,认为进房打扰会影响休息。除非对方所住的房间是商务休闲一体的套房,那外间是专门谈生意的。

第二,即使在旅馆也必须穿戴整齐,谈生意时不可以穿着睡衣、休闲装,要西装革履,除非你确切地了解到对方是不拘泥小节的人(笔者知道确实有很多船东是从船上到陆地工作的,不拘泥小节)。如果对方确是不拘泥小节的人,你穿休闲装与其谈事可能更容易成功。

第三,选择谈话时间。通常晚上 10 点到第二天早上 10 点是船东自己安排的休息时间,是“请勿打扰”时间。约谈的时间最好经过对方认可,如果对方没有如期赶到,不要到旅馆房间敲门,最多打个电话告诉他你已经赴约。

第四，选择正确的谈话地点，比如旅馆的咖啡厅、大堂等地方，或者豪华旅馆的商务处所，有些旅馆提供专门的私人商务会晤的地方。

第五，旅馆商务会晤通常不是谈判，不能是拉锯战，只能“蜻蜓点水”。旅馆的会晤给未来合作带来生机，因此旅馆商务会晤的关键不是谈成，重点是给对方留下美好印象，把你的业务留存在记忆中，在日后的商务活动中能够想到你，开始和你商业合作。

第六，不可做暧昧的暗示。生意就是生意，是在办公地进行的，如果是年轻漂亮的异性，不可开玩笑，或者有暧昧的暗示或举动，否则生意会变味，因此这里的口诀就是“把不合理的商务地点变成合理的会晤场所”。营销最忌讳的就是为达到目的不择手段，甚至为达到目的牺牲自我。

第七，巧妙运用咖啡。外国人多喝纯咖啡加牛奶、方糖，一定要给对方和自己买上一杯咖啡，星级酒店都有，咖啡能给人营造好心情，增加对方的好感程度。绝不可以中国式的方式请对方喝酒，酒桌上谈营销的策略，这样的营销西方人非常反感。瑞典曾有人撰文谈对中国人的攻略，其中有一条就是和中国客户喝酒不能带文件或者要签的合同。

第五节　乘飞机

Travelling by Airplane

近年来国外船厂由于劳动力短缺等原因和我国造船业有接触，国内修造船人员要参加一些学术会议，必须要乘飞机。国内航班涉及大城市比如北京、上海、广州等，国际航班涉及国外大城市比如柏林、斯德哥尔摩、哥本哈根、伦敦等，再由大城市乘小型飞机或者大巴、火车到目的地，通常是到一些港口城市，比如说汉堡。

商务旅行有很多讲究，首先国外大城市的机场不止一个，比如斯德哥尔摩，除了国际机场 Arlanda(阿兰达)机场外，还有一个小型机场，主要飞类似Rynair（爱尔兰航空公司）等小型且机票相当便宜的飞机，因此在买票时一定要搞清楚。与中国不同的是，中国有非常多的购票代理公司，而国外除了大机场外，小机场起飞的飞机是无人售票的，必须通过万事达（Master）或者Visa卡购买，其实也非常方便，但是要注意订票越早越便宜，最贵的机票一定是当天的机票。欧洲小型飞机一欧元机票非常常见，但是需要交一些税给机场。

此外廉价航班主要赚的不是机票钱，而是其他连带服务钱，比如鼓励乘客住其连锁旅店，飞机上的咖啡饮料也是要付费的。乘飞机礼仪与国内相似，不再赘述。但值得提醒的是每个国家有自己特有的规定，比如瑞典，如果从斯德哥尔摩机场出发，出发前别忘记为购买的商品办理退税，这样能帮助你省好多钱，因为瑞典是高税收和高福利的国家。廉价机票也有风险，航班可能取消，且机票购买钱是不退还的，但笔者坐过多次没有遇到这种情况。

国外航班都有行李限重的规定，而且超重绝对不通融，必须缴纳超重部分的运输费用。一般航班限重30公斤，有特殊规定的航班可能只有25公斤。而且随着反恐措施的加深，多数航班对于液体物品的监管力度加大，即使在行李中托运也要检查。

托运行李丢失是常有的事，笔者初到瑞典在斯德哥尔摩换乘去于默奥时行李就丢失了，把自己联系方法给了机场工作人员，行李找到后就送到了本人住处。

还有一个提示，国人乘飞机时往往由于要和自己认识的人坐在一起而与不认识的人调换座位，此举在西方国家非常奇怪，会遭到误解，而且可能会因此惹麻烦，故不要在飞机上和别人换座位。西方人在乘飞机时，无论如何都不会把行李放在脚下，应急出口更不允许有任何物品阻塞。

乘飞机常用的语言如下：I'd like an aisle seat, please.（我喜欢靠过道的座位。）I'd like a window seat, please.（我喜欢靠窗的座位。）Here is my passport.（这是我的护照。）This is my boarding card.(这是我的登机牌。)At which gate do I board my plane?(我在哪个登机口登机?)This is my luggage.(这是我的行李。)This is my carry-on.(这是我随身携带的行李)How much must I pay for the extra weight?(行李超重需要交多少钱?)How long is this flight?(这趟飞行有多长时间?)Here's my ticket and seat assignment.(这是我的机票和座位号。)May I have earphones for enjoying the in-flight movie?(我可以要一副耳机来欣赏飞机上的电影吗?)What time will the plane land?(飞机什么时间降落?)Stewardess, I am not feeling well. Where's the bathroom?(服务员,我觉得很难受。洗手间在哪儿?)May I have a pillow and blanket, please?(能给我一套枕头和毛毯吗?)Do you have any magazines or newspaper I can read during the flight?(飞机上有杂志或报纸看吗?)Are you scheduled to leave on time?(飞机准时起飞吗?)We have to change airplanes to go to Toronto.(我们要换飞机到多伦多。)We don't know where the right exchange gate is.(我们不知道登机口在哪儿?)My luggage has not delivered by now.(我的行李现在还没有到。)Could I have boiled water, please?(能来杯开水吗?)Here is my air ticket.(这是我的机票。)Please give me a few tablets for airsickness.(请给我一些晕机药片。)What lunch will you offer?(你们提供什么午餐?)Is that free of charge?(这是免费的吗?)

第六节　乘火车
Travelling by Train

欧洲大陆火车商务旅行也非常普遍,与国内火车和高铁相比,他们的火车落后很多。笔者从瑞典的于默奥到斯德哥尔摩市区曾经坐过火车,在意大利和德国也都坐过火车,一般购票都是网上用Master或者Visa卡购买,意大利的火车票是窗口购买的。

乘火车行李没有限重要求，只要能提上火车就行，座位舒适程度要看火车档次，火车车速比中国的高铁要慢很多。

车票价格与机票价格相比比较稳定，弹性不会很大，有时候当天买可能更便宜，时间不是很好的车次，比如半夜车次，票价非常便宜。

由于治安原因，乘火车也要注意扒手。欧洲商务旅行中选择火车之行的很多，因为欧洲国家之间距离不长，加上火车通常不受气候影响，也不会取消，除非遇上铁路工人罢工。意大利、德国等国的铁路使用频率比飞机更高。

乘火车常用语如下：Where can I buy a ticket to Rome?（我在哪能买到去罗马的车票?）When will the booking office open?（订票处几点开门?）Can I buy it on the internet?（我可以网上订票吗?）Is the booking office not open yet?（订票处是否现在还没有开门?）Please give me two returns to New York.（请给我两张去纽约的往返票。）When will the train arrive?（火车什么时候抵达?）Is this a through train?（这是直达车吗?）Is this the express?（这是快车吗?）Can I book a ticket for 6 o'clock tomorrow?（我能订一张明天 6 点的车票吗?）Which platform must I go to take No. ×××?（乘坐×××班火车在哪一站上车?）Must I have a paper ticket?（我必须持有纸制车票吗?）Must I pay for the booking?（我必须付款订票吗?）What is the ticket fare?（车票多少钱?）Is there a buffet on the train?（车上有餐车吗?）What is the name for the next station?（下一个车站叫什么名字?）Where is the departure lounge?（候车室在哪儿?）I'd like to have a seat facing the engine.（想要一个朝车头的座位。）Where can I buy a platform ticket?（在哪儿能买到站台票?）Where will I change trains to Hamburg?（我在哪儿换车到汉堡?）When will the slow train arrive in Berlin?（慢车什么时候到柏林?）When will the express arrive in London?（去伦敦的快车什么时候到?）

How long will we stop here? (我们在这儿停多久?) Don't lean out of the window! (不要把身子伸到窗外!) You are in the third coach from the end. (你在倒数第三节车厢。) You are at upper bed of No. 2 in coach 5. (你在第 5 节车厢 2 号铺位。) It starts at 10 o'clock punctually. (火车 10 点准时开车。) The train to London will depart at platform 5. (去伦敦的火车在第 5 号站台发车了。) The train is about to leave now. Let's come on board. (火车马上就发车了。我们上车吧。) Please tell me where the checkroom is. (请告诉我行李寄存处在哪儿?) Be quiet, please! Most people are sleeping now. (请安静,大部分人已经睡着了。)

第七节　乘公共汽车
Travelling by Bus

大多数西方国家的公共汽车系统与我国大不相同,我国公共汽车车次非常密集,而国外大约是半小时一趟,且乘车人不多,查票不是很严,但如果被发现逃票,不但要罚款,你的名字还会被写入不诚信记录。公共交通因国家的不同而不同,比如在瑞典,公交车屏幕显示的是下一个站点,而且每个车站的长凳冬天有自动发热设备,以保证等车人候车的舒适性,其公共汽车时间表能够在网上查到,时间表印刷品在大多数商店都可以免费得到。在北美,公共汽车不是每站都停,如果那一站无人上下司机就不停车,要下车的人不用向司机打招呼,只需要拉窗户旁的一根长线,司机就能知道本站有人下车。欧洲国家没有老年人专座区,而北美国家有老年人、妇女、儿童和残疾人专座区,轮椅和童车可以无障碍推上车,专座座位可以折叠一个以放置轮椅或者童车。在欧洲如果不设老人专座可以不用让座,且公共汽车上通常人都不多。在有些城市如温哥华,可以购买一日通票,在一天内上任何公交车都免票。如果公交车跨区,票价会贵一点。有些城市比如斯德哥尔摩、巴黎都有城市卡，可以在参观博览中心、博物馆和乘车时通用。

乘公共汽车用语：Where can I buy a Paris card?（我在哪儿能买到巴黎城市卡？）How much is the ticket?（车票多少钱？）Where is the bus terminal?（公共汽车终点在哪儿？）Where is the bus stop to the city hall?（到市政厅方向的公共汽车站在哪儿？）When will the next bus come?（下一班汽车什么时候来？）Is the city touring bus available?（有城市观光车吗？）Where can I buy a ticket?（我在哪儿买票？）I have a Stockholm card.（我有斯德哥尔摩卡。）Where can I buy a ticket for the bus shuttle to the airport?（哪儿能买到去机场的大巴车票？）I am getting on the bus now.（我现在上了公共汽车。）I am getting off the bus now.（我下了公共汽车。）There is no station sign here.（此处无公共汽车站牌。）The middle gate is only for getting off.（中门只下不上。）We must get on at the front gate.（我们必须在前门上车。）Put in coins.（投币。）

第八节　打车和租车
Travelling by Hailing a Taxi or Renting a Car

在国外驾车除了遵守交通规则外，讲文明也非常重要。有一件小事让笔者非常想念瑞典的岁月，就是雨雪天行车的文明对比。在雨天大连凌水桥附近多积水，笔者上班行走途中经常被不减速的车辆溅了一身污水，弄得心情特别糟糕。而在瑞典留学期间，行人的待遇不是这样的。因为瑞典交通规则中行人是左侧通行，行车是右侧通行，所以笔者把司机的做法看得一清二楚。瑞典 4 月底到 5 月初道路通常很泥泞，笔者在行走时发现对面来车在接近行人 10 米处突然减速，行车从行人身边比较慢速地驶过，行至安全距离外再加速，笔者每回忆起此就非常感动，奉劝那些在国外租车自驾者在遵守交通规则的同时注意“车德”。至于车让行人问题，笔者注意到西方国家比如瑞典、丹麦、德国等，即使有外国游客违反交通规则，司机也会注意避让。而在国外乡间马路上车让行人不是“车德”问题，是必须遵守的交通规则。德国有句名言：车祸是不幸的，司机应该懂得，车是可以修复的，而人是无法修复的。

在国外尽管叫出租比较贵，但有时需要赶时间必须叫出租车。叫出租车没有太多的讲究，通常在有出租车停车标志的地方或者路旁招手就可以，如果入住高级酒店可以让酒店帮你叫车。但是有时侯小酒店直接告诉你车费的车多是有问题的车，笔者在巴黎退房时酒店的人曾经要 40 欧元到机场，而笔者自己叫出租车只用了 15 欧元，因此也不能轻易相信酒店，他们要车时也许含有佣金。笔者留学归国时去机场，就是数天前打电话预定出租车，出租车按照约定时间准时出现在预定的位置，给出租车公司打电话也非常方便。

国人到国外租车自驾是近年才出现的，一般在北美，地广人稀，交通事故发生几率比较小，他们的路况和司机面临的情况比中国简单很多，因此在国内有驾照的人不妨试一下自驾，需要提供驾照信息、护照信息等，如果符合其要求就可以给你办理租车手续了。

打车和自驾常用语句如下：Taxi, I say, taxi.（出租车，我说出租车。）Hail a taxi for us, please.（请给我们叫出租车。）To Hamburg Shipyard.（到汉堡船厂。）How much is the rate per mile?（每英里多少钱?）How much is the rate per day?（每天租金多少钱?）When will I return your car?（什么时候还车?）Do I have to show any guarantee?（我需要出示什么担保吗?）I have a driver's license.（我有驾照。）Must I pay you while you are waiting?（你等候的时候我也付钱吗?）I'd like to book a taxi at 10 o'clock at Jetty No. 1.（我想订 10 点在 1 号突堤等待的出租车。）Can you park your taxi in front of the main gate?（能把出租车停泊在主门前吗?）Please help me with the luggage.（请帮我拿行李。）How much shall I pay for the taxi?（我应该付多少车费?）

Close the window, please.(请关上车窗。)Please close the door securely.(请关紧车门。)Please fasten seat belt.(请系好安全带。)I don't know the exact location either, but I know it is near the exhibition.(我也不知道具体的位置,但我知道在展览馆附近。)Please switch on GPS for locating.(请打开全球定位系统导航锁定位置。)I will top up the oil when I return your car.(我会在交车前把油箱加满。)I'd like to hire your taxi for one day.(我要租你的车一整天。)Please print out the taxi receipt.(请打印出租车发票。)How much is the mileage charge?(每英里费用多少钱?)Does your car have car insurance?(你有车辆保险吗?)

第九节 乘地铁

Travelling by Subway

商务旅行时乘坐地铁非常快捷、方便,没有红绿灯和交通事故,很受青睐。公交线路需要在不同地方换乘,有时候比较难找,而地铁就比较容易。笔者在斯德哥尔摩、罗马、巴黎、温哥华等地都乘坐过地铁,地铁站英文 Metro 的字样非常容易找,通过市政机构的 enquiry(咨询处)或者 information(信息处)可以得到免费的地图,或者在报摊买,北美的杂货店也卖地图。一般国外的地铁站及其车厢都用不同的颜色标记不同的线路。在英语不通用的国家(比如法国),乘地铁前必须数好到目的地的站数,必须看清楚在哪一站能换乘相应的线路。不论在何种情况下,都不允许穿行地铁轨道。地铁站建设时不同方向都能做到换向、换线路等,因此即使不小心坐错了地铁线路,仍可以通过换向、换乘其他线路到达你要去的地方。只要不出站台,可以随意换乘,多数地方都可以通过反复换乘到达。只要时间不急,坐地铁是非常好的选择。值得注意的是,巴黎、罗马、纽约等城市的地铁治安不好,会有扒手。在罗马坐地铁时,罗马警察特别提示要小心扒手。

以下是乘地铁的常用语：Where is the nearest metro exit?(最近的地铁出口在哪儿?)Where can I change No. 1 to the ×××museum?（我在哪儿可以换乘1号线路到×××博物馆?)Where is the platform?（站台在哪儿?)Where is the exit?（地铁出口在哪儿?)Be careful!（注意!)The burglar's fingers are in your pocket.(小偷手指伸进了你的兜。)Under the cover of his coat, he opened my bag.(手上盖了件大衣做掩护，他打开了我的包。)Hey, my wallet. Thief! Thief!（嗨，我的钱包。小偷！小偷!)Call the police now.(马上叫警察。)Hold handrail securely.(把紧扶手。)What is this station called?（这一站叫什么?)Move to the front of the gate.(往门处动一动。)

第十节　城市观光

City Touring

国外商务之旅如开造船会议等，主办方一定会安排时间自由活动。自由活动自然就是休闲观光。在休闲观光活动中有很多技巧，首先要得到信息，欧洲国家对外有名气的旅游城市如巴黎、伦敦等一定有非常多的问讯处，大多数都有英文标记(Information, Inquiry 等)，并有一个大大的问号，在那里你可以得到免费的地图。记住主动和别人讲话时不要用 Sorry，要用 Excuse me(打扰您)。地图非常重要，外国人在旅行时都能够很好地用地图判别方位和要去哪。

笔者教大家一个判别方向小窍门，除了中午12点和晚上外，这个方法非常管用。就是用手表的时针指向太阳，表中心点和12点之间的虚构连线与表的时针会形成一个角度，这个角平分线就是南北线，形成的锐角扇面的朝向是南，其相反方向就是北。而这个规则是在北半球用的；如果在南半球，锐角扇面指北，其相反方向就是南了。知道方位后找一个十字路口，找到地图上你所在位置，然后把地图按照左对西、右对东、上对北、下对南的方向平放，自然就知道各个路口走去哪了。

此外问路也有学问，背大包的不问，因为肯定是旅游者，不一定比你懂得多。居民家庭出来的背包人不问，因为也可能是家庭旅游者，忙忙碌碌的人不问。在欧洲国家尽量问白人，因为白人是当地人的可能性非常大。在拦住陌生人问路前需要示意，并用 Excuse me 或 Sorry to interrupt you（打扰了）消除误会，表明我并无恶意。西方国家公民自我防范意识特别强，如果造成误会，会对你非常不利。问路时切勿东张西望，和陌生人说话时应该用虔诚的目光看着对方的眼睛，并仔细聆听对方的描述，适当用心或者用笔记录对方描述的建筑物、标志物等。通常不可打扰一个人太长时间，如果要去的地方不是很好找，等接近目标后再寻找别人继续询问。

注意预判一下博物馆的参观人会不会很多，通常博物馆在周六、周日休息。

问路时常用的句子罗列如下：I am sorry to interrupt you.（很抱歉打扰你。）Could you do me a favour?（你能帮我个忙吗?）Could you tell me the way to the Shipyard?（你能告诉我到船厂怎么走吗?）Do you happen to know where the China Embassy is?（你是否知道中国大使馆在哪儿?）Do you know how to get to China Consulate?（你知道怎么去中国领事馆吗?）How can I get there?（我怎么才能到那?）How do I get there?（我怎么才能到那?）Could you tell me where the harbour is?（你能告诉我海港在哪儿吗?）Which way should I take to the drug store?（我走哪条路才能到药店?）Would you please tell me where the customs house is?（你能告诉我海关在哪儿吗?）Do you know where I can get to the immigration office?（你知道我如何能到移民局吗?）I'd like to know where the coast guard office is.（我想知道海岸警卫队办公室在哪儿。）Do you know where the No. 2 Building Platform is?（你知道二

号船台在哪儿?)Where can I go shopping?（我到哪儿能买到东西?）Is this the right way to the biggest supermarket?（这是通往最大商场的路吗?）Which way shall I take if I want to go to the nearest post office?（我走哪条路到最近的邮局?）Where is the nearest telephone booth?（最近的电话亭在哪儿?）Where can I exchange money?（我在哪儿能换钱?）Where can I rent a car?（我在哪儿能租到车?）Is there any short cut?（有捷径吗?）How far is it to the bus station?（这离车站多远?）Could I ask you to take me there?（我能请求你送我到哪儿吗?）What street is this?（这是什么街?）I am lost.（我迷路了。）Where am I?（我在哪儿?）What is this park called?（这个公园叫什么名?）Where is the second hand shop?（二手货商店在哪儿?）Where is the grocery store?（杂货店在哪儿?）Where is the flea market?（跳蚤市场在哪儿?）Where is the shop?（商店在哪儿?）Where is the exit?（出口在哪儿?）Where is the city hall?（市政厅在哪儿?）Where is the down town?（市区在哪儿?）Where is the bank for international service?（办理国际业务的银行在哪儿?）

多年前如法国巴黎、越南西贡等地都有安全提示，尽量不要背单肩包，抢劫者骑摩托或者滑轮滑或滑板，抢劫后马上就逃脱，这些安全提示目前仍然有用。此外护照和其他证件不要放在背包或者手提箱里，一旦被盗只能求助于中国驻外领事馆，否则回国都成了问题，在动身去之前要多看一看网站上的提示，以免丢失财物。

第十一节　申请签证
Applying for Visas

按照目前的规则，不管是因公还是因私出国，都需要去办理签证。随着我国国际形象和国际地位的提高，造船业界人士去其他国家无论是商务还是因私签证被拒签的比例越来越低。

签证官可能通过面谈的方式评估待签证人到了相关国家是否有风险，以及预判待签证人是否有经济来源，到了相关国家是否能够生活下去。笔者到瑞典做访问学者的签证不是面签的，是由中国国家留学基金委员会送签的，然后瑞典驻中国大使馆给笔者打电话询问核实，对笔者用英语提问，如果待签证人能够流利地说英语，就可以判定待签证人适合在瑞典留学生活。问题包括去哪个学校，谁给钱资助，将来回到中国后干什么等。瑞典还有附加要求，凡是公派人员必须由原单位向瑞典使馆声明留学期满后继续聘任才能获得签证。

美国等国家还有过境签证（transition visa），这样的签证主要是待签证人为去第三国而做的中转签证。

笔者把面签经常用到的回答语句罗列如下：I work for Dalian Shipbuilding Industry Corporation.（我为大连船舶重工工作。）I work as a ship designer.（我是做船舶设计工作。）My visiting purpose is to attend the shipbuilding seminar.（我的访问目的是参加造船谈论会。）There are three people in my family.（我家有 3 口人。）Here you are. The full set of support documents.（给你，这是全套的支持文件。）My family is in China and I love my family.（我的家在中国，我爱我的家。）I won't immigrate or flee to any other country.（我不会移民也不会逃往其他国家。）West, east, my home is the best.（金窝、银窝，不如我家草窝。）My father is a teacher and my mother is a clerk in a business company.（我父亲是教师而我母亲是公司的职员。）My wife is a worker.（我的妻子是工人。）My son is a student.（我的儿子是学生。）My daughter is a college student.（我女儿是大学生。）My girl friend is a farmer.（我女朋友是农民。）My first contact person is my wife.（我的第一联系人是我妻子。）My first contact person is my father.（我的第一联系人是我父亲。）My first contact person is my mother.（我的第一联系人是我母亲。）My first contact person is my girl friend.（我的第一联系人是我女朋友。）My telephone number is

82221115.(我的电话号码是82221115。)No, I always obey the laws and I am trustful.(我总是遵纪守法,恪守信用。)I live in Jingtai Street No. 12 Shahekou District, Dalian and I moved from Jinhua Street No. 12 Xigang District, Dalian last year.(我住在大连市沙河口区景泰街12号,我是去年从大连市西岗区金华街12号搬迁来的。)I may transit in any port of U. S. A., so I am applying for a visa here.(我可能在美国任何港口过境,所以我在此申请签证。)I was born on July 23rd 1994.(我出生于1994年7月23日。)My father was born on May 10th 1960.(我父亲出生于1960年5月10日。)My mother was born on August 7th 1962.(我母亲出生于1962年8月7日。)My wife was born on September 29, 1992.(我妻子出生于1992年9月29日。)My daughter was born on June 6th 2005.(我女儿出生于2005年6月6日。)My son was born on February 2nd 2013.(我儿子出生于2013年2月2日。)Sorry, I don't know the birthday of my parents.(对不起,我不知道父母的生日。)。

笔者去瑞典留学时,瑞典使馆的签证期为一年,而笔者行程比较晚,在瑞典时需要到瑞典的移民局办理延期手续,填写申请表时就被问到父母的年龄和生日问题,还有国内第一联系人、国内住址等问题。

在和签证官交谈时要注意以下细节,其实多数签证官一看材料是否充分就已经决定是否签发签证,提问多数是为了验证他们的初步判断,因此不要紧张,更不要乞求,这样对签证不会有任何帮助,应该彬彬有礼,不卑不亢,以事实为准,冷静作答。

第十二节　逛商场
Shopping in Stores

随着中国经济的腾飞和发展,国内商场在许多方面已经和国际接轨了,许多购物方式中国人已经熟知了,但是仍然有许多细节我们还不清楚。在英国商店(store, shop)到处都有,但是大商场

(supermarket)只在有限的城市有。瑞典的IKEA(宜家)就相当于瑞典的家乐福、沃尔玛；美国和加拿大的大型购物场所叫shopping mall；德国的商场也不同于家乐福、沃尔玛。家乐福、沃尔玛是一站式服务，购物车推进去再推出来统一结账就可以，而北美、德国的商店是各个区分别结算的。

国外超市与国内相应店模式一样，只有一个区别，就是外国的收银台滚动皮带更长，而且区别顾客商品的挡板很常用。出于礼貌，自己把东西往滚动皮带上摆放完毕后自觉把档板摆放好，下一个顾客就可以放他的东西了。

除了这些商店和市场外，还有一些专门市场，类似中国的早市和夜市，西方也有flea market(跳蚤市场)、旧物市场(second hand shop)、古董商店(antique shop)、杂货店(grocery store)、药店(drug store)等，笔者在于默奥留学期间看到阿拉伯人开的专卖店里竟然有中国的臭豆腐卖。

此外在机场还有相关的商店，而且国外都有免税店。

越是在大型商场用语越少，而越是小的商店越需要讨价还价。购物常用语句罗列如下：How much?（多少钱?）How much is it?（多少钱?）How much is this?（这多少钱?）How much does it cost?（它值多少钱?）What size do you sell?（你卖什么型号?）I'd like the medium size.（我选中号。）I'd like a very large size.（我喜欢特大号。）I prefer a large size.（我喜欢大号。）I choose the small size.（我选小号。）Anything else?（还有其他的吗?）How about 20 USDs?（20美元如何?）How about 20 Schillings?（20先令怎样?）What if I give you 15 Euros?（我给你15欧元怎么样?）Could you make a special price for me?（你能给我特价吗?）I like pink.（我喜欢粉红色。）I like white.（我喜欢白色。）I like black.（我喜欢黑色。）I like blue.（我喜欢蓝色。）I like gray.（我喜欢灰色。）I like red.（我喜欢红色。）I like yellow.（我喜欢黄色。）I like purple.（我喜欢紫色。）I like scarlet.（我喜欢鲜红色。）I like green.（我喜欢绿色。）I like dark colours.（我喜欢暗色。）I like bright colours.（我喜欢亮色。）It doesn't fit me.（它不适合我。）I don't like this kind.（我不喜欢这一款。）Oh, it is too expensive.（噢，太贵了。）Oh, it is too much.（噢，太贵了。）Oh, it is too dear.（噢，太贵了。）Do you have any discount?（是否打折?）Please give me a receipt.（请给我发票。）Wrap them up together, please.（请包起来。）That is a deal.（成交了。）That is a bargain.（成交了。）Do you have anything a little bit cheaper?（还有更便宜一点的吗?）Do you have something on sale today?（今天有降价处理品吗?）What is the brand made?（品牌是什么?）Where is it made?（哪儿产的?）What is the address of the manufacturer?（生产商地址是什么?）When will the valid date of the commodity be?（该商品的有效期到什么时候?）Has it expired?（它过期了吗?）Will those be sold together?（那些是一块卖的吗?）Will those be allowed to separate into pieces?（那些允许拆开吗?）Would you please show me a guidance book for customers?（你能给我一本购物指南吗?）Keep the change.（不用找了。）One dozen, please.（买一打。）One pound, please.（请称一磅。）One kilogram, please.（请称一公斤。）One box, please.（请来一盒。）A bunch, please.（请来一束。）A packet, please.（请来一包。）A piece, please.（请来一片。）How much is the total?（总共多少钱?）

第十三节　丢东西与拾物处理
Handling Methods for Lost and Found

国外有些国家治安环境差，加上商务出国很多人不小心或者其他因素，可能会丢东西。笔者在于默奥机场转机失而复得行李就是例子。前面章节已经说过，如果贵重物品遗失，一定要叫警察。如果护照丢失，那只能求助于最近的中国大使馆或者领事馆。旅行提示中通常建议把护照复印下来，复印件和护照放在两个不同的地方，这样一旦护照丢失，凭复印件别人也可以知道你的身份。在后文银行业务中还提到了如果在国外较长时间居留可以办理当地的临时身份证，这样就可以避免随时携带护照意外丢失了。

在旅行途中可能会拾到行李、包裹、钱包之类的，外国人防范能力很强，对于不明物品没有人触碰，最多有人报警，也不要帮助陌生人拿行李，即使他(她)要求帮忙也不可以。

丢失东西常用语句罗列如下：I have lost my key.（我丢钥匙了。）I have lost my wallet with my hotel key, and my master card is in it.（我丢钱包了，里面有我的旅馆房间钥匙和我的万事达银行卡。）I have lost my passport, police.（我丢失护照了，警察。）I have lost my money in the my room.（我房间丢钱了。）I have lost my luggage at the airport.（我在机场丢失了行李。）I have lost my book in the messroom.（我把书落在餐厅里了。）What's inside the wallet?（钱包里有什么？）How do you recognize that is yours?（你怎么证明这是你的？）How much in your wallet?（你钱包里有多少钱？）

第十四节　应对警察例行检查
Dealing with Regular Check by Policeman

全世界各地警察的配置情况与国家治安好坏有关。笔者在瑞典生活与学习时，除了在斯德哥尔摩看到警察外，其他地方不太见到警察，但是到了巴黎和罗马第一个见到的人就是警察。

在美国，警察的例行检查非常正常，如果你驾车被警察叫停，你必须坐在座位上不动，他让你摇下车窗，你就摇下车窗，他让你出示驾照或者证件，你就必须出示，不要主动干事情，否则会有生命危险。

如果你在行走时被警察检查到，并非意味着你就一定有问题。20 世纪 90 年代笔者做船员时，在日本横滨(Yokohama)和同船人登陆时就曾经历过日本警察的例行检查，他看了我们的海员证和日本国移民局颁发的 Landing Permit(登陆证)后说了声，ありがとうございます(a li ga dao gou zai yi ma si，谢谢的意思)。这里说一个真实的笑话，某船员到美国登陆，而该船员一句英文都不会，在逛街时被警察问到，警察通常先这样说："Freeze! I am the Police. Please show me your identification."(不许动！我是警察。请出示你的证件。)警察说话时会把他的警徽在被检查人前面晃一下，这时候被询问人才能掏证件，而被警察问到时，这位船员先把手伸到西服怀兜内要掏海员证，结果警察急了差点开枪，把他按倒并搜查全身，发现其怀里没有武器只有证件后，警察说了声"Sorry"，然后走开了。

如果不小心成为了嫌疑人，警察问话的语气就会改变，通常是冰冷的半句话，比如：Your name?（你的姓名?）Your age?（你的年龄?）Your ID card?（你的身份证?）Your nationality?（你的国籍?）Your hometown?（你的家乡?）Your SSN(social security number)?（你的社会保险号?）

如果确实升级为嫌疑人，警察会说这样的话：Why are you escorted?（为什么被带到这儿?）Leave your fingerprints.(留下指纹。)Sign your name.(签名。)You must tell us the truth here.(在此你们必须老实交待。)You have the right to remain silent.(你有权保持沉默。)If you give up that right, anything you say can and will be used against you in a court of law.(如果你放弃了沉默权，你所说的任何话都会成为法庭上对你不利的证词。)You have the right to an attorney and to have an attorney present here during questioning.(你有权聘请律师，律师可以在整个询问过程中出席。)If you cannot afford an attorney, one will be provided to you at no cost.(如果你雇不起律师，将给你提供一个免费律师。)

During any questioning, you may decide at any time to exercise these rights, not answer any questions, or not make any statements.（在整个询问过程中，你可以决定实施沉默权，不回答问题或者不作任何解释。）If you want to be free, you have to post bond and promise to return for the court date.（如果你想自由，你必须交保释金并承诺下一个开庭日到庭。）You have the right to ask for being released on bail for medical treatment by your lawyer.（你有权通过律师要求保外就医。）You are charged.（你被告了。）Take photos.（照相。）

应对警察的语句：Please call China Embassy now.（请马上给中国大使馆打电话。）Please call China Consulate now.（请马上给中国领事馆打电话。）I'd like to talk with my lawyer now.（我想和我的律师谈。）I am innocent.（我无罪。）Let me go.（让我走。）I will go back to fetch my passport.（我回去取我的护照。）I have the right to keep silent.（我有权保持沉默。）I was not involved in the crime.（我没有参与犯罪。）You have no right to keep me here.（你无权扣留我。）The detail is as follows.（细节如下。）I really don't know him.（我确实不认识他。）I was asked to help him with carrying his bag. I am not the owner.（他只是让我帮他拿包，我不是包的主人。）I really don't know the content. I just helped him.（我不知道里面装的是什么，我只是帮他忙。）I am not involved in smuggling.（我没有参与走私。）I swear I won't tell you a lie.（我发誓不会撒谎。）Am I free now?（我现在自由了吗?）

第十五节　办理银行业务——以瑞典为例
Banking Services: Sweden as the Example

如果商务旅行要在国外待一段时间必须办理银行业务。这里根据笔者在国外学习和生活的经验做一些提示。笔者比较熟悉瑞典的银行业务，以此举例说明以供商务旅行办理银行业务参考。

欧洲的银行业务与国内的银行业务大同小异，此处只是强调区别之处。

国外银行业务排队叫号的方式与国内相同，拿到排队号码需要在等待区等待。如果你手上有现金需要存入银行，那就要开户。在瑞典银行开户通常给办理对应的提现卡，开户人需要把地址写清楚。信用卡通常邮寄给本人，为了防止丢失银行分别寄出两封信，第一封信是信用卡，之后一段时间用第二封信寄出密码。而办理信用卡或者借记卡与国内相同，必须生活相当长一段时间且有固定工资收入。瑞典银行都规定有工资下限。信用卡种类与国内银行相同，有 Visa 和 Master。

办理银行业务特别要强调签字的重要性，通常你每办理一笔业务都要签字，很多人签字很简单，比较容易模仿，这样是错误的。笔者在银行留的签字是中文的，对于国外不法分子而言如果没有中文背景非常难模仿。在国外办理银行业务必须要带护照。

值得一提的是，瑞典比较大的银行是 SEB 银行。如果在瑞典有一年以上的签证，会得到一个社会保险号（Social Security Number），通常是 4 位数，你的出生年月日加上这 4 位数可以代表你在瑞典一切业务信息，比如纳税、存款、私人信息等。为了防止护照丢失，在瑞典长期居住的人可以到银行办理一个身份证，身份证的照相方式与中国非常不同，他们要求侧面照，就是大约 45°角拍照，照片只露出一只耳朵。办理开户业务时要留下签名，每次办理银行业务银行工作人员都要比对签名和开户时留的签名。

瑞典小地方银行通常只处理瑞典克朗，外币必须兑换成瑞典克朗后才能办理业务。

注意签名不要在其他场合留下，只对银行透露，如果签名泄露可能会带来麻烦。

如果需要国内家庭给汇款或者向外汇款，通常不看汇款数额而是按笔收费。

在瑞典办理银行业务时可以用瑞典语、英语。所有银行职员都会英语，而且说的是比较标准的接近于英式发音的英语。

现在我国网上银行和手机银行都出现了，网上办理银行业务、查询银行账户信息和手机短信提示已经非常普遍。2004 年笔者初到瑞典时就已经有网上银行业务，且密码加密层有随机变化成分，非常科学，不容易出现账户在网上被盗的情况，而且旅游时可以实现从一个账户定时向另外一个账户汇设定好的钱币。银行工作人员会非常耐心地接待你，并为一些琐事多次解释。如果客户不会操作自动提款机的提款业务，他们还会主动帮忙演示如何提款。笔者非常高兴地看到，目前我国大多数银行也可以做到这样的优质服务了。

瑞典偷盗信用卡的实例不多，因此人们在办公室通常把信用卡摆在明面上，时间长了后我国留学人员对信用卡的防范意识也变差了。这也是对临时出国人员要提示的注意事项，有些事情切勿入乡随俗。

欧洲大陆如法国、意大利、希腊、荷兰、比利时、德国、奥地利、西班牙、葡萄牙等国多为欧元区，而其岛国如英国、瑞典、丹麦、挪威都有自己的货币(芬兰使用欧元)，因此这些国家办理银行业务的币种与瑞典不同，但就笔者了解的信息，其基本业务与瑞典相同。

办理银行业务的常用语言有：Do you have international service to the Bank of China?（你银行有对中国银行的国际业务吗?）I'd like to remit money to my wife's account.（我想把钱转账到我妻子的账户上。）What is the commission to remit the money for one deal?（每一笔拨款需要交多少钱?）I'd like to deposit money.（我要存款。）How much is the interest?（存款利息多少钱?）I'd like to open an account.（我要开账户。）Do I need to offer my personal information?（我需要交个人资料吗?）Where shall I sign the paper?（我在哪儿签署文件?）Shall I keep one copy for the opening document?（我应该保存开户文件中的一份吧?）I'd like to apply for a credit card.（我想申请信用卡。）What cards do you have, Master Card or Visa Card?（你用什么卡? Master 卡还是 Visa 卡?）Must I offer my latest wage list from my company?（我必须提供我公司出具的近期工资单吗?）I wish to open a fixed deposit account for one year.（我要开一年定期账户。）I'd like to open a checking account.（我要开支票账户。）I'd like to open a demand deposit account.（我要开活期账户。）Could I exchange money here?（我能在这儿换钱吗?）I'd like to open a saving account, please.（我要开活期账户。）Could I exchange USD into RMB here?（我可以在这儿将美元换成人民币吗?）Check my account balance now.（检查我账户的余额。）Here is my ID card.（这是我的身份证。）I'd like to withdraw money.（我要取钱。）I'd like to withdraw my account.（我要销掉我的账户。）I need a security code.（我需要加密码。）How many digits must I enter?（我必须输入几位?）Must I wait for the confirmation letter from the bank?（我必须等银行的确认文件吗?）What is the exchange rate between USD and RMB?（美元和人民币兑换汇率是多少?）I'd like to cash this check, please.（我要兑现旅行支票。）I'd like to deposit this check.（我要存这张支票。）This is my turn. This is my order number.（轮到我了，这是我的排队号码。）

第十六节　利用图书资料查阅信息

Making Use of Bibliography to Acquire Information

在国外查阅资料是获得信息非常重要的渠道，目前国内获得信息的主要方式是利用互联网，如用百度搜索等，以及用 QQ 等聊天工具，而忽略了对纸质图书资料的查阅。

首先是报纸。比如在英国，《劳氏报》是了解航运、了解造船的最好方式，航运业界都非常关心《劳氏报》上的信息。

其次就是利用图书，英国航运界每年都有年鉴，记录航运业的年度情况，包括一些经济专刊，这些都是了解航运业的方法。

最后，可以利用图书馆查阅需要的图书。

以瑞典为例，瑞典的图书馆都是相通的，如果借阅的图书本图书馆没有但是其他图书馆有，他们就向其他图书馆征调，对方会用特快专递很快寄到。笔者曾经在于默奥大学图书馆的图书目录中查阅一本对本人研究非常有用的航运图书，但是于默奥大学的馆藏没有该书，他们就向千里之外有此书的另外一个大学发了电子邮件，第二天书就到了，并通过电子邮件的方式提醒笔者到图书馆去取图书。

图书的借阅非常简单，不用笔登记，只要把图书卡（本人当时使用的是教工卡）一刷，书就可以拿走，系统自动登记。如果要还书，把书往还书台上一放，人就可以走了，图书馆人员会用电子扫描方式把你借阅的图书清掉。如果借书有期限，一旦借书超期，图书馆将用电子邮件的方式催促读者抓紧还书。借书还可以预约，图书馆业务中包括在网上排队。

和国内图书馆一样，各个图书馆都有网络图书，但在笔者看来网络图书信息不是最新的，因此参考价值不大，有关造船技术等图书信息最好还是购买最新出版的相关纸质图书。

第十七节　参加学术会议

Attending Forums, Academic Meetings and Seminars

造船、修船、拆船等相关业务在国外经常组织一些如年度论坛（annual forum）、讨论会（seminar talk）、产品推介会（production marketing）等会议，国内不少海运界教师、造修船业内人士、相关课题的硕士生或者博士生都参加过这样的会议，笔者就参加相关会议的一些体会与读者分享一下。

第一，西方学术会议听众比较自由，与国内上课式的讲座不同。国内讲座通常比较死板，听者如果不感兴趣也碍于面子不能离席，不少人只能在会场睡觉。反观国外学术会议，包括课堂，最不自由的就是主持人和主席台的人员，他们一动不动，而底下的人说走就走，根本不会顾及主持人是否高兴，只要讲的东西听者觉得不感兴趣就可以出去休息甚至离开，不用向任何人打招呼。

第二，多数会议都包含下列几个环节，主持人宣布某人的研究兴趣、学术经历、研究成果、演讲或者展示标题，演讲人或者展示人上前讲。如果是限时演讲，主持人可以提醒演讲人时间，必要时可以宣布演讲结束进入提问环节。演讲完毕后听者可以开始提问，通常听众席设有话筒。如果多人提问，主持人有权选择由哪个人提问。提问时有几个原则需要与大家共享。很多会议不是宣布成果而是收集想法或者信息的，因此如果你有正在做的项目，或者有些内容可能会对公司机密造成泄露，不要在会上演示。在提问前最好告诉大家姓名和工作单位，这对所在企业而言是一个广告效应。提出的问题要有智慧，这是对演讲人演讲水平的一个反馈，切勿重复别人的问题。笔者的忠告是，当你确实对演讲人的题目或者产品非常感兴趣而且有着自己的见地或者诠释时才可以说话，否则最好做一个规规矩矩的听众，听别人的观点。如果有不同于演讲人的观点，英语表达叫 argue(争论)，比如说，Well, I argue that the stability of this large vessel may be worse than that small vessel.(啊，我争论，此艘大船的稳性比那艘小船差。)如果要验证对方没有说出来的话，英语表达叫 comment(诠释)，比如说，My comment is that the stability of this large vessel may be worse than that small vessel.(我的理解是，此艘大船稳性比那艘小船差。)

顺便说一句，有些学术会议上可能会安排 workshop(工作坊)来展示近期成果。从造船技术角度而言，此时有厂家展示新产品是比较宝贵的时刻，可以认真听并拍照或者录像带回来仔细研究，以促进自己的造船厂的发展。

会议结束仪式通常价值不大，从国内赶去参加学术会议的造船界人士可以忽略会议结束日的活动。

最后说一下费用问题。任何国外会议都要收费。这些费用通常叫注册费用，主要用于出版印刷会议论文、安排会议和活动、给服务人员支付报酬。如果是偶尔到国外大学课堂听有关造船或者修船的课程，大多数欧洲国家都是免费的，只有英国对于访问学者长期听课要求交付 bench fee（板凳费）。

第十八节　租住家庭旅馆或者青年旅馆
Homestay and Youthhotels

如果造船企业资助的资金有限，在国外可能会选择家庭式旅馆（homestay）或者是青年旅馆（youthhotel），这些旅馆的优点是价格便宜同时又可以自己动手做饭。这些旅馆通常都可以在网上查到。

家庭旅馆形式多样，有的是租住房东现住房中的一间，有的是一套出租房子中的一间，这些住房通常都带有厨房，可以自己到就近的超市买一点意大利面条和番茄酱之类的东西解决温饱问题。而青年旅馆住宿条件差点，通常是上下铺，还不如我国目前学校集体宿舍的条件，而且住青年旅馆还有一个问题就是你只是住其中的一个床铺，房间其他人你都不认识，甚至有男女混住的情况，但也有做饭的地方。

需要注意问题之一，这些住处是没有服务人员的，一切都要自理。房间卫生需要自己打扫，厨房使用后也需要把碗筷洗干净，要自己动手把洗手盆、地面清洁干净。不论是家庭式旅馆还是青年旅馆，其厨房都提供餐具，比如刀叉、锅碗瓢盆等，有的还提供筷子。

注意问题之二，西方国家的社会规则是入住不打扫卫生，但是交房子前必须打扫干净，干净程度以入住时为准。如果入住前交了押金，房东看见房间打扫不干净要扣押金。退房比较简单，如果钱都交齐了，交房子时只要把钥匙放在指定地方即可，房东不在也可以退房。

第十二章　海事行业参加仪式的礼节

The Etiquette of Attending Ceremonies for Maritime Industries

本章的仪式是指海事行业业内人员要参加的各种仪式，这些仪式除了工作需要外，大多数是和国外船东或者验船师相处熟到要参加这些人员的私人聚会，本章介绍参加这些人员的相关仪式必须注意的礼节。

本章包含五节：第一节"参加西式婚礼"；第二节"参加生日派对或其他派对"；第三节"探望病人"；第四节"参加吊唁"；第五节"公共场合主持或者发言"。

第一节　参加西式婚礼

Attending Western Wedding Ceremony

有时候特别要好的船东在其本人或者子女结婚时出于尊重可能会邀请你参加他们的西式婚礼。与中国式婚礼不同，西方人不送钱，而是送祝福，但是为了表示尊重还是应该送东西。应该送长久的东西，不能送瓷器这样容易打碎、象征爱情不牢靠的东西，而应该是经久耐用的物件，对方喜欢的。不能送戒指，因为那是新娘和新郎的专利。下面简单说一下西方的婚礼。西式婚礼通常分教堂和餐厅两个部分。参加婚礼必须衣着正式而华贵，没有合适的衣服是不能前去参加婚礼的。

新娘(bride)一定要穿婚纱(wedding veil)。婚纱一般是纯白色的，象征着纯洁。婚纱有非常长的下摆，行走时有儿童托着走。

身上有四件宝：something new（新娘身上一定要有新的东西，大多数新娘都选择新婚纱，即使再婚的新娘也一定要穿新婚纱，象征新生活的开始）；something old（同样，新娘身上也要有某些旧的东西，比如母亲的手链、手帕等，象征不忘父母的养育之恩）；something borrow（新娘的服饰中一定要有一样是向最好的朋友借来的，比如发夹，象征不忘友谊）；something blue（新娘的装扮一定不能少了蓝色，蓝色的丝带、蓝色的胸针等都可以，代表着这对爱人之间的爱情是纯洁的、神圣的）。新娘要戴手套，通常这个手套是新郎在求婚时送的，戴着那副手套，就表示她已经答应求婚。新郎（groom）必须正装，且是自己最奢华的西服。

教堂婚礼仪式如下：神父到位、播放进场音乐；伴郎、伴娘先进入场地，伴娘站在伴郎的左边，分两边面对宾客站好；花童将戒指交给神父；随着婚礼进行曲，新娘挽着父亲入场，父亲将新娘交到等候已久的新郎手中（from father's hand，表示呵护女性的接力棒传递给女婿了）；全场肃静（停止奏乐），新娘、新郎交换戒指，结婚戒指要戴在左手无名指上，然后双方宣誓彼此相爱；证婚人致辞，完毕后证婚人宣布新郎可以吻新娘，大家鼓掌；仪式完毕，音乐响起后新人退场，宾客鼓掌庆祝并向新人抛洒花瓣；新人与来宾拍照留念。

宴会程序如下：乐队奏乐，宾客陆续进入餐厅，可以享用餐前开胃小菜和饮料；新人进入餐厅后上第一道菜，侍者们给客人斟香槟，重要来宾致辞；开胃菜后，新郎新娘跳第一支舞，伴郎伴娘及其他客人随后进入舞池一起跳舞；重新入座等待主食；上甜点的同时继续舞会；新娘背对人群抛掷鲜花，未婚女性抢鲜花，谁得到了就证明下一个结婚的一定是她；新郎抛袜圈，同样未婚男士也来争抢，寓意也是谁接到谁就快要成新郎；新人在宾客间穿梭为他们的光临表示感谢，提供咖啡及各种餐后饮品；新郎新娘一起切多层大蛋糕，宾客可以选择继续跳舞或者自由退场。

婚礼上常用的祝福语言有：May this happy day last forever.

(祝欢乐永驻。)Best wishes for a lifetime of happiness and love.(祝终生幸福。)Congratulations and a load of good wishes to you.(恭贺大喜,并祝无限幸福。)Best wishes for your auspicious wedding.(祝贺你们吉祥的婚礼。)I wish you and your bride the best of luck.(祝贺你和新娘福星高照。)May you two have lovely babies.(祝贺早生贵子。注意这句话不可以随便用,国外很多人结婚后要做 DINK。)Many, many congratulations on your marriage.(恭喜、恭喜新婚。)I'd like to wish you a happy wedding.(恭喜你们婚姻幸福。)May you both be happy.(祝愿二位幸福。)I hope everything goes smoothly and well with your marriage life.(希望你们婚后生活美满如意。)Best wishes for endless years of happiness for two of you.(恭贺二位白头偕老。)You couldn't have found a better wife.(你的妻子是你最理想的伴侣。)Please convey my congratulations to your husband.(请把我的祝贺之意转达给你的丈夫。)Please accept my best wishes for the two of you.(接受我对你们最衷心的祝福。)Congratulations and have a beautiful honeymoon.(祝愿蜜月甜蜜。)The two of you makes a perfect couple.(你们两个是天生的一对。)Congratulations and good luck, kids.(孩子们,祝你们鸿运高照。)May you two always be in love.(你们永驻爱河。)I wish you much happiness together.(愿你们婚姻美满。)

第二节　参加生日派对或其他派对
Attending Birthday Parties or Other Parties

笔者在留学期间参加过格鲁吉亚(Georgia,和美国佐治亚州名的英语相同)和穆娜(Muna)的生日聚会,当时很多国家的留学生都参加了聚会。

其实生日聚会的程序早已传入中国,目前中国人在庆祝生日时也是大家唱生日歌、过生日人点蜡烛、许愿、吹蜡烛、切蛋糕、大家吃蛋糕，最后是唱歌和跳舞等。这些程序国内外是相同的。

有时候大家会庆祝的比较晚。参加庆祝生日晚会的年轻人比较多，通常会闹得比较晚，因此在接到邀请后要做好充分的心理准备，如果是不能熬夜的人尽量避免参加此类聚会。生日晚会不要盛装出席，着装要与派对相关。

此外，生日聚会一定要给过生日者礼物，礼物可大可小，只要不空着手就可以，但也确实有空着手去的。笔者当时看到一个来自于巴布亚·新几内亚的留学生被善良的穆娜拉到生意派对上吃生日蛋糕。

也有为别人准备的生日聚会。比如你在订票或者接待过程中得到了船东或者验船师的身份证信息，知道哪天是他(她)的生日，大家悄悄准备，在他(她)生日那天突然告诉他(她)单位有事情必须去，对方可能非常不高兴地去了，然后大家突然在现场推上生日蛋糕，这一定会让他(她)感动，变成终生难忘的生日。

大多数国家的人都会那首《祝你生日快乐》的歌，一共四句“Happy birthday to you”(祝你生日快乐)，节奏舒缓简单，但是让人感动。

欧洲人相信烟是能升上天堂的，许愿后吹灭烛炬就代表愿望能随着烟传达到天上去。过生日者一般要切蛋糕的第一刀，如果是特别小的小朋友，一定是其父母手把手一起切蛋糕。有种迷信说法认为把愿望说出来就不灵了，因此许愿也是默默的。

外国人非常重视生日，因此生日祝福必须有，过节可以不祝福，但是生日一定要祝福，即使使他(她)联想到工作也不打紧，因为过生日这一天不是慢节奏而是快节奏，有点像中国元宵节，图个“闹”字，是否联想到工作其实无所谓。

为船东或者验船师在中国庆生可以安排在餐馆举行，其程序中除了唱歌跳舞大闹生日外，其他应该是相同的，也需要给过生日人送礼物。蜡烛准备不一定非得和过生日的人年龄数相同，比如过生日的人 70 岁整，在蛋糕上插 70 根蜡烛也不好看，只点 7 根象征一下就可以了。

第三节　探望病人
Seeing Patients

笔者在国外求学生活期间还处理过上医院这件事。一次同一屋檐下的朋友半夜突然发病，笔者和瑞典房东 Anders 把他送往于默奥大学医院。

房东交了诊疗费 300 克朗，但是由于当时病情比较麻烦，改为住院观察，300 克朗诊疗费被退回，因为瑞典是公费医疗的国家，住院是免费的。

病房很空旷，床单都是一次性的，不用换洗。医生检查得极其细致，大概花费了一个上午时间。医院病房中没有别的书可以看，只有《圣经》(*Bible*)。后来我们曾去探病，看到多数看望病人的人都是手持鲜花的。

在国外探病与国内很不同，国外医生对重病病人的处理方式也与国内不同。国内癌症病人的病情医生通常只对其家属说，病人本人是不知情的，但是西方国家必须让病人本人知道。比如瑞典房东 Anders 的一位好朋友得了癌症，而且是晚期，医生确诊后如实告诉他，他的病发展到什么程度，按照通常情况推测还能生存多久。记得当时笔者和他争论，笔者坚持认为中国式的方式非常人性，但是他却说，一个人的身体是自己的，自己有权力知道自己的身体状况。这其实还是反映出东西方文化差异。此外注意送花也有很多讲究，比如说，西方也有干花，而干花是祭奠祖宗或者其他逝去者的，探望病人千万不可以买干花，一定要买鲜花。很少有像国内那样给病人买营养品或者买水果的，更不能向病人推荐药品。

值得一提的是，国外药店、杂货店(美国杂货店也卖维他命、鱼肝油等保健品，也卖阿司匹林等药品）出售的药品必须要凭医生处方才能买。

探病一般只是礼节性的，为了不影响患者休息，时间非常短，带一束鲜花给病人并祝福他（她）尽快好转，然后帮助他（她）把花插在瓶子里，并问一下有什么可以帮助的，这样就可以了。鲜花的选择有讲究，一定要根据所在国的风俗习惯选择有祝福意义的花。探病时要多说祝愿和鼓励的话。

以下是在探病中经常用的话：I am hoping that you will recover very soon.（我希望你早日康复。）Get better soon，and stay well forever.（祝早日康复，并请保重。）I do hope you will get well very soon.（我希望你能尽快好起来。）I was very concerned when I was informed of your illness.（听说贵体欠佳，深表关切。）I am anxious to know how you are now.（我很想知道你现在感觉怎么样了?）We are hoping for your quick recovery.（我们期待你尽快好起来。）Do hurry and get well.（请尽快好起来。）I am sorry to learn of your illness.（听到你生病的消息我非常难过。）We are waiting for your recovery. Do have good rest.（我们正等着你的康复，好好休息。）

第四节　参加吊唁
Attending the Condolence of Guest's Relative

人的生老病死是自然规律，国人比较忌讳谈此话题。一旦和国外船东成为朋友，这种事情也可能会出现，如何处理呢?

吊唁就是追悼会，通常在教堂举行，如果是伊斯兰教徒则在清真寺。美国总统奥巴马因为沙特前国王 Abdullah（阿卜杜拉）去世而匆忙取消原计划的行程从印度赶往沙特吊唁，其实是为了两国关系的目的。因此，去吊唁船东的亲友不仅仅是一种礼节，而是一种交往的需要。大多数时候都不可能亲临吊唁，可以用信函表达哀悼之情。信函举例如下：

Dear Mr. Smith,

Astonished by the pass away of your grandfather, I herein writing without heistation to express our heartfelt sympathy.

There are no words which can be used to express how sad I am. Please do not hurt yourself as the grief. I wish it be in my power to soften your sorrow. Let him be alive in our heart. If there is any way in which we can be of any help, either now or later, do please let us know. God bless!

Yours sincerely

×××

(亲爱的史密斯先生,被你的祖父去世消息震惊了,我毫不迟疑地给你写信,表示我们深切的哀悼。找不到语言能描述我此时悲伤的心情,我希望你自己不要过度悲伤,也希望能够减轻你的悲伤。让他永久活在我们心里。如果我们可以用任何方式帮助您,不管是现在还是稍后,都请您告诉我们。上帝保佑。你忠诚的×××)

第五节　公共场合主持或者发言

Public Speech and Host Speech

在船厂交船或谈判结束等场合通常需要一个仪式,这个时候你可能是主持,也可能需要发言,请记住下列注意事项。

这种场合是庄严的场合,需要着正装。如果你是一个普通的发言人,当轮到你上台发言时,大家都在等你从座位到发言席,你需要表现出快步上台的样子,表示对大家的尊重。如果讲话中间赢得了掌声,不妨停顿一下。讲话前要提到参会领导,以示尊重,比如在正式发言前加上这样一段开场白,Dear Manager Mr. Wang of X Shipyard, dear Manager Mr. Smith of Y shipping company, and all dear distinguished guests, ladies and gentlemen.(尊敬的X船厂王经理、尊敬的Y航运公司史密斯经理，所有的尊敬的客人，女士们，先生们。）

如果仪式用时不长，你是最后一个发言的，也是最重要的人，可以显得稳重一些，上台步伐不必太快。而发言是带有总结性的，可以首先感谢主办人和主持人。如果排场讲究又是代表国家的，不能用英语演讲，必须用我国法定的工作语言中文并用专门的翻译(interpreter)，以彰显风范。比如，“感谢主办方的辛勤努力，感谢主持人王女士的辛苦主持”，然后停顿由专门翻译给翻译。

航运界有默守的规则，就是不和那些不会说英语的老板做生意，如果老板英语不行，说明他(她)的企业不是国际化的企业，因此在最后可以展示一下英文，比如说，Finally, I'd like to show my gratitude to all who attended this project. Much appreciated.（最后我想向参与此项目的所有人表示感谢，非常感谢。）

如果你是一个主持人，从开场到中间串场都是你的工作，如果有外国人和中国人最好用中英文主持。记住介绍顺序通常是由小到大。开场的话语比如，Ladies and Gentlemen. May I have your attention? Please be seated. It's my great honour to introduce distinguished guests to all attendance. Firstly, let me introduce the coordinator of the shipbuilding Mr. Zhang Li. He is on the right side. Welcome.（Applauce!）That beautiful lady on the left side is Lily Grey, the secretary of Y shipping company. Welcome.（Applauce!）One of the gentlemen in the middle is Mr. Liu Wei, the general manager of X shipyard, the chair of this ceremony. Welcome.（Applauce!）Finally, I will introduce the another chair, the gentleman next to Mr. Liu Wei, George Brown, the CEO of Y shipping company. Warmly welcome.（Applauce!）Let's welcome the speeches from both chairs.（女士们、先生们。能安静一下吗？请坐。我今天非常荣幸把尊贵的客人介绍给与会者。首先介绍造船项目协调人，张立先生。他在最

右侧，欢迎。（鼓掌！）在左边漂亮的女士是丽丽·格雷，Y航运公司秘书，欢迎。（鼓掌！）中间的先生中的一个是刘伟，X船厂总经理，本仪式的主席，欢迎。（鼓掌！）最后我介绍另外一个主席，坐在刘伟旁边的Y航运公司的首席执行官。热烈欢迎。（鼓掌！）让我们欢迎两位主席讲话。）

如果你是贵宾被邀请上了主席台要禁忌下列不雅事项。在开会期间不要交头接耳和其他嘉宾说悄悄话。如果其他嘉宾说悄悄话，只是礼貌笑一笑，不要制止，只要做出不愿意讲话的姿态对方肯定知趣，不会继续讲话。在台上不要乱动，更不要表现出厌倦的姿态，也不要睡觉。开会期间不要做挖鼻子、掏耳朵等等不雅的动作。当主持人介绍你时要主动站起来，鞠躬示意或者举起右手示意。如果可以自由落座一定要清楚自己的地位，如果你在主席台上地位最低，应该选择后排，如果只有一排，一定要选择远离话筒的远端。而现场你是为数不多的发言人之一，而现场没有移动麦克，最好选择离话筒比较近的座位，以缩短听众的等待时间。

第五篇 与船东、验船师面对面沟通技巧

Face-to-face Communication Skills with Shipowners and Surveyors

本篇的沟通指面对面沟通，即与国外船东或者验船师有效地进行口语沟通。这些沟通除了语言水平外还有沟通技巧、西方礼节等诸多问题。本篇主要向造船或者修船人员阐述如何与国外船东、船东代表、验船师进行有效的面对面的沟通。本章所枚举的礼节只是针对造船和修船行业，并非普通商业交往礼节，也不是海事其他行业的业务礼节。

本篇包含两章，分别是第十三章“造（修）船特有商务礼节”和第十四章“造（修）船行业业务对话举例”。

第十三章　造(修)船行业特有商务礼节

Particular Etiquette in Shipbuilding and Shiprepair

本章探讨的商务礼节只是针对船舶建造和船舶维修行业的特有礼节，与海事其他行业的商务礼节有所不同。与海事行业相同的礼节已归入第四篇各章节中。

本章包含三节：第一节"新船龙骨铺设"；第二节"新船下水"；第三节"与新客户业务谈判技巧"。

第一节　新船龙骨铺设

Keel Laying for a New Ship

建造日期是一个非常重要的概念，船舶数据中有一项就是建造日期(date of build)，在《国际海上人命安全公约》第四章和其他章节中表述过，该日期是指龙骨(keel)敷设日期，如果是无龙骨船则采用建造材料计量方法，如果造船的建造材料用了1%或者50吨(取二者小的数字)，该日期就是建造日期。建造日期必须写入造船日志中以便将来查验，船舶下水以后在很多设备配备或者要求方面有免除或者从严条款都要参阅船舶建造日期。信奉基督教和天主教的国家对星期五和13号比较敏感，如果不是特殊情况不要安排在这个时间开工。

有些船厂的新船开工仪式也是签合同的仪式，船东或者船东的重要代表、船舶监理、船级社的监造验船师、海事主管机关代表(如果是大船东或者所造的船非常有影响力，比如最大的集装箱船之类，可能会邀请海事主管机关代表)等出席该仪式,仪式后对外发布图文消息。

仪式后船级社要发证书确认该船的造船日为某年某月某日。目前国内该仪式流程是,悬挂横幅,船厂法人和船东法人共同出席签字仪式,剪彩照相,对外发布造船消息等。

造船日期确定后,规范的船厂就建立了建造日志,每日认真记录,内容包括建造进度,工人开工、换班、收工时间,建造中有什么突发问题和解决办法等,责任人要签字。

第二节 新船下水
Ship Launching

在我国造船业界,新船下水仪式(Launching Ritual)又被称为交船仪式(条幅上通常翻译成 Delivery Ceremony)。

在西方国家船厂,下水仪式上大家会看到,船在下水前,一位衣着华丽的女士将横向吊好的香槟酒松开,香槟酒瓶像秋千一样向艏柱撞去,瓶子一下被击成两半。这个礼仪称为掷瓶礼。这个女性通常是德高望重者,可能是名流、大家闺秀,也可能是船东的家里人或者熟人,作为该船的"圣母"(godmother),她需要大声地将船舶命名,通常说辞是 I name the ship ×××. May God bless her and all who sails her.(我把船命名为×××,愿上帝保佑它和它的船上人。)这个宣读船名的仪式国外称为命名仪式(Christening Ritual),因此在国外交船仪式也叫 Christening Ritual。

船舶下水仪式并交付使用的时间是有讲究的,通常要避开 13 号或者星期五,因为在基督徒的眼中,星期五是耶稣受难的日子。国外流传着黑色星期五的说法,比如著名的"泰坦尼克"号首航下水就是星期五,结果沉没了。西方人也很迷信,但是并不是所有的星期五下水开航都不会带来好运,地理大发现时代航海家哥伦布首航就是星期五。

为什么为西方船东造船一定要有敲瓶礼呢?因为航海是最危险的职业之一,船员遇难事件非常多,每当遇难时,船上人把要对亲人说的话写在纸上，装入瓶中，塞好盖子封口，抛向大海，期盼被亲人或者其他船只或岸上的人发现，每当航船超期未归时，船员的家属们便集结于岸边，祈祷、期盼亲人能平安地回家，发现的每个漂流瓶背后都有着血和泪，所以人们希望不再有漂流瓶，也就不再有海难。此外船首还有震浪作用，过去帆船时代船首一定雕刻有狮子或者老虎等有震慑海怪的象征，因此让船首击碎瓶子也寓意本船不怕邪恶。虽然航海科技水平日益提高，海难发生率远小于陆地车祸和空难率，但是该习俗仍然保留了下来。

在国外，新船下水时，造船人异常兴奋，亲眼看到自己的作品被船东接受，船东和造船人不约而同地握手表示祝贺和感激，相互说"Congratulations!"和"Thanks!"。但是言辞相同寓意不同：船东的寓意是，感谢你们辛苦地建造，正是你们努力和辛勤地工作，才有了我们船队家族的新成员，我们将以在你船厂造船为荣；而造船人的寓意是，感谢你们选择我们造船厂，我们尽心尽力造出让你们满意的船只，期待我们下一次合作，新下水的船就像我们的孩子一样，期盼她健康成长，避开风雨，永远平安。

在中国造船不仅仅要经济效益还要社会效益。笔者在培训时发现，如大连船舶重工集团公司、中远川崎造船有限公司、大连船舶重工集团舾装厂等国内知名造船公司都非常重视社会效益，因此他们的新船交接仪式很隆重，除了相关领导和船东外，涉及船舶设计、建造、监造的主要部门长都参加新船下水仪式，参会者要胸戴彩色花点缀，现场有彩旗和彩色气球，并有祝贺立牌。

第三节　与新客户业务谈判技巧

The Skills for Negotiation with New Shipowners

在第一篇中我们分析过，过去我国造船和修船企业都是等客户上门，因为航运业务太好了，机会太多了。记得2007年笔者的一位学生帮助一个很小的船东打理生意，她曾问笔者，他们公司想造一艘

7 000 吨的油船，能找哪家船厂。当时笔者并没有关注造船，只好求助一位业内人士，对方回复说，“你只能到舟山这样的地方找一个没有船台的造船厂，就是在沙滩上造船，有船台的公司没有人会接这样的活”。尽管他的话是戏言，但也是真实写照，当时舟山地区大小造船厂共 70 多家，高校培养的造船类毕业生与企业需求比高达 1∶100，即造船企业需要 100 个职位而航海类院校只能提供 1 个学生。当时船东需要想尽办法求船厂给安排时间段来造船。而时过境迁，目前造船市场发生了反转。在这种情况下，造船企业如何在开发客户方面取得进展呢?

一、高层外语水平要提高

笔者曾经和欧洲很多船东讨论过为什么与中国企业做生意少，而与东南亚其他国家比如韩国、日本生意较多，好几个船东给笔者这样的回答，和中国航运企业、船员管理公司、造船企业谈生意时，首席代表都不会说英语，双方沟通需要用翻译，这样第一，会议时间会拖长，第二，沟通非常不自然，第三，非常怕在翻译过程中存在误解，怕吃亏上当。

我国国企聘用领导多考察道德和领导才能，而疏忽了英语水平，领导英语口语水平不过关成了企业业务拓展最重要的障碍。

我国很多国有大企业流行所谓面子，就是领导出访一定要带翻译，这样有排场，其实他们恰恰不知道外国船东的潜规则。船东没有不会说英语的，否则他们也当不了船东。在造船业务拓展谈判中，如果造船厂主管领导不会说英语，他们不会与该造船厂建立拓展业务。

二、谈判的前期工作要充分

在实际的业务拓展中，通常是向船东发电子邮件或者打电话，将造船或者修船的业务能力与技术水平向船东做介绍，然后需要等一段时间，切记不可以第二天就跟进。中国有句俗话叫“上杆子不是买卖”，让对方认真思考与比较，如果船东比较感兴趣通常会发邮件询问。注意收发电子邮件不可以出现英语语法错误，特别是拼写错误，如果有这样的错误项目基本上就终止了，因为船东可以选择的有资质的大船厂多的是。如果他们来信息希望报价，在报价中可能涉及下列关键词汇，而这些词汇在国内英语教学中往往被错误地解释了，原因是海事行业有自己的特殊用法，与普通商务含义不同。比如在来往函电中下列词汇含义就有自己的特殊性：tariff(价格表)，不是指关税；breakdown(分项报价)，不是指故障；lumpsum(包干价，一揽子价)，不是合计的意思。如果进行到这一步，说明生意八字有了一撇。

随便提一句，造船报价必须分项报价，否则即使报一个不赚钱的价也没有船东来造船或者修船。

三、谈判要有团队

进展到谈判阶段也有可能发生变化，船东要造船或者修船不可能只选择一个造船厂来谈，会做船厂比较，此时谈判团队组成将非常重要。比较成功的经验是营销部门(marketing department)指定一个专门的项目协调人(project coordinator)，从一开始找客户到船舶修造完成后把最后一笔保证金收回，协调人全程组织各种活动，负责和对应方进行沟通，而且协调人要将所有来往电文编号存档，在需要时备查。团队中人员都要懂得和能谈项目的业务，切不可以因为是领导需要掌舵而不通业务却在谈判小组中，这是减分做法。如果主管领导不会说英语，事先定好底线，各种变化情况都要想到，多搞几个备选方案，由谈判人员用流利的英语与对方谈判，这样比较容易把造船或者修船项目拿下来。

四、注意谈判中的语言技巧

说话是有技巧的，如果你问神父："Can I smoke when I am praying?"(我祈祷时可以吸烟吗?)神父会说："No, I am afraid that you can't."(你不可以。)如果你这样问他："Can I pray when I am smoking?”（我在吸烟时能祈祷吗?）神父会说：“Yes, of course, you can.”(是的，当然可以。)两个动作捆绑在一起竟然得到两个答案，原因是说话的技巧。再比如，当年曾国藩奉命围剿太平军时经常挫败，为了避免皇上治罪，上表时把“屡战屡败”改成“屡败屡战”，结果龙颜大悦。一个事实换个说法变成很好的结局，因此谈判中语言需要很好的包装。笔者在此提出造船业内人士与船东谈判的几个技巧。

第一，顺着船东的话往下讲，然后逐渐引向你的意图。我们在前面对船东性格做分析时已经阐明其性格特征，船东喜欢听顺从话，那就多讲的这样的话，不要直接推翻船东的建议。比如说：“Well, sir. Your proposal is quite reasonable. On the other hand, it is very difficult to practice it. How about if we use the alternative term to compromise?”(哦，先生。你的建议很合理。另外一个方面很难实现，如果我们用替代条款折中一下如何?)

第二，假装不是非常了解他的意图而做对己方有利的总结，并根据自己的总结推导出自己的建议或者做法。比如说：“So, you agreed that the price term is correct. I am sure that our shipyard can render you a glorious ship with excellent quality. It is a good time to sign the contract. Am I right?”(所以你认为价格条款正确。我确信我们船厂能给提供给您一艘高质量的壮丽大船。现在是签字的时候了，不是吗?)可能说这个话时船东并没有下决心，也许一推手事情就促成了。

第三，懂得砍价的自我保护用语。平日我们买东西砍价时，卖家通常说，“够不上，你给这个钱我上货都上不了”“我现在给你都是赔钱”。其实这些都是谎话。造船或者修船也是要追求利润的，不是慈善行为，造船或修船方赚钱少了或者赔钱了船东高兴，船东多出了当然造船或修船方高兴，在谈判中这就是博弈。比如船东说：“Compared with STX tariff list, your price is a little bit higher. Can you cut down by 20%?”(和STX造船的报价清单比，你们船厂有点高，你能降20%吗？）造船谈判代表说："We don't know the other factory, but we promise that the materials we use are in high quality and all staff we employed to build your ship are the best. Meanwhile, we have already cut down our benefits reasonably prior to the negotiation. In addition, we will take additional measures to achieve environmental protection in terms of the sundry fees. So far as we concerned, it is the most favourable price, since we wish to establish a constant relationship. Hence, the first ship to be built for you must have been on your side. You won't feel disappointed, sir."（我们不知道其他工厂，但是我们保证我们用的所有材料都是高质量的。我们雇佣的所有的建造您船的人员都是最好的。同时在谈判前我们已经合理地砍下了我们的利润。此外我们要用杂项费用建立造船时候的附加环境保护措施，现在我们知道的这是最优惠的价格，因为我们要长期合作，所以第一艘给你们造的船必须对你们有利。您不会失望的，先生。）如果欧洲国家船东砍价时，你说有些钱要用在船厂环境治理上，他们通常不会继续往下砍了，因为他们怕将来成人家口实，说只管造船不管环境，更何况目前船舶营运除了安全外另外一个不可逾越的雷池就是防止污染，只管赚钱而不管污染的船东会遭到国际社会唾骂。

五、本方商量要注意礼节

有些船厂在与外方谈判时，由于事先没有讲好细节，必须停下来商量，而谈判小组成员当场就用中文开始了协商。这种做法第一不礼貌，因为谈判对手还在现场，又听不懂造船方交谈的语言。第二这样谈判一定是以失败而告终，因为船东非常敏感，听不懂而非常害怕被算计，这样情况下即使再让步船东方面也认为他们在谈判中吃亏了。正确的方式是退席合议而不是在现场就商量。笔者推荐的谈判僵局最好解决办法是茶歇，请大家喝点咖啡，这时候谈判小组抓紧在另外场合碰头商议应对策略。

第十四章　造(修)船行业业务对话举例

Samples of Dialogues for Shipbuilding and Shiprepair Services

造(修)船行业业务对话是从造船、修船诸多实例中筛选的，能代表沟通水平。本章内容选取并非以覆盖所有的造船和修船业务为宗旨，而是选取典型的。该章设计的主要目的是展示如何运用前些章节所介绍的造船和修船业务面对面沟通的技巧。

这些对话的编写目的是提醒造船和修船行业在与外国船东、验船师沟通时要注意沟通对话的一些规则，这些规则加上地道的英语语言，再加上恰当表现这些语言的表情和肢体语言，构成造船和修船人在业务上的沟通技巧。这些对话并未包含造船与修船的全部内容，其他专业对话将在丛书的其他书籍中详细表述。

本章包含五节：第一节“谈判前介绍”；第二节“修船前碰头会”；第三节“接受客户投诉”；第四节“试航”；第五节“舵机勘验”。

第一节　谈判前介绍

Brief Introductions Prior to the Negotiation

场景为最后一次为谈判而签约，船东出席人是船舶总经理 William Godbold，副总经理 Peter Tenhove，机务总管 George Blackmore，造船厂出席人是总工程师刘光先生、项目部经理张军先生、项目协调人刘莉莉女士。中方介绍人是刘莉莉(Lily Liu)女士,而外方介绍人是 George Blackmore 先生。

George: Lady and gentlemen. Before the negotiation, let me introduce all persons from my party. Captain William Godbold, the general manager of William Shipping Company.

William: Nice to meet you all. Lady and gentlemen.

George: Captain Peter Tenhove, the vice manager of William Shipping Company.

Peter: Nice to meet you all. Gentleman. Charmed, Lady.

Lily: Nice to meet you, sir.

George: For those who don't know me. I am the general Chief Engineer of the Company, George Blackmore. Nice to meet you all, madam and sirs.

Lily: Thanks. I am flattered. Pleasure to meet all of you, gentlemen. Now, let me introduce all persons in my delegation. This gentleman is Mr. Liu Guang and his surname is Liu. He is the General Engineer in my shipyard.

Liu: Nice to meet you, Mr. Godhold, Mr. Tenhove, and Mr. Blackmore. (Shake hands with the Shipowners) You can just call me by my family name Liu, because we call each other's family name at work.

William: Well, you just call three of us by our given names, Peter, George and me William.

Lily: That gentleman is the manager of the project department. He is a Senior Engineer. His name is Zhang Jun.

Zhang: Nice to meet you all. (Shake hands with the Shipowners) Zhang is my surname and Jun is my given name. I am also in the same rule as Mr. Liu said. You can just call me Zhang.

William, Peter, George: Nice to meet you, Mr. Zhang.

Lily：Gentlemen，I am the smallest potato here. My name is Lily. I am the coordinator of this project. We hope to have a good cooperation. Thank you.

William：Good to see you，lady. Now，we have known each other. First of all，let's exchange our business cards and then sit down and start to work，shall we?

Liu：Good idea. Sit down，please.

第二节　修船前碰头会
Meeting Prior to the Repair

通常在修船前，船厂的项目主管要上船查验项目，核对项目单，并制定双方的责任分摊。本对话是项目工程师(project manager)刘先生和船长 Peter Smith 之间的对话。

Liu：Good morning，Captain.

Peter：Good morning. Er?

Liu：Excuse me，Captain. I am the project engineer from DSIC. I take charge of the repair work and my name is Liu. This is my business card.

Peter：Nice to meet you. Mr. Liu. I am the Captain here. This is my business card for you. Just call me Captain.

Liu：Nice to meet you，too. Captain. You can simply call me Liu. Let's start to work，okay?

Peter：That couldn't be better. First，you are kindly asked to add one item，since we have checked an arising problem last week and found one vital repair item is not in the list.

Liu：Well，that could be the real trouble，as we will only repair according to the repair items listed in the repair list. Moreover，we have arranged all the repair work earlier. If more items are added， that may cause inconvenience either on the time or the money. I recommend that you just leave it to the next repair.

Peter: Oh, no. I will contact with my company and I really hope we can solve it in this repair.

Liu: Okay, I will write it down. What is that problem?

Peter: Well, the port windlass rotates unevenly. I am afraid, it should have been dismantled and repaired.

Liu: Okay, I have written it down. You should realize that any additional items are entered, the total money to be paid will be increased accordingly.

Peter: I know the case. I sincerely hope that you could deal it and I really don't think that money is the problem.

Liu: Yes, of course. When I come back, I will also report it to my department leader. In addition, I was wondering that who is responsible for the safety on spot.

Peter: In common practice, my crewmembers will monitor the work on spot. They may carry safety equipment with them, such as portable extinguishers, etc.

Liu: Okay, I have checked the repair list. There are 272 repair items altogether. I may tour on deck and in the engine room to check the machines to be repaired. Is any arranged to accompany me?

Peter: Liu, don't worry. My third officer will guide you on deck and the fourth engineer will accompany you to the engine room. I have called my Chief Engineer earlier. The Engine Department staff is just on stand-by.

Liu: Marvellous, Captain. Much appreciated.

Peter: You are welcome, Liu.

第三节 接受客户投诉
Receiving the Complain from Customers

船舶下水后半年内，可能由于左右对称出现问题，在空载的情况下或在左右压载水对称的情况下船舶一直向左舷侧倾斜 3 度。在此背景下，船东的机务主管给造船售后服务打电话。机务主管是一位总轮机长(General Chief Engineer)Peter Smith，售后服务人员是 Lily Liu。本事件为虚构，切勿对号入座。

Smith：Is this Customer Service，William Shipyard?

Lily：Yes，it is she. What can I do for you，sir?

Smith：Well，I am from Technical Support Department，Maersk Liner. I am the General Chief Engineer，Peter Smith.

Lily：Nice to meet you，Mr. Smith.

Smith：Yes，nice to meet you. How can I address you，madam?

Lily：I am Lily Liu. You can just call me Lily.

Smith：Well，Lily. I am calling you concerning my vessel *Maersk Instill* which built in your shipyard.

Lily：Mr. Smith，I am all ears. What's up?

Smith：Listen，after the ship is in service，the ship's stability is still of problems.

Lily：Yes，sir. I am writing. How come? Could you speak that in more detail，sir?

Smith：Okay，the shipmaster reports that the ship is still listed to the port side of 3 degrees without trimming.

Lily：Sir，is it in the allowable extent?

Smith：Even though it is allowable，I still complain the quality. You know，it is a ship for Maersk company，the largest container liner in the world.

Lily：Sorry to hear that，sir. I am the person who is responsible for the after service for European shipowners. I have logged that. What can I do for you，Mr. Smith?

Smith：Can I talk to your department leader right now，Lily?

Lily：Sorry，sir. He is not at his desk at the moment. Would you like to hold or pass a message to him，Mr. Smith?

Smith：In that case，just report to him to arrange technicians to board for compromise.

Lily：Sir，I will report to my leader right away. Do you need any other help，Mr. Smith?

Smith：No，not yet.

Lily：Thanks for your calling. I will deal with this issue immediately and I will feed you back as soon as I get the further information. Anyway，sorry about that. Chief Engineer，Smith.

Smith：We will keep in touch，so long.

Lily：So long，Chief Engineer，Smith.

第四节　试　航
Sea Trial

通常试航时船厂有关技术人员、船东代表、船级社验船师会共同对船进行各种性能测试，如旋回测试、停车冲程测试、船舶稳性测试，以确定船舶质量，并检查是否有问题需要回船厂进行解决。该对话是根据真实的试航记录编写的，主要人员包括船厂工程师李先生，劳氏船级社验船师 Peter Smith，船东代表 Jack Bush 船长，船东派的舵工 Roland，船东派的三副 George。本文提到的旋回初径(diameter of turning circle)的经验数值应该是 3～5 倍船舶总长度

(LOA)，而停车冲程的经验数值应该是 8～20 倍船舶总长度。

Li：Let's do the turning test.

Jack：Okay. I wish to turn to starboard first and then do the stopping distance test. Finally，I hope to turn to port side.

Li：Sir，I agree.

Jack：Okay，let's do now. Full ahead，George.

George：Yes，Captain. Full ahead，now the engine is full ahead. Captain.

Jack：Good，thank you，George. Roland. Hard-a-starboard.

Roland：Yes，sir. Hard-a-starboard. Now the wheel is hard-a-starboard.

Jack：George. Check the GPS vector to see the diameter of turning circle.

George：Yes，sir. The mode is still on MOB mode.（After check）Sir，I have checked. The diameter is 578 metres.

Jack：Good. Now，let's check the stopping distance. Midships.

Roland：Yes，sir. Midships. Now the wheel is midships.

Jack：What is the speed? Oh，it is 16 knots. Good，it is at full sea speed.

Peter：Yes，the ship runs smoothly. I am writing that figure down. Test the stopping distance，Captain.

Jack：Yes，Peter，right away. George. Stop engine.

George：Yes，sir. Stop engine. Now the engine stopped.

Jack：Check the stopping distance. George.

George：What speed is deemed as stoppage，Captain?

Jack：Li，we set yesterday afternoon. The minimum speed of steerage way should be 0. 1 knot. Right?

Li：That's correct，sir.

Jack：Okay，say 0.1 knot. Tell me the distance.

George：The distance is 1 547 metres，Captain.

Peter：I will also lodge it in my notebook. 1－5－4－7. Done!

Jack：Okay，the stopping distance is 1 547 metres. What is LOA，Li?

Li：LOA is 170.28 metres，sir.

Jack：Okay，the diameter of the turning circle is 3.39 times of the LOA. The stopping distance is 9.08 times of the LOA. The parameters are not bad.

Li：Not bad,just not bad，Captain?

Jack：Sorry，I should say pretty good. Marevellous!

第五节　舵机勘验

Survey for the Steering Gear

这是根据交船前船级社上船检查的真实对话改编的，参加人员有造船厂代表张(Zhang)先生、船级社代表田中(Tanaka)先生、船东代表史密斯(Smith)先生。

Tanaka：Good morning，gentlemen. My surname is Tanaka，surveyor from NKK. This is the Shipowner，Mr. Smith.

Zhang：Nice to meet you. Mr. Tanaka and Mr. Smith.

Tanaka：Let's start to work. The steering gear is one of the most important equipment，so let us test it first.

Zhang：Of course，sir.

Tanaka：Now let's get into the steering gear chamber to test the local control function.

Zhang：Good idea，Mr. Tanaka.

(On the spot)

Smith: First, change over from hard-a-starboard to hard-a-port to see transition period.

Zhang: Okay, I will operate it.

Tanaka: I will count the time. Are you ready, Zhang?

Zhang: Yes, sir. I am ready.

Tanaka: Change over to hard-a-starboard.

Zhang: Here it goes. It is hard-a-starboard, Mr. Tanaka.

Tanaka: Change over to hard-a-port. Wait, wait, wait. Operate it after my count number three. Listen, one, two, three. Go!

Zhang: Yes, sir.

Tanaka: It is 6 seconds, Mr. Smith. It is quite all right.

Smith: That's fine, Mr. Tanaka.

Tanaka: Zhang, I will read the angle. Okay, 35 degrees from the centerline. That shows the maximum rudder angle does not exceed 35 degrees. That's good.

Tanaka: Test sound powered telephone. Call the bridge, Zhang.

(Roll it first and then dial the number.)

Zhang: (Speak Chinese to his colleague)小李吗？我们在舵机房测试舵机，现在测试声力电话，好的，好的。(To Tanaka)Sir, the telephone is all right.

Tanaka: Okay, I will fill up the test report on the steering gear system. It is quite good.

Zhang: Thank you very much.

Tanaka: Your shipyard are always trustful.

Zhang: Thank you very much for your words, Mr. Tanaka.

Smith: Okay, let's check the main engine.

Tanaka: Yes, that's correct.

第六篇　与船东、验船师远程沟通技巧

Distant Communications Skills with Shipowners and Surveyors

本篇的远程沟通是指造(修)船人员与船东、验船师等相关人员非面对面沟通,比如通过电子邮件、信函、传真等。本篇将介绍远程沟通的沟通技巧、沟通礼节、沟通使用的语言等等。

远程沟通与面对面沟通有着非常大的区别。远程沟通需要深思熟虑,言语要得体,不是即兴创作的产物,因此如何写、要遵守何种规律、哪些模板可以参考都是本章所要解决的问题。

远程沟通技巧属于写作技巧范畴中的一种,其中既有英语的写作功底,又有行文格式和沟通策略、潜在内涵表达含义等方面。

本篇包含两大章,分别是第十五章“与船东、验船师远程沟通常识”和第十六章“造(修)船行业业内函电举例”。

第十五章　与船东、验船师远程沟通常识

Common Knowledge with Shipowners and Surveyors

本章主要介绍与船东、验船师远距离沟通中使用信函、传真、电传、电子邮件的常识性问题，包括格式、行文语言、语体等。

本章的最主要内容是英语的信函、电传、传真的写作，与院校学习的该方面写作的不同之处是，本章内容写作只针对造船、修船行业。笔者从阅读大量的实际往来的造船、修船业务函电中总结出规律，并形成造船和修船业务的定式以指导与规范该行业的业务写作。

造船和修船人员可以通过本章的学习掌握其规律，并在与国外船东或者船级社相关人员的远程沟通中很好地运用。

本章包含九节：第一节“造(修)船业务远程沟通简介”；第二节“标题及对收信人的称谓”；第三节“开篇语”；第四节“结束前用语”；第五节“结束用语和签名”；第六节“信封的格式”；第七节“信函的格式”；第八节“电传与传真的格式”；第九节“电传用词的缩写规律”。

第一节　造(修)船业务远程沟通简介

Brief Introductions to the Distant Communication for Shipbuilding and Shiprepair Services

一、远程沟通的种类和作用

在造船和修船专业人员远程与船东、船东代表、验船师、船旗

国政府机构代表的沟通方式中，远程沟通占重要比重。远程沟通包括信函、传真、电子邮件、电话、视频网络等方式，其中视频网络沟通属于面对面沟通的范畴，因此本章只探讨远程写作沟通。

远程沟通有着重要作用，它是人际沟通的黏合剂，而且远程沟通又是面对面沟通的补充，或者说是面对面沟通的延展。远程沟通可以通过深思熟虑的文笔，起到面对面沟通无法起到的作用，而且能够说出面对面沟通无法说出的话。远程沟通不受时间的限制，想沟通时就可以安排沟通。此外远程沟通价格比面对面便宜，因为如果不安排聘请相关外国人员来到现场可以节省大量费用。

二、远程沟通的指导原则

对造船或者修船人员来说，船东和船东代表、船级社验船师、船旗国代表是客户，按照服务理念，“顾客是上帝”（customer oriented），也就是说，与上述人员在沟通频度、用语等许多方面都要研究礼仪、方法、技巧。

为了维系造船和修船业务，需要定期与船东等进行远程联系，频度到底应该是多长时间一次，取决于当时的情况、发信方和收信方的契合度、是否逢节日或者其他事件等许多要素，不可强行地公式化规定，但总原则是以双方都舒服为好。

写作时，要记住以下几个原则：准确、客气、正式、连贯、全面、专业、高效。

（一）准确

通常客户发来信函或者邮件是要就某事论事，并期望解决问题，除了对无理取闹的客户经请示领导不再和其进行新的业务往来可以发“太极拳”式的回复或者“装疯卖傻”式的回复外，所有对客户的回答必须是正面回应询问，不能答非所问。首先要通读往复邮件，明确其邮件来意，并仔细反复读其邮件，推敲字里行间有哪些意思没有表达，然后再针对其想了解的问题进行答复。给予客户的信息必须是客户咨询问题的答案以及相关的信息，语言要标准、规范、措词得当、没有错误单词、没有不当语法现象。如果对方是简练型的或者回复信息较多，可以将重点信息和有针对性的解答内容放在首位，关键的文字可以用颜色、加粗等方法标记，以易于客户阅读掌握。准确的第一境界是易懂，所谓易懂，指尽量使用通俗的语言。突出重点，避免产生歧义，易于对方理解掌握，尽量避免使用不常用或不确定的专业术语。

（二）客气

要记住“客户是上帝”的原则，同时又要体现发信者的学识、水平等，在向客户远程发信息时必须使用礼貌用语，关注客户的感受并予以相应的回应，比如致谢、致歉、赞扬等。

致歉、拒绝：如果客户的要求我们无法满足，要在回复的时候表达我们的歉意、对其处境的理解和同情；如果有其他可行的方案，应给予建议；如果没有替代方案，尽量给予适当的解释，争取客户的谅解。

感谢：客户给予我们造船或者修船设计、建造的理解、支持和配合，或给予我们意见和建议，应在回复语言中表达感谢。对于好的情绪，可以渲染加深；对于不好的情绪，可以缓和释放。

赞扬、认同：如果客户或代理对我们的工作给与了很大的支持和帮助，在感谢的同时可以表达对其的赞扬和鼓励，对客户的耐心给予赞美，对客户的宽容、细心给予称赞，等等。

总而言之，在发信时必须心情好，必须规避恶语、讥讽、虚伪、撒谎等语言。

（三）正式

因为远程沟通所有内容通常要保存并编号，切勿信口开河，要用写作语体沟通，因为在航运商务活动中非常有可能由于出言不慎而在对簿公堂时被对方抓到“把柄”作为对对方有利的证据，如果是要对方意会的不便说出的内容，在起草时可以放弃准确性，用含糊的方式，使不同语境有不同的解释方式，在将来有退路。

英语中很多用语是口语化的，需要换成书面用语，比如将 according to（口语）换成 in accordance with（书面），base on（口语）

换成 on the basis of, instead of（口语）换成 in lieu of（书面），nearby（口语）换成 in the vicinity of（书面）等。

（四）连贯

语言有很强的逻辑性，一个语篇中环环相扣，如果中间丢掉了一环或者出现了逻辑混乱，该在后面表述的在前面表达了，或者逻辑之间没有关联，就会造成逻辑上的不连贯。要注意到西方人的写作逻辑观念和东方人有所不同，就是简单、重点放在前，段落主题放在段首，内容主题放在标题上，整个内容中心思想放在开篇等。对于不少英语写作功底很差的业内人士，笔者都强烈建议用 at first 或者 firstly（首先），first and utmost（首先也是最重要的），secondly（第二），thirdly（第三），. . . ，finally（最后），last but not least（最后也并不是结束）等表示逻辑连贯的词汇，这样读信息的人就会感觉到逻辑非常清晰。

（五）全面

有两个方面代表全面，第一是格式，第二是内容。

格式是指给发信人发信必须有收信人名址、标题、称呼、正文、结束语前、结束语、发信人名址、日期等等要素，不能省略。

内容的全面是指从内容的角度，对于要表述的内容必须一次性表达完整，不得发出去后又想起补充。此外如果是回答客户咨询或者诉求的，回复信息必须尽量包含客户问题相关的、潜在的答案。一次性提供给客户全面的信息，避免其就该问题再次咨询；也可以在回复时产生新的问题，这时候客户就能根据你提出的新的问题给予解答。

（六）专业

所谓的专业指两个方面，第一是涉及造船或者修船业务时要专业，第二是沟通时的沟通技巧要专业。

解决问题：当客户或代理提出问题时，我们要从如何解决问题入手，双向思考，并保证方法有效。

对客户负责：给出解决方法后，如果客户再次遇到问题，或者仍然不能解决，提示客户继续与我们联系。

（七）高效

高效是指对于客户的咨询、诉求、抱怨等信息要及时反馈。回应客户或代理的速度快并不是指任意回复，特别是重大问题必须请示领导，如果领导说需要考虑才能解决的话，也必须回复给客户一个简单的信息，诸如："Your message is well received with many thanks. I have reported to my department leader without any delay. So far, I have been informed that it is much complicated to answer all your questions. The leaders take that seriously and they will organize a meeting to make decisions as soon as possible, on the basis of your requests. I will feed you back as long as I get the messages after the meeting. Your cooperation is much appreciated."（非常感谢收到你的信息。我没有延迟报告给我的部门领导。现在，我被告知回答你所有问题有点复杂。领导认真对待，将尽快召开会议根据你的要求做决定。会后，我一得到信息将立即反馈给你，非常感谢您的配合。）即向客户表达即使暂时不能解决问题，已经在处理之中，会尽快答复。

高效可能会有疏漏，因此尽量不要探讨责任和问题原因，尽量不要提及责任归属，更不要下结论性的意见，给客户和自己一个回旋余地，重大问题必须报请主管领导备案并指出需要加急处理的原因，不可自作主张。我国许多造船、修船、舾装小企业采用"一枝笔"的原则，就是所有对外用英语的信函、电子邮件都出自一个人的手，这样防止出现乱发言、乱许诺或者由于语言障碍而产生的负面问题。

第二节　标题及对收信人的称谓

Title of Content and Salutation or Title to Receiver

标题非常重要，如果标题贴切，收信人能在最短时间内读懂信件内容。标题通常有下列几个讲究：第一标题必须是发信内容的中心思想，就是要提纲挈领，纲举目张；第二标题不可太长，最好四五个单词就可以解决；第三标题通常除了虚词（虚词是指连词如 and，冠词如 the，a，介词如 in，on 等）外首字母要大写。同时要用 RE（reference 的缩写）或者 SUBJ（subject 的缩写）加"："，如 RE：Recommendations on Design Modification（有关设计修改建议），SUBJ：Arrangement for Ship Delivery（有关交船安排）等等。

与面对面的称谓有所不同的是，在行文中通常要加 Dear（亲爱的），对人的称呼是格式完整性的组成部分。此外对收信人的称谓也是提醒收信人注意，以防止信息发错。而不少业内人士经常是先起草内容，起草完后也不好好检查就把信息发出，称谓缺失，这是对收信人的大不敬，这个问题在起草远程通信文件中是最不能忽视的。英文中的称谓情况比较复杂，比如 Dear Colleagues 用于同事之间的称谓，如果有文件要发给外国同事且不止一个时可以用此称谓；Dear Sir/Madam 用于初次联系或未知对方性别，如果确定收信者不止一个且不确定对方性别，可以用复数 Dear Sirs/Madams；Dear Mr. 用于知晓对方性别是男时，Mr. 后面接联系人的姓氏，如 Mr. Smith，常见的错误是以名当姓，如 Mr. Peter；Dear Ms. 用于知晓对方性别是女性且不知道对方婚否时，Ms. 后面接联系人的姓氏，如 Ms. Williams 等；如果和对方非常熟悉，在得到对方许可时可以用 Dear 直接加对方的名字，如 Dear Peter。但有些特定的称呼也有规则，比如笔者有位美国女性朋友名叫 Susan Eshleman，名字是 Susan，而 Eshleman 是姓。她说笔者这类朋友只能称呼她 Susan，称呼她 Sue 的人一定是她至亲的人，比如父母、姐妹，而和她不熟悉的只能称呼她 Ms. Eshleman，也就是我们可以通过称谓来判断人际关系的远近。

同时还要注意一个问题就是在书面语中，称谓后的标点符号中英文有区别，中文通常是用冒号，比如"尊敬的李先生："，而英语通常用逗号，比如"Dear Mr. Smith,"，即使用了逗号，正文开篇第一句话首字母仍然是大写。

第三节 开篇语
Opening Wording

开篇语是发信人要说的第一句话。第一句话要根据个人用法习惯、遇到的事情、商业内容等来写，而且要通盘考虑，比如本人惯用语是 Nice to write this letter to you(非常高兴写此信给你)，如果碰到坏消息，比如客户由于质量问题投诉，那么采用此话开篇显然不合适。

常用开篇语如下：It is my honour to write this letter to you.(非常荣幸地写此信给您。) Thank you for your seasonal greetings.(感谢你的季节性问候。)Thank you very much for your good words.(非常感谢你的好意。)Thank you for your e-mail.(谢谢你的邮件。)Thank you very much for your message.(谢谢您的来信。)I am sorry to hear the bad news. My explanation is as follows.(听到这个不好的消息非常沉痛。我的解释如下。)Thank you very much for your quickest reply.(非常感谢你的及时回复。)Thank you for your inquiry.(谢谢您的询问。)Please pardon my delayed reply to you.(抱歉这么久才回信。) I have just received your kind letter with many thanks.(我刚刚才收到您的信，非常感谢。)Your kind e-mail of Saturday have been received this morning.(您周六的邮件我今早才收到。) My answers are noted in blue as follows.(我的回答已标蓝。)All below noted and understood, please see reply in bold black.(请看黑色粗体回复。) I have added some additional comments to the document for your reference.(我就文档添加了一些备注，仅供参考。) Kindly informed that I have transferred your email to my company leader.(谨此告知您，我已将邮件转发给发给我们厂领导。)Sorry to say that there is something wrong with my e-mail account, I cannot get through to you.（抱歉地说我的邮箱出问题了，发不出去邮件了。）Sorry to trouble you that this is merely a test message due to idle for a long time, and kindly requested to confirm the message by return.（抱歉打扰您，这封邮件仅用于测试一下，由于很长时间没有使用了。谨此请求您收到回复我一下。）The e-mail you sent yesterday was returned as undeliverable. I have checked your e-mail address without problem. Could I ask you to check my e-mail address in your list again?（你昨天发的邮件被退回来了。我检查了你的电子邮件地址没有问题，我能否请求您检查一下您的地址是否正确。）I have enclosed a file for your reference.（我填加了一个文档供您参考。）Please peruse today's meeting notes in the attachment.（请参阅在附件中今天的会议记录。）The attachment file is our new arrangement. Please review it.（附件文件中是我们新的安排，请评阅。）Please find attached a copy of the file you requested.（请查收您所需附件。）For other known issues related to that case, please see attached notes.（其他相关事项请见附件。）Please let me know whether you're able to open the attachment.（请告知我您是否能打开附件。）Please let me know if you have received the attachment.（如果您收到附件请告知我。）Sorry to inform you that I was unable to open the attached file.（抱歉告诉您，我无法打开附件。）I guess that you might have missed the attachment.（我猜您可能忘粘附件了。）I am afraid that you might have sent the wrong attachment.（我想您可能发错附件了。）Please try sending the attachment in plain text format/other format.（请尝试以纯文本格式或其他格式发送邮件。）For unknown reasons, I failed to receive your attachment. You are kindly requested to resend that message.（由于未知原因，我没有收到附件。请求您重新发送一下。）

第四节　结束前用语
Wording Prior to Closing

结束前用语是指在正文商务正事结束后、收笔之前而写的铺垫语言，相当于汉语的“保持联系”“请向某某人代为问安”之类的语言。比如：Best wishes!（良好祝愿!）Please pass my best regards to your family.（请向你家人问候。）Two weeks after，there will be the Christmas. So，Merry Christmas and Happy New Year to you and your family!（两周后将是今年的圣诞节，所以向你和你的家人道一声，圣诞快乐和新年快乐!）We will remain.（我们保持联系。）I will send you a message by return as soon as I get the positive answer.（我得到确切答复后尽快发信息给你。）Please notify me soon.（请尽快告知我。）I am looking forward to your prompt reply.（希望能尽快得到回复。）Your quickest reply will be much appreciated.（将非常感谢你的快速回复。）Looking forward to hearing back from you tomorrow.（盼明天收到你的回复。）Please kindly reply at your earliest convenience.（如果您能尽快回复，我会很感激。）If you have any questions or concerns，please do not hesitate to let me know.（如有任何问题，欢迎和我们联系。）If you have any questions，please feel free to contact me.（如果您有其他问题，请随时联系我。）Please let me know if you have any further question.（如果您有任何疑问，请告知。）Shall you have any problem on dealing with this matter，please let me know.（如果你处理此事有任何问题请和我联系。）Two days after，our Chinese people will celebrate 2015 Spring Festival，a year of sheep. I borrow our Chinese best wishes to my best friend，Captain Anderson. May happiness，good luck，and treasure will find their ways to you.（两天后，我

们中国人将庆祝 2015 年春节，羊年，我借用中国最美好的祝福给我最好的朋友，安德森船长，祈祷愉快、好运、财富能滚滚来。）Anyway, I really hope Real Madriad will win the match at the weekend.（顺便说一句，我真希望皇家马德里足球队能够赢得本周末的比赛。）I notice your son will have his 10 years old birthday next Monday. Happy birthday to him!（我注意到贵公子下周一10 岁生日。祝他生日快乐！）Friendship Evergreen!（友谊长青！）By the way, I will not forget your recommendations. Thanks again.（随便说一句，我将不会忘记你的建议，再次感谢。）I look forward to having your opinion on this matter.（谢谢你，希望能听到更多你对此事的建议。）I look forward to your feedback and suggestions soon.（期待您的反馈建议。）Kindly advise if you could provide a bit more information on this matter.（您若是能够就此事提供更多的信息就太感激了。）At your convenience, I would really appreciate you looking into this matter.（如果可以，我希望你能负责这件事情。）We are following your instruction on the basis of your confirmation.（我们在您确认的基础上按您的指示行事。）Please e-mail or call to confirm.（请回复或电话确认。）Kindly informed that I will be away from the office tomorrow. Please dial my celluar phone number if required.（谨此通知您，如果需要请打我手机号码。）Thanks for your understanding.（谢谢您的谅解。）Again, noticed and thanks for reminding.（再次表示注意到了，谢谢提醒。）Thanks in advance and best regards.（先谢谢您，并致意。）Again, thank you so much for the cooperation.（再次感谢你的合作。）Thank you again for your kindness and caring.（再次感谢您的好意和关心。）Thanks for your attention!（谢谢关心！）Your kind assistance on this is very much appreciated.（我们对您的协助表示感谢。）Thanks for all your efforts.（谢谢您所做的努力。）The assistance you rendered is sincerely valuable.（诚挚地感谢您的帮助。）Thank you so much for everything.（感谢您所做的一切。）You have been cooperative since the commencement of the project.（从项目开始你就很支持。）I appreciate your cooperation.（我很感激您的合作。）I really canot thank you enough.（对您感激不尽。）I canot express my gratitude enough.（无论怎样表达我的感激之情也不过分。）Without your assistance, there is no way to complete this project.（如果没有您的帮助，我们根本无法完成此项目。）

第五节　结束用语和签名
Close Wording and Signature

结束用语是指航运商务信函、电子邮件结束符号，这些符号包括下列组成部分。第一用语，相当于汉语"此致，敬礼"一样的作用，比如：Yours sincerely 或者 Sincerely, yours; Yours faithfully 或者 Faithfully, yours; Yours truely 或者 Truely, yours; Yours honestly 或者 Honestly, yours。上述的含义都是"忠诚的"或者"诚实的"，可见诚信在西方人心目中的地位。用语虽然比较多但还是要分不同的人。写给亲人、亲戚用 lovely，比如 Lovely, yours; 对上级、长辈用 Yours obediently（Obediently, yours），Yours respectfully（Respectfully, yours）等，如果写给熟人、朋友或非常要好的船东、验船师，用 Yours cordially 或者 Cordially, yours 以及 Yours affectionately 或者 Affectionately, yours 等等。但是更常用的是上面提到的 Truly, yours（Yours truly）和 Faithfully, yours（Yours faithfully）。

同时要签名。如果是电子邮件比较简单，只要把自己名字打上去即可；如果是信函或者传真，通常是把自己名字用打印体打下来，上面留下空间签名。签字底下通常把名字打印出来，并打上 Name in Print. 字样。笔者看到很多造船企业人员在打印自己名字时，喜欢把姓全部用大写字母表示，比如王永军，打成 WANG Yongjun，因为中国传统方式喜欢把姓放在名字的前面，这与西方方式不同。笔者认为这个方式非常好，既不用按照外国人习惯把姓放在最后，又能让对东方文化缺乏了解的人很容易辨别姓与名的差异。

第六节　信封的格式
Styles of Envelope

信封通常由三部分组成，发信人名址、收信人名址、贴邮票区域或者提示。英语信封书写方式与中文有明显的区别，区别之一就是要表达的小地址在前，比如笔者通信地址的中文表述是“中华人民共和国辽宁省大连市甘井子区凌海路 1 号 116026，大连海事大学外国语学院”，这个地址如果用英语表述为“School of Foregin Languages, Dalian Maritime University, Linghai Avenue No. 1, Ganjingzi District, Dalian City, Liaoning Province, P. R. China (Zip Code 116026)”，如果加以编排应该如下所示：

ZHANG Xiaofeng
School of Foregin Languages
Dalian Maritime University
Linghai Avenue No. 1, Ganjingzi District
Dalian City
Liaoning Province, Zip Code 116026
P. R. China

发信人名址必须写在左上角，收信人名址写在右下角。注意右上角是贴邮票区域，任何字都不可以写在右上角。同时邮编的英文 zip code 可以省略，只要编码出现在地址里，邮政系统自然知道这是邮编。信封格式例子如下：

ZHANG Xiaofeng School of Foregin Languages Dalian Maritime University Linghai Avenue No. 1，Ganjingzi District Dalian City Liaoning Province，116026 P. R. China	(Stamps)
	Attention：John Smith ABS Plaza 16855 Northchase Drive Houston，Texas，77060 USA

目前商务上还流行一种“开天窗式”的信封，就是在信封中央有一个区域是透明的，有透明纸或者塑料在上面，这样的信封不需要在信封上打任何字，只需要在正文中将收信人名址打在右上角，并在折叠信时将收信人名址露在外边放在信封里，自然就能显示收信人名址了。

第七节　信函的格式

Styles of Letter in Envelope

此处的信函是指信封内的正式商业信函，主要包含下列几个主要内容：

(1) 信头(heading)，即写发信人的地址和日期(右上角)。

(2) 信内姓名地址(inside address)，即写收信人的姓名和地址(左上角)。

(3) 称呼(salutation or title)，即写对收信人的尊称(一般用 Dear Mr. ...，Dear Madam...，Dear Miss...，Dear...，Dear

Professor... 等)，称呼直接写在收信人地址的正下方，中间空一至二行，称呼后面的标点只能用逗号。以上三部分的结构如下：

ZHANG Xiaofeng Room 609 School of Foregin Languages Dalian Maritime University Linghai Avenue No. 1, Ganjingzi District Dalian City Liaoning Province, 116026 P. R. China Attention: Senior Surveyor John Smith ABS Plaza 16855 Northchase Drive Houston, Texas, 77060 USA Tel: 1-281-877-5800 Fax: 1-281-877-5805 Email: ABS—WorldHQ@eagle. org Dear Senior Surveyor Smith, ____________________ ____________________ ____________________ ____________________ ...

(4) 正文(main body)，即信件内的主要内容。正文第一句一般和称呼之间空一至二行。

(5) 信结束语前和结束语(complimentary close)，即写信人在信的右(或左)下角写上自己对收信人表示礼貌客气的谦称。

(6) 信尾签名(signature),即亲笔签上写信人自己的姓名。如果是用打字机或电脑写的信,在写信人签名的上方同样应该打上写信人的姓名。

除了以上内容外,在海事商业信函中有时一些英语书信还包括:①附件(Enclosure),以 Enc. 表示,如"附有……证明"应写为 Enc... Certificate;②再启(Postscript),以 P. S. 表示;③抄送件(Carbon Copy to...),以 C. C. 表示,说明一式多份抄送其他有关人员。这些都是次要的补充部分。P. S. 主要在私人信件中使用,事务信件中应避免使用,以免给收信人造成写信人粗心大意的印象。Enc. 和 C. C. 大都用在商贸信函中。

英语书信的书写款式一般有两种:齐头式(Block Style)和折中式(Semi-Block Style)。

齐头式是海事行业中最常用的,几乎所有的国际海事组织出版物都采用该方式。在其他领域比如国际贸易的官方文件以及一些正式的信件中使用,以显示信件内容的严肃性、真实性、可靠性。段落间要加一个空行,格式如下:

Dear Peter Williams,

This is the enquiry for the modification of the design which we discussed last week. You have mentioned that the modification will be reported to your company leader and the answer will be fed back very soon, so I write this letter to you.

On the other hand, I have reported your recommendations last week and my department leader considered that modification may impact on the stability of the ship. It follows therefore that the shipbuilding party will deny the modification. Instead, it is strongly suggested that both parties will consult it carefully and make a new solution on it.

Should you have any question concerning this issue, please feel free to ask. Again, thank you very much for your attention and your quickest reply will be much appreciated.

Sincerely, yours
ZHANG Xinjun
The Department of Design
Dalian Shipbuilding Industry Company
Feb. 28th, 2015

折中式则显得比较随便，主要用于家人、朋友、私人之间来往的信件。如果两人之间不是第一次通信，相互比较了解，可以省略信内的双方地址。用折中式书写信件，其正文与称呼之间空一至二行。第一段第一句的第一个单词必须在 Dear 称呼的下面，以后每段开头都要与第一段第一个字对齐。信尾的客套话和签名都写在右下方。朋友之间写信一般都使用折中式，而且称呼与正文之间一般不空行。该格式也是目前国内航运界与国外联系采用最多的格式，因为其格式和中文的格式极其相似。下面把前文信函的例子用该格式重新编辑如下：

Dear Peter Williams,

This is the enquiry for the modification of the design which we discussed last week. You have mentioned that the modification will be reported to your company leader and the answer will be fed back very soon, so I write this letter to you.

On the other hand, I have reported your recommendations last week and my department leader considered that modification may impact on the stability of the ship. It follows therefore that the shipbuilding party will deny the modification. It is strongly suggested that both parties will consult it carefully and make a new solution on it.

Should you have any question concerning this issue, please feel free to ask. Again, thank you very much for your attention and your quickest reply will be much appreciated.

Sincerely, yours

ZHANG Xinjun

The Department of Design

Dalian Shipbuilding Industry Company

Feb. 28th, 2015

第八节　电传与传真的格式
Styles of Telex and Telefax

电传和传真在拟写格式上略有不同。首先电传在拟写上格式比较简单，只需要大写就可以，通常可以采用一定量的缩写。传真比电传先进，电传只能传输文字，而传真既可以传输文字，又可以传输图片、文件等。目前在业界使用传真比较多。

电传(telex)是一种比较简便的信息传递方式，通常大小写不分，在收发信息中只能看到大写字母，而且不能传输图片或者签名等内容，目前已经很少被使用。

传真的格式与信函的格式略有不同，其一就是传真通常有公司的函头，比如公司的标志(Logo)、收信人(To...)、发信人(From...)、发信日期(Date)、页数(Pages)、文号(Ref...)、公司地址(Address)、收信人(Attention)、传真号码(FAX No.)、C.C.(抄送)等。

有些公司的函头非常格式化，在格式最下方还显示处理方式并选择，比如 Urgent(加急处理)、For review(作为备份)、Please comment(请解释)、Please reply(请答复)、Please recycle(请删除)等。

传真举例如下：

ADR Shipping Services Inc.

10th Floor Section A, Ramon Maysaysay Center, 1680 Roxas Boulevard, Manila, Philippines

Telephone No.: (6802)-5217409 Fax No.: (6802)-5223456 Telex No.: 63717 LRASHIP PN

Cable Address: ABROSHIPMANILA E-mail Address: LRA-ship@netasia.net

To: Marketing Department, DSIC

From: John Santos

Attention: Ms. Zhang Date: Aug. 5th, 2014

Ref: F15-166 Page(s): 2

RE: Date of Build Ceremony

Dear Ms. Zhang,

It is nice to write this letter to you, Ms. Zhang. Your reference No. P15－04 facsimile concerning invitation of attending the Date of Build Ceremony was well received yesterday, with many thanks. The facsimile was submitted to my company manager upon reception. The manager decides to attend the ceremony which will be held next Monday.

For your information, I have booked the flight tickets from Manila to Beijing and then transfer from Beijing to Dalian. The flight number from Beijing to Dalian is CZ 6341(China Southern Airline). A panel of delegation to attend the ceremony includes Mr. John Gomez Gonzales (the Manager), Mr. Semons Rodriguez (the Assistant Manager), Mr. David Gojun Tiak(ABS surveyor), and Mr. Ace Augustin(ABS surveyor). The arrival in Dalian will be around about 2100 hours this Friday. I will attach all their resumés on page No. 2.

Hence, you are kindly requested to pick them up at the airport and deliver them to Shangrila in Zhongshan Plaza where hotel rooms have been booked. Please keep in touch.

Best wishes,

Sincerely, yours

John Santos

(原信中第二页为四个人的详细情况描述,因涉及船东个人隐私,此处略去)

电传的发明是在电报基础上的进步,电传沿用了电报省略的模式,就是有许多单词或者词组采用缩略的方式,比如 B4(before),在电报时代发出 before 计费算 6 个字母,而 B4 只有 2 个字母,因此该种缩略方式是电报时代的产物。而莫尔斯电报取消后,电传的使用已经越来越少。在目前的通信中,不少年岁较大的船东仍然延续了其在船上工作时拟写电报的传统,有很多的缩写,具体的缩略规律见下节“电传用词的缩写规律”。

第九节　电传用词的缩写规律
Rules of Wording Abbreviations in Telex

前节提到过,尽管电传在业界使用不多,但少数年岁比较长的船东由于通信习惯在传真中也和电传拟写方式一样喜欢用大写,且按照一定的业界默认的规则采用缩写,因此笔者在此需要展示一下造船业界沟通时的缩写词规律。

最常见的是首字母缩写组合,比如 LOA(length overall)船长,LBP(length between perpendiculars)垂线间长,ASAP(as soon as possible)尽快,FYI(for your information)作为信息参考,AF(as follows)如下,RYF(regarding your fax)参阅你电,等等。

保留前几个字母或者第一个音节,比如所有的月份和星期缩写,再比如,EXP(expired)过期,SPEC(specification)船舶细节,AV(average)平均,BAL(balance)平衡,Co.(company)公司,Corp.(corporation)合作公司, TRANS(transaction)交易,UNIV(universal)通用的,CAPT(captain)船长,MEMO(memorandum)备忘录,等等。

用发音相同代替拼写,这是电报时代为了省字而遗留的一种不规则的风气,比如 B4(before)以前,2(too)也,U(you)你,C/U(see you.)再会,等等。

保留两头,去掉中间,比如 TT(that)那,TKS(thanks)感谢,ARND(around)大约,WKLY(weekly)每周,等等。

保留中间去掉两头,比如 N(and)而且,FLU(influenza)流感,FRIDGE(refrigerator)电冰箱,等等。

保留辅音字母,去掉元音字母。这样的缩写是一个单词,而非词组。比如 TLX(telex)电传和 ML(mail)邮件。

省略掉不发音的拼写,比如 Tho(though)尽管。

加斜线,如 L/T(long ton)长吨,C/O(Chief Officer)大副,C/O(care of)烦请转交,M/V(motor vessel)内燃机船,O/T(oil tanker)油船,等等。

加点,如 C. C.(carbon copy)抄送,L. A(Los Angeles)洛杉矶,G. M. T(Greenwich mean time)格林尼治平时,L. T(local time)当地时间,等等。

度量衡单位缩写或者符号,如 M(metre)米,P(pascal)帕,cm^2 平方厘米, dm^3 立方分米,°C(degree centigrade)摄氏度,°F(degree Fahrenheit)华氏度,lb(pound)磅,等等。

有时候发电文之人不完全按照上述规律来,可以在电文中通过上下文的意思来推断。

第十六章　造(修)船行业业内函电举例

Samples of Letters and Correspondence for Shipbuilding and Shiprepair

本章主要收集了造船和修船行业在实际工作中所出现的实例，并将这些实例加以修改润色而形成范例。这些范例是目前造船和修船业界使用的信函、函电、电传、传真的真实情况，并涉及一定的业务知识。为了保护提供者的业务核心不被外泄，笔者在收发信人、公司名址等方面做了加密处理，即实例中的收发信人、地址都是虚构的，切勿对号入座。

本章并非涵盖造船与修船的所有业务，只是从实际操作中抽取最典型的部分内容作为举例，更多的业务函电将在本丛书的其他书籍中展示。

本章包括四节：第一节“对造船企业的介绍”；第二节“通过电子邮件在谈判中进行拉锯战”；第三节“通过传真回答技术咨询”；第四节“催促缴费业务”。

第一节　对造船企业的介绍

Introductions to the Shipyard

发送企业介绍的信函是造船和修船行业在开发客户时经常使用的一种手段。基于对公司核心信息的尊重，此处只选择一小段对具体部门的介绍，并让读者体会一下第十五章所解释的格式和语言，文中的使用的名称和收件人均为虚构。

Shiwan Shipbuilding Industry Outfitting Co. Ltd(SSIOC)
Longgang No. 9, Ganjingzi District, Dalian City.
Liaoning Province, 116026
P. R. China
Pages: 1

Attention: Surveyor
ABS Plaza
16855 Northchase Drive
Houston, Texas, 77060
USA
Tel: 1-281-877-5800
Fax: 1-281-877-5805

Re: Pipe Manufacturing Introduction

Dear sir or madam,

It is my great honour to write an introductive letter regarding my department in response to your enquiry. The Manufacturing Department is one of significant departments in SSIOC. In 2007, a new tube area had been built in accordance with the project processing of revitalization for northeast old industrial base and the field covers an area of 67, 000 square metres, which has five processing plants across 24,000 m^2 pipe, pipe store, accessories store, office building, and etc. The pipe processing total area occupies 150,000 square metres and the area of construction of 52, 000 square metres, and the other has specialized non-ferrous metal pipe processing site, an area of nearly 6, 000 square metres. Configuring a total of 775 various types of pipe processing equipment sets, we can manufacture and install many kinds of pipes as per different classification societies. By now, our company can produce and assemble nearly

600,000 pipes in the weight of round about 40,000 tons, non-ferrous metal pipe 50,000 annually. If any further information is required, please do not hesitate to ask.

Best wishes,

Yours sincerely, WANG Zhenshan(Mr.)

July 25 2014

注：该信函是以前培训中来自舾装公司制造车间的写作，笔者稍微加以改动。该介绍结构比较清楚，没有空洞的话，有数据等信息。姓名后面标注 Mr. 是为了表示性别，这样下一次沟通时对方可以准确地对发信人进行称呼。

第二节　通过电子邮件在谈判中进行拉锯战

The Transmitting and Reply Concerning Negotiation via E-mail

该介绍适用于开发新客户过程中对客户发送电子邮件，为了保护造船企业的商业机密，笔者以一种免费电子邮箱格式为例来说明该电子邮件，在实际商业运作中最好用本厂的电子邮件系统，如果本厂都没有电子邮件系统，那么客户对能否与贵公司合作要打上问号了。

To: Technical@Williamship. uk

Re: Comparison of Both Materials

Dear sir or madam,

It is my pleasure to write this letter to you. Provided that Q275D and GB/T 11263－2005(China Standard) are applied rather than HE-B standard is used, due to the lower price for the former steel, the price will be cut down by 10 US dollars each metre. However, the weight of the latter will be lighter than the former.

Best wishes,

Yours sincerely,

You wrote: We are internally and with our engineering company investigating the options for use of H-beams of different standard then HE-B as are in the drawings. This investigation covers dimensioning on one side, but it most of all is about strength. We are also investigating to make the HE-B beams owner's supply. As part of this investigation we request from the yards to be informed about the cost involved(the part in the quoted sum) for using the HE-B beams on one side, and for using H-beams of Chinese standard.

注：这是一封双方合作过程中来往电子邮件的举例，为了保护提供者的商业信息，笔者仅截取流程中建造材料选择的邮件，并对收发信人进行了技术处理。我国国内的钢材价格便宜，而且也符合相关规范要求。最初船东报价是按照钢材从国外运到中国船厂的价格，我国船厂表达的观点是国外进口的钢材价格要贵，建议用中国钢材，性能一样，而且价格便宜，报价会要在原有基础上重新下调。邮件中每平方米省 10 美元是一个虚构的数字，这是为了行业保密的需要。

有时候为了让收信人知道所收到邮件为何事情，在回复中特地粘贴上一次收信人所发的内容，以便于收信人更好地理解与梳理。

第三节　通过传真回答技术咨询

The Technical Enquiry via Fax

YANWU Shipbuilding Industry Outfitting Co. ,Ltd.

Address: Shengli Plaza, 9th, Ganjingzi District, Dalian City, Liaoning Province, P. R. China, Zip Code: 116001

Page: 1

Attention: Surveyor Peter Smith

ABS Plaza

16855 Northchase Drive

Houston, Texas, 77060

USA

Tel: 1-281-877-5800

Fax: 1-281-877-5805

Sub: Technical Query

Dear Surveyor Smith,

It is my pleasure to answer your enquiry. Please refer to the fax which you sent earlier concerning the enquiry on the anchor chains. We have studied the manufacturer's handbook which the shipowner offered and the standard which we use now. We have found that the two standards are much different. Please verify the standards regarding shackle's dimension and tensity for anchoring dropping and hoisting and instruct us which standards are to be applied. So far, we are idle and hesitate how we will further do in the couple of days. Your quickest reply will be much appreciated.

Best wishes,
We will remain.
Sincerely, yours
SUN Gangtian(Mr.)

注：这是一个有关锚链标准问题产生差异的询问传真，由于锚链拉力等存在两个不同的计量方式，对于大船和小船的拉力与锚链要求会有不同，而且锚链长度英制和公制也不同，该传真是询问船东是如何决定的。本函电不是直接发给船东的而是发给船级社的验船师的，验船师对这些数据以及计算方式要更内行，当然他们也必须与船东协商此问题。

在实际业务回复中经常会看到此种回复，就是由于不同的人主管业务不同，同事会把技术询问方面的函电发给另外一个人处理，因此在处理时需要向对方标注性别，以便于对方在以后的联系中正确使用称呼。

有些公司要求像外国人那样把名字放在最后，这是所谓的和国际接轨的方式，但是该模式在国内行不通，原因是我国有关学术和出版规定中都是将姓氏放在前面，日韩两国和外界沟通也都采用姓氏在前的原则。

第四节　催促缴费业务

Money Collecting

在造船与修船实际操作中，可能到了一定时间，船东的资金仍然没有到账，有关部门需要催缴。催缴的方式通常使用传真，以起到很好的提示作用，如果只是口头催缴，也许几天后就会忘记。

Nanyang Shipbuilding Industry Outfitting Co. ,Ltd.

Address：Linghai Road No. 10，Ganjingzi District，Dalian City，Liaoning Province，P. R. China，116001

Page：1

DEAR DEAN OF THE FINANCIAL DEPARTMENT

RE：MONEY COLLECTION

REFERRED TO AS THE FAX DATED JULY 7TH，2014. WE HEREBY URGE YOU TO REMIT THE REMAINING TO MY ACCOUNT. SINCE THE PERIOD IS BEYOND THE GUARANTEE AND THERE IS NO PROBLEM FOR THE SHIPREPAIR WORK. THE AMOUNT OF USD 23，461. 96 DOLLARS WHICH SHARES 23. 4% SHOULD BE GIVEN TO US ACCORDING TO THE REPAIR CONTRACT.

MANY THANKS FOR YOUR COOPERATION.

注：这是一种用电传式的手法拟写的传真，目前不是很常用，只有那些比较年长的曾经有过航海经历的业务人员才会采用这种应用方式。

参考文献

[1] 韩宝成，崔刚. 电话电报电传英语[M]. 北京：外语教学与研究出版社，1992.

[2] 徐华东，张晓峰. 港口国监督文化及语言研究[M]. 大连：大连海事大学出版社，2014.

[3] 张晓峰，周岚，李国进. 实用航运业务英语函电(第二版)[M]. 大连：大连海事大学出版社，2004.

[4] 张晓峰，船员涉外英语速成(第二版)[M]. 大连：大连海事大学出版社，2009.

[5] 张晓峰，船员应对船东面试实用英语(轮机部)[M]. 大连：大连海事大学出版社，2009.

[6] 张晓峰，船舶电子员实用英语口语(学生版)[M]. 大连：大连海事大学出版社，2011.

后　记

许多船厂在目前航运经济不景气时选择了对国外船东开展营销战略，同时随着航运国际化的深入，国外的船东、船东代表、船级社代表纷纷进入船厂与造船人短期相处，于是如何成功地与这些外国人接触，接触时有哪些禁忌，如何与他们进行有效的沟通……有许多问题摆在了我们的面前。成功的沟通能够减少误会、化解矛盾，成功的沟通能够在完成造船任务的同时赢得下一个任务和更多的客户。有感于此，笔者根据近年来与不同国籍的外国人打交道的体会，包括在瑞典留学期间与不同国籍的西方人打交道的经历，结合在大连船舶重工集团、中远川崎造船公司等讲课的内容，并对船长、轮机长英语培训中搜集到的文化与沟通实例加以归纳整理，最终形成一本如何有效地与外国人沟通的教材。本教材尽量从实用性的角度出发，不牵扯过多的理论，并将自己在实际授课过程中形成的个人观点奉献给大家。本教材可作为造船和修船人员在与外国人打交道前和打交道期间的礼仪和沟通的指导教材。

张晓峰

2015 年 5 月

于大连海事大学外国语学院